Sanem Kleff (Hrsg.)
Islam im Klassenzimmer

Sanem Kleff (Hrsg.)

Islam im Klassenzimmer

Impulse für die Bildungsarbeit

edition Körber-STIFTUNG

Auch wenn in diesem Band häufig nur von Schülern, Lehrern, Pädagogen etc. die Rede ist, möchten wir selbstverständlich immer beide Geschlechter ansprechen.

Bib. Deutschen Bibliothek

Die Deutsche Bibliothek verzeichnet diese Publikation in der Deutschen Nationalbibliografie; detaillierte bibliografische Daten sind im Internet über http://dnb.ddb.de abrufbar

Konzeption und Koordination: Dr. Lothar Dittmer, Christine Reese, Oya Susanne Abalı
Redaktion: Moritz Behrendt
Fachliche Beratung durch Mitglieder des INKA (Interkultureller Arbeitskreis der Bundesländer): Dr. Gerhard Weil, Claudia Schanz, Regina Piontek, Ignazio Pecorino, Gudula Mebus, Medi Kuhlemann, Regine Hartung, Kerstin Grundmann, Dragica Brügel

Umschlag: Groothuis, Lohfert, Consorten | gclons.de
Coverfoto: Grabowsky, ullstein bild, Berlin
Herstellung: Das Herstellungsbüro, Hamburg
Druck und Bindung: Clausen & Bosse, Leck
Printed in Germany
ISBN 3-89684-331-1

www.edition-koerber-stiftung.de

Inhalt

Vorwort

Islam im Klassenzimmer: ein Titel, der unterschiedlichste Assoziationen weckt. Er verweist zuerst auf die vielen Schülerinnen und Schüler – und die wenigen Pädagoginnen und Pädagogen – mit muslimischem Hintergrund an unseren Schulen. Er erinnert zweitens auch an die Herausforderungen, vor die unser Bildungssystem gestellt ist. Nicht zuletzt weckt er möglicherweise Ängste. Ängste vor Überfremdung, Kulturkampf und Islamismus, Ängste auch vor einer Verschiebung oder gar Verdrängung der Werte, die unsere Gesellschaft prägen.

Das Klassenzimmer ist der Raum, in dem mit solchen Fragen, Herausforderungen und Ängsten praktisch umgegangen werden muss. Die Pädagoginnen und Pädagogen dürfen damit nicht allein gelassen werden. Bloße Hinweise auf Literatur und Informationen über »den« Islam reichen nicht aus, um ihnen eine sinnvolle Unterstützung zukommen zu lassen.

Mit diesem Buch versuchen wir einen anderen Weg zu beschreiten, der sich mit den Begriffen »Orientierung«, »Öffnung« und »Dialog« umschreiben lässt. Orientierung meint die Reflexion des eigenen Standpunktes vor dem Hintergrund der Grundwerte unseres Bildungssystems, die zu größerer Flexibilität, aber gegebenenfalls auch zu klaren Grenzziehungen führt. Die interkulturelle Öffnung der pädagogischen Arbeit ist notwendig, da es um Lernziele wie die Entwicklung von Haltungen und die Aneignung von Normen geht, die nicht allein durch die Wissensvermittlung oder die Förderung von kognitiven Fähigkeiten zu erreichen sind. Neue, umfassendere Lernformen bieten sich hier an. Und Anregungen für einen aufrichtigen Dialog benötigen wir, um Gesprächsbarrieren zu überwinden und eine ebenso von Empathie getragene wie kritische Auseinandersetzung mit den Positionen der Gesprächspartner zu ermöglichen.

Dieses Buch stellt ganz unterschiedliche und zum Teil neue, unkonventionelle Ansätze des pädagogischen Umgangs mit dem Thema Islam vor. Es richtet sich nicht nur an Lehrerinnen und Lehrer, sondern auch an Sozialpädagoginnen und -pädagogen, Stadtteilbeauftragte, Schulleitungen,

Eltern, Bildungsexperten und alle an Migration und Bildung Interessierten.

Das Buch ist aus einer Kooperation der Körber-Stiftung mit der Kultusministerkonferenz der Länder hervorgegangen. Es gibt nicht vor, abschließende Antworten auf den »Dialog mit dem Islam« in unseren Schulen zu geben, sondern dokumentiert einen Zwischenstand. Die Körber-Stiftung plant, das Thema im Rahmen ihrer Projekte mit Tagungen, Publikationen und Netzwerkaktivitäten weiter zu begleiten.

Beraten wurde die Redaktion durch Mitglieder des Arbeitskreises Interkulturelle Bildung der Bundesländer (INKA). Besonderer Dank gebührt den Autorinnen und Autoren sowie Moritz Behrendt für seine gleichermaßen fachkundige wie stilistisch umsichtige Unterstützung bei der Redaktion.

Von Sanem Kleff

Positionen

Ob der Kulturdialog zwischen Christen, Muslimen und Nichtreligiösen in Deutschland gelingt, entscheidet sich letztlich dort, wo Mitglieder dieser Gruppen aufeinander treffen. Die Schule ist dabei sicherlich der exponierteste Ort. Doch wo zeigt der Dialog Schwächen? Wo sind positive Ansätze, die ausgebaut werden können? Ein Blick in den deutschen Schulalltag.

Praxisforum Schule und Islam. Bilanz einer Initiative der Körber-Stiftung

Der Umgang mit muslimischen Schülern gibt vielen Lehrern Fragen auf. Einfache Antworten auf diese Fragen gibt es nicht, doch ein Blick auf Schulen, in denen Integration gelingt, ist oft hilfreich. Ob Unterrichtseinheiten, Projekte oder Konzepte für die ganze Schule: Mit der Initiative »Praxisforum Schule und Islam« spürten die Körber-Stiftung und die Kultusministerkonferenz einige Beispiele für einen gelungenen Dialog auf.

Über drei Millionen Muslime leben in Deutschland. Der Islam stellt damit hierzulande nach dem römisch-katholischen und dem evangelischen Bekenntnis die drittgrößte Religionsgemeinschaft. Ein Sachverhalt, der nicht neu ist. Ein Thema allerdings, das trotzdem erst seit wenigen Jahren für öffentliche Aufmerksamkeit sorgt.

Sicherlich, weil der Islam mittlerweile in manchen großstädtischen Ballungsräumen die Mehrheitsreligion in den Klassenräumen stellt. Sicherlich aber auch, weil sich seit dem 11. September 2001 der Blick auf den Islam grundlegend verändert hat. Was meinen eigentlich Begriffe wie »Dialog«, »Integration« und »Miteinander«? Wie viel Unterschiedlichkeit und Differenz ist nötig und möglich, wie viel Gemeinsamkeit und Vereinbarung muss sein? Sind Hilfe und Engagement eher eine »Bringschuld« der Mehrheits- oder eine »Holschuld« der Minderheitskultur?

Überrascht stellen wir heute fest: In Deutschland hat es in den vergangenen Jahrzehnten eher ein Neben- als ein Miteinander der Kulturen gegeben. »Freundliches Desinteresse« mag diese Situation treffend umschreiben, eher geprägt durch das Einkaufen beim türkischen Gemüsehändler um die Ecke und den Verzehr von Döner als durch einen tatsächlichen persönlichen Kontakt. Die Verschärfung des politischen Tons hat nun ebenso wie die Verschlechterung der wirtschaftlichen und sozialen Rahmenbedingungen dazu geführt, dass sich die Konflikte reideologisieren. Wo vorher etwa von den

Differenzen zwischen der türkischen und der deutschen Kultur die Rede war, geht es nun plötzlich um die Auseinandersetzung mit »dem Islam«.

Solche Verallgemeinerungen heizen auch die Debatten in den Klassenräumen und Lehrerzimmern weiter an. Rasch wird ein religiöser Grundsatzstreit entfacht, obwohl es um Vereinbarungen für schulische Veranstaltungen, wie Schwimmunterricht, Klassenfahrten oder Elternabende, geht. Die Sensibilitäten sind nicht unbegründet. Denn ob der Kulturdialog gelingt, ob Verständnis erzeugt werden kann, ob Lösungen für Konflikte gefunden werden, entscheidet sich letztlich dort, wo die Mitglieder der Kulturen miteinander umgehen und leben. Die Schule ist dafür sicherlich der exponierteste und wichtigste Ort – so etwas wie das Laboratorium unserer zukünftigen Gesellschaft.

Die Rolle des Bildungswesens

Weimar liegt in der deutschen Provinz, scheinbar weitab von den interkulturellen Konfliktzentren der Republik. Weimar ist zugleich aber auch ein Ort der Ambivalenz, ein Ort, der wie kaum ein anderer in Deutschland einerseits für Weltläufigkeit und Hochkultur, andererseits – einige Kilometer weiter – für Intoleranz, Entrechtung und Menschenverachtung steht. Schon deshalb war es eine gute Idee, eine Konferenz mit dem etwas sperrigen Titel »Lerngemeinschaft. Das deutsche Bildungswesen und der Dialog mit den Muslimen« dorthin zu legen. Am 13. und 14. März 2003 trafen sich hier auf Einladung der Kultusministerkonferenz Bildungsfachleute aus allen Ländern und Vertreter des öffentlichen Lebens, um über die Rolle des Bildungswesens bei der Integration der Muslime in Deutschland zu beraten. Mit dem »Weimarer Aufruf« hat die Konferenz am Ende einen Rahmen für die Bildungsarbeit abgesteckt. Der Aufruf lässt keinen Zweifel daran, dass der Staat im Rahmen des Grundgesetzes einen Bildungs- und Erziehungsauftrag hat, der für alle Schülerinnen und Schüler – unabhängig von ihrem religiösen Bekenntnis – gleichermaßen gilt. Unterhalb dieser Schwelle allerdings ist es vornehmlich eine pädagogische Aufgabe, auf kulturelle Unterschiede einzugehen und den viel beschworenen Dialog mit Leben zu füllen. Im Aufruf heißt es: »Das gemeinsame Lernen von Muslimen und Nichtmuslimen wird nur dann für beide Seiten erfolgreich sein, wenn es sich im Schulalltag bewährt.«

Es fehlt an Erfahrungsaustausch

Wie aber sieht der interkulturelle Schulalltag in Deutschland aus? Welche Erfahrungen und Best-Practice-Beispiele gibt es bereits, aus denen sich Anregungen und Hilfestellungen für das System Schule ableiten lassen? Was muss zum Gegenstand des Unterrichts werden, was bleibt als Aufgabe für die ganze Schule oder sogar für das Umfeld? Genau hier setzte das »Praxisforum Schule und Islam« an. Ziel dieser gemeinsamen Initiative der Kultusministerkonferenz der Länder und der Körber-Stiftung war es, etwas über die Art und den Inhalt des Kulturdialogs zu erfahren, der täglich an den Schulen praktiziert wird. Ob im Deutsch- oder Religionsunterricht, ob im Plan- oder Rollenspiel, ob im Projekt oder im handlungsorientierten Unterricht, ob bei der Exkursion oder auf der Klassenfahrt – in zahllosen Situationen wird vermittelt und abgewogen, diskutiert und ausgehandelt, verstanden und akzeptiert. Was lässt sich daraus »lernen«?

75 Beiträge haben die Körber-Stiftung im Rahmen des Praxisforums erreicht. Sicherlich sind sie nicht repräsentativ für die geleistete Dialogarbeit an den deutschen Schulen. Sie gewähren aber einen Einblick in das, was täglich an den Schulen praktiziert wird, und sind ein Spiegelbild für den Stand der interkulturellen Arbeit im Hinblick auf den Islam. Dass es nicht weit mehr Beiträge geworden sind, mag auch damit zusammenhängen, dass viele Lehrerinnen und Lehrer das, was sie täglich tun, für nichts Besonderes halten. Daher ist die Scheu groß, sich mit der eigenen Alltagsarbeit in den Mittelpunkt zu rücken – selbst dann, wenn sie erfolgreich ist und für andere eine Ermutigung darstellen könnte.

Überhaupt ist dies eine der auffälligsten Einsichten aus dem Projekt: Die Teilnehmerinnen und Teilnehmer des Praxisforums haben das Gefühl, nicht ausreichend Unterstützung von Politikern und Experten zu bekommen, sie beklagen aber noch weit mehr, dass der nötige Erfahrungsaustausch mit gleichermaßen Betroffenen fehlt, dass es keine Anlaufstellen und keinen regelmäßigen Austausch für die vielen »Fallen« des Schulalltags gibt. Mit Treffen, die auf das Praxisforum folgen, will die Körber-Stiftung auch hierfür einen ersten Impuls geben.

Best Practice im Schulalltag

Die eingereichten Beiträge lassen sich drei Schwerpunkten zuordnen. Eine Reihe von Beiträgen thematisiert den Islam im Rahmen von Unterrichtssequenzen – vornehmlich in den Fächern Geschichte, Deutsch und Religion. Eine zweite Gruppe besteht aus Vorschlägen für Projekte und fachübergreifende Schulaktivitäten: Dazu gehören Ideen wie die gemeinsame Feier christlicher und muslimischer Feste, der Moscheebesuch oder auch der Schüleraustausch mit Schulen in muslimischen Ländern. In der dritten Gruppe schließlich finden sich Aktivitäten, die die Schule zur Umgebung und zum Stadtteil hin öffnen. Deutschkurse für die Eltern der schulpflichtigen Kinder fallen darunter, Angebote für den Stadtteil wie das Stadtteilradio oder auch regelmäßige Treffen zur Vernetzung der verschiedenen Integrationsaktivitäten vor Ort.

Ein Teil der Ideen und Projekte wird in den Beiträgen dieses Bandes vorgestellt. Sie können wichtige Hinweise und Hilfen für den Schulalltag geben. Was aber sind die Erkenntnisse, die über einzelne Projekte und Aktivitäten hinausgehen? Welche Spielräume und Gestaltungsmöglichkeiten bleiben Pädagoginnen und Pädagogen, die weder auf den schulpolitischen Rahmen noch auf das soziale Umfeld ihrer Schülerinnen und Schüler nennenswert Einfluss nehmen können? Wie kommt in einer Schule etwas in Bewegung, und was unterscheidet die Orte des Aufbruchs von denen der Resignation?

Ein milder sozialpädagogischer Umgang reicht nicht aus

Erkenntnis Nummer eins: Die bloße Vermittlung von Wissen reicht ebenso wenig aus wie der Einbau von »folkloristischen« Elementen in den Schulalltag. Um keinen Zweifel aufkommen zu lassen: Wissen ist eine notwendige Voraussetzung, um zumindest ansatzweise ein Verständnis für andere Kulturen und Religionen entwickeln zu können. Und Aktionen und Exkursionen sind sicherlich ein geeigneter Einstieg in den Kulturdialog. Noch so viele Fakten über die Grundlagen des Islam oder auch gemeinsame Feste und Feiern ändern allerdings nichts daran, dass es sehr tief sitzende, nicht hinterfragte Wertvorstellungen gibt, die so weder erreicht noch verändert werden. Für das gemeinsame Essen benötigt man die Fähigkeit zum Dialog nicht unbedingt. Die Vorstellung, so die kulturellen Unterschiede zu überwinden, stellt sich dann in der Praxis häufig als Irrtum heraus. Die Konflikte brechen an anderer Stelle überraschend wieder aus – und sie sind schon deshalb viel verletzender, weil man sie längst überwunden glaubte.

Kulturkonflikte sind ganz wesentlich Wertkonflikte. Deshalb reicht, wie es in einem unserer Gespräche über die Ergebnisse des Wettbewerbs von einem Juror hieß, »ein milder sozialpädagogischer Umgang« miteinander nicht aus. Die breite Verunsicherung unter denen, die Schule machen – vor allem Lehrerinnen und Lehrer –, kann auch nicht von »oben« oder von »außen« gelöst werden. Denn jenseits der schulrechtlichen Bestimmungen, die, wie auch der Beitrag von Sanem Kleff in diesem Band deutlich macht, eigentlich klar sind, muss das Geflecht von Verabredungen und Regeln für den Umgang miteinander in der Schule von den Lehrerinnen und Lehrern selbst hergestellt werden. Dafür ist Beratung und Unterstützung von außen wünschenswert und erforderlich.

Gleichwohl besteht das offenbar häufig viel grundlegendere Dilemma, dass es im Kulturdialog ein deutliches Ungleichgewicht gibt: hier die bestimmt und selbstbewusst vorgetragenen kulturellen und religiösen Positionen, die oft mit dem Anspruch auf »Wahrheit« verbunden sind, dort ein Erziehungsstil, der auf Einsicht, Vereinbarung und Diskursivität zielt. Toleranz, Multiperspektivität, Selbstreflexivität, Rollendistanz oder Empathie sind aber keine Aufforderung zum »Gerede«, sondern grundlegende Regeln und Forderungen an alle Beteiligten im Dialog. Es geht darum, die Differenz sichtbar werden zu lassen und auszuhalten, nicht aber darum, die eigenen Überzeugungen zugunsten einer kommunikativen Beruhigungs- oder Ausgleichsleistung zum Verschwinden zu bringen. Die Flucht in die Sachperspektive ist verständlich, hilft aber nicht weiter. Der »solidarische Streit« ist anstrengend, aber notwendig. Wer die Regeln des Dialogs dauerhaft verletzt oder außer Kraft setzt, muss mit – vorher klar benannten – Sanktionen rechnen. Dies ist eine Haltung, die davor bewahrt, auf jede Zumutung mit einem neuen Angebot oder einem weiteren Rückzug zu reagieren. Eine Haltung, die eingeübt und trainiert werden muss. Und eine Aufgabe für Erziehungswissenschaftler, Lehrerfortbildner und Berater, die nur in enger Kooperation mit den Lehrkräften bewältigt werden kann – denn sie verlangt nach reflexiver Aufarbeitung ebenso wie nach handhabbaren Ratschlägen für die tägliche pädagogische Praxis.

Interkulturalität als Schulprofil

Erkenntnis Nummer zwei: Eine gelungene Integrationsarbeit greift zwangsläufig über den Fachunterricht hinaus. Nahezu alle Schulen, die im Rahmen des Praxisforums besonders beeindruckende Beispiele vorgestellt haben, beschränken sich nicht allein auf die Veränderung und Verbesserung des Lehrplans. Deutlich erkennbar ist, dass sich bei ihnen Interkulturalität zu einem Schwerpunkt des Schulprofils entwickelt. Dies kann von der Gestaltung der Räume über interdisziplinäre Projekte bis zur Einbeziehung kultureller Differenz bei Schulveranstaltungen reichen. Mindestens ebenso wichtig wird dort zudem die Fort- und Weiterbildung der Lehrerinnen und Lehrer genommen. Es ist ja kein Geheimnis, dass Lehrer auch heute noch weder in der ersten noch in der zweiten Phase ihrer Ausbildung auf die Herausforderungen eines interkulturellen Schulalltags vorbereitet werden. Ermutigung zur Selbsthilfe durch Erfahrungsaustausch, vor allem aber Beratung und Unterstützung durch Externe – Sozialarbeiter, Psychologen, Quartiersentwickler – kann hier weiterhelfen. Schließlich heißt Integrationsarbeit, die Schule zum Umfeld hin zu öffnen und den Stadtteil in den Blick zu nehmen. Im schlichteren Fall bedeutet dies etwa ein Angebot von Deutschkursen für die Eltern der Kinder oder deren nachhaltige Einbeziehung in das Schulleben. Im Idealfall allerdings wird die Schule tatsächlich zum Motor für die Entwicklung des Stadtteils insgesamt und zum zentralen Anlaufpunkt für die diversen Träger von Jugend-, Bildungs- und Kultureinrichtungen vor Ort – einige ermutigende Beispiele dazu finden sich im Kapitel »Die Schule als Tor zum Stadtteil« in diesem Buch.

Projektarbeit und offene Lernformen

Erkenntnis Nummer drei: Interkulturelle Arbeit ist nicht nur auf andere oder neue Inhalte, sondern auch auf eine Erweiterung des Methodenspektrums angewiesen. Sicherlich lassen sich in den Rahmen fast jeden Fachunterrichts bestimmte interkulturelle »Module« einbauen; ein Beitrag dieses Bandes beschäftigt sich damit. Doch zum einen wird diese Möglichkeit meist auf Exkurse in wertorientierten Fächern wie Geschichte, Deutsch oder Sozialkunde angewandt, denn für einen durchgängigen interkulturellen Ansatz etwa in Mathematik oder in den Naturwissenschaften – auch das ist eine Erkenntnis des Praxisforums – fehlt bislang ein überzeugendes Modell. Und zum anderen lassen der 45-Minuten-Takt und der Klassenraum nur wenige Variationsmöglichkeiten zu. Projekte und offene Lernformen hingegen können neben den kognitiven eben auch die emotionalen und sozialen Kompetenzen der Schülerinnen und Schüler fördern, ohne die ein interkultureller Lernerfolg nicht möglich ist. Sich miteinander an einer interkulturellen Aufgabe abzuarbeiten und hier und dort auch zu reiben, dürfte jedenfalls für das Verständnis und die Kenntnis »des anderen« häufig viel produktiver sein als etwa der Durchgang durch die Geschichte von Islam und Christentum.

Noch weitreichender ist eine Methode wie das »Open Space«, die weder die Themen noch die Ergebnisse des Lernprozesses vorwegnimmt (siehe Kapitel »Impulse zum Dialog«). Kritisch lässt sich dazu einwenden, dass hier die Gefahr besteht, dass auch unerwünschte – etwa islamistische Positionen – in epischer Breite vorgetragen werden können. Gerade deshalb sind hier das Einhalten von Verfahrensregeln und eine ebenso sensible wie kompromisslose Moderation notwendig. Das Ziel von Open Space ist es aber eben gerade nicht, Lehrpläne und Lernziele abzuarbeiten. Es geht zunächst darum, die gängige Abfolge der Schritte im Bildungsprozess zu durchbrechen. Während im Normalfall »Profis« Schülerinnen und Schülern etwas beibringen, ohne danach zu fragen, ob sie damit die wirklichen Fragen und Interessen der Lernenden treffen, reden hier zunächst alle Beteiligten einschließlich der Lehrerinnen und Lehrer darüber, was sie tatsächlich bewegt und wie ihre Empfindungen dabei sind. Open Space ersetzt die Bildungsarbeit nicht, ist aber eine mögliche Form der Bestandsaufnahme, um näher an den Bedürfnissen einer Lerngruppe zu sein und rascher zu den heiklen Sinn- und Wertfragen durchzudringen. Open Space kehrt so gewissermaßen den Bildungsgang um: Am Anfang werden die Probleme und Konflikte benannt, um dann gemeinsam zu überlegen, was an Ressourcen oder Wissen fehlt, um diese zu klären und zu lösen.

Auch die Politik ist gefragt

Durch die »gute Praxis« von Schulen können Zeichen für den interkulturellen Dialog gesetzt werden. Dennoch müssen auch die Grenzen gesehen werden. Schule hängt naturgemäß von bildungspolitischen Weichenstellungen ab. Auch das beste Schulmanagement und die engagiertesten Lehrerinnen und Lehrer können Fehlentwicklungen nur begrenzt auffangen. Natürlich hat etwa die Größe von Klassen einen Einfluss darauf, wie intensiv sich Lehrkräfte den einzelnen Schülerinnen und Schülern widmen können. Und wenn die deutsche Sprache eine Grundvoraussetzung der Integration ist, erscheint es geradezu aberwitzig, die Mittel in diesem Bereich einzufrieren oder zu kürzen. Es reicht daher nicht aus, an die Eigenverantwortung und den Einfallsreichtum der Betroffenen zu appellieren. Der gelungene Dialog und die erfolgreiche Integration erfordern professionelle Kerne, um die herum sich so etwas wie bürgerschaftliches Engagement organisieren kann. Hier sind vor allem die Länder und Kommunen gefragt, effektive und wirksame Unterstützungs- und Förderungsstrukturen zu entwickeln. Dabei lässt sich eine Menge von den dezentralen und nachbarschaftsorientierten Modellen lernen, die von vielen Schulen vor Ort bereits entwickelt worden sind.

Das Thema Schule und Islam ist schließlich ein wichtiger, aber nicht der einzige Fall der interkulturellen Bildung. Die aktuelle Bedeutung ergibt sich, wie schon anfangs gesagt, aus der Größe dieser Gruppe und der Politisierung des Themas in den zurückliegenden Jahren. Die eigentliche Herausforderung für die Zukunft lautet, Modelle für den Dialog und das Zusammenleben nicht nur von zwei, sondern von vielen unterschiedlichen Kulturen in der Einwanderungsgesellschaft zu entwickeln. Für den Islam gilt wie für alle anderen Kulturen und Religionen, dass wir sie in ihrer Eigenart akzeptieren, soweit sie nicht die bekannten und erwähnten Regeln unserer demokratischen Grundordnung verletzen. Einen Sonderstatus in grundsätzlichen Fragen der Erziehung und Bildung begründet dies allerdings nicht.

Von Lothar Dittmer

Zwischen Religion, Tradition und Islamismus

Der Umgang mit Muslimen gehört zum deutschen Schulalltag. Oft wird die Religion als Ursache vieler Schulprobleme angesehen, viele Muslime begründen mit dem Islam ihre Einstellung gegenüber schulischen Aktivitäten wie Klassenfahrten oder Schwimmunterricht. Alles auf die Religion zu reduzieren, ist jedoch zu simpel. Meist ist eine schwer zu entwirrende Gemengelage aus Religion, Tradition und Islamismus am Werk.

Große Pause an der Hauptschule. Die Klassenlehrerin Gisela Meier sammelt das Geld für die Klassenfahrt an die Nordsee ein. Drei Tage vor der Abreise haben immer noch nicht alle Schülerinnen und Schüler bezahlt. Fatma Aydemir hat schon vor Tagen versprochen, das Geld mitzubringen, hatte es aber heute auch nicht dabei.

Jetzt reicht es der Lehrerin. Sie will nicht länger warten und ruft bei den Eltern an. Die Mutter meldet sich: Ja, sicher, sie schickt das Geld gleich morgen. Am nächsten Tag schaut Fatma verlegen, sie hat wieder kein Geld mitgebracht. Nun wird sie nicht mitreisen können. Kollegin Meier ist sauer. Sie kann nicht verstehen, warum die Eltern nicht einsehen, welche Bedeutung Klassenfahrten für die Entwicklung ihrer Kinder haben. Sie will zumindest eine Erklärung. Bei einem Hausbesuch erfährt sie, dass der Vater Fatma nicht erlaubt, an Klassenfahrten teilzunehmen. Vor zwei Jahren durfte Fatma noch mitfahren. Jetzt sei sie aber mit fünfzehn in einem Alter, in dem das nicht mehr ginge. Keine weiteren Erklärungen. Gisela Meier sitzt am nächsten Tag im Lehrerzimmer und berichtet den Kolleginnen. Das sei bei muslimischen Familien so, da könne man nichts machen, das kenne man schon. Ab einem bestimmten Alter dürften muslimische Mädchen sich eben nicht aus der Kontrolle der Familien entfernen.

Dieses Erklärungsmuster hat in deutschen Lehrerzimmern Hochkonjunktur. Eine Erklärung, die scheinbar keine Unklarheiten lässt, was aber leider nicht bedeutet, dass sie tatsächlich zutrifft.

Das Schwierige am Islam

Warum darf Fatma nicht mit auf Klassenfahrt? Wie soll ich den Sportunterricht gestalten, wenn sieben von zwölf Mädchen regelmäßig nicht mitmachen wollen? Warum will Mahmut aus der zehnten Klasse an dem Lehrergespräch über seine Schwester aus der Achten teilnehmen? Soll ich die Mathearbeit aufschieben, weil die Hälfte der Klasse fastet? Das regt mich auf: Hüseyin vertritt lautstark die Ansicht, dass sich freizügig bekleidete Schülerinnen nicht beklagen dürften, wenn sie von den Jungs angemacht werden. Unerträglich, wie respektlos die muslimischen Jungs mit uns Lehrerinnen umgehen! – So oder ähnlich hören sich die Fragen und Klagen in deutschen Lehrerzimmern an.

Beim Umgang mit »dem Islam« und mit muslimischen Schülern werden meist sehr unterschiedliche Probleme, Fragen und Antworten vermischt. Deshalb will ich einen Vorschlag machen, wie das Durcheinander strukturiert werden könnte als Grundlage für die Entwicklung von Handlungs- und Lösungsansätzen für den schulischen Alltag.

Ich unterscheide Ursachen, die ihre Begründung in der rein religiösen Ebene haben, von denen, die primär aus dem Kontext der Traditionen in den Herkunftsländern und -familien sowie ihren aktuellen sozialen und ökonomischen Lebensbedingungen zu erklären sind. Davon grenze ich Erscheinungen ab, die ihre Ursachen in der politischen Ideologie des Islamismus haben. Sicherlich ist dies eine starke Vereinfachung. Alle drei Ebenen beeinflussen sich gegenseitig, bauen historisch aufeinander auf oder bekämpfen sich gegenseitig. Dennoch scheint mir die vorgeschlagene grobe Unterscheidung in der Praxis hilfreich zu sein.

Führen wir uns noch einmal den Fall von Fatma vor Augen, um die verschiedenen Ebenen zu verdeutlichen, auf denen die Ursachen des Verhaltens der Familie Aydemir liegen können: Ihre Position, Fatma nicht auf die Klassenfahrt zu schicken, kann religiös begründet sein, wird es aber in den seltensten Fällen sein. Wahrscheinlicher ist, dass vor dem Hintergrund der familiären Traditionen die Rolle des jungen Mädchens im geschlechtsreifen Alter klar definiert ist. Die Familie betrachtet die Teilnahme an der Klassenfahrt als einen Schritt, der dieser Rolle nicht angemessen ist. Sie verbindet damit die Vorstellung, dass ihre Tochter sich außerhalb ihrer Kontrollmöglichkeiten über Nacht unter einem Dach mit jungen Männern befinden wird. Nach ihrer traditionellen Überzeugung haben junge Mädchen eine solche Situation zu meiden. Möglich wäre aber auch, dass der eigentliche Grund der momentane Geldmangel ist, den die Familie nicht offen darstellen will. Oder es liegt an Konflikten zwischen Fatma und der Familie. Vielleicht will Fatma selbst nicht mitfahren und schiebt ihre Eltern vor.

Wie auch immer, die Beteiligten wissen, dass sie am besten eine religiöse Begründung liefern, damit sie nicht weiter unter Druck gesetzt werden. Die Erfahrung lehrt sie: Keine Erklärung wird so bereitwillig angenommen wie eine religiös begründete. Außerdem bringt sie einen unschlagbaren Vorteil: Religiöse Begründungen dürfen scheinbar nicht hinterfragt werden. Eine wirkliche Auseinandersetzung mit den konkreten Bedingungen der Klassenfahrt, der Unterbringung, der Aufsicht durch die Lehrerinnen und Lehrer erfolgt dann nicht mehr.

Fließende Übergänge zwischen Religion und Tradition

Wir haben gesehen, wie traditionelle Einstellungen in das Verhalten von Schülern und Eltern hineinwirken können und dabei traditionelles Verhalten mit religiösen Überzeugungen verwechselt wird. Besonders deutlich wird dies an Themen, die derzeit öffentlich debattiert werden. In der Regel geht es dabei um die Rollen von Frauen und Männern in der Gesellschaft.

So hat in den zurückliegenden Monaten das Thema Ehrenmorde die Öffentlichkeit erregt und wird hartnäckig mit dem Islam in Verbindung gebracht. Diese Interpretation hat eine so starke Überzeugungskraft, dass jeder Einwand, es handele sich hierbei keinesfalls um eine muslimische Überzeugung, sondern um Relikte einer patriarchalen, feudalistischen Stammeskultur, mit dem Vorwurf bedacht wird, man wolle den Islam von seiner Schuld freisprechen. Wolle einfach nicht wahrhaben, dass der Islam die Vorlage für Ehrenmorde biete. Ja, es sei doch klar, dass ein guter Moslem letztlich nicht anders könne, als seine Schwester umzubringen, sobald sie gegen die Normen verstößt.

Zutreffend an der Verbindung zwischen dem Islam und der Vorstellung, dass sich die Frau der möglichst vollständigen Kontrolle durch die Männer zu unterwerfen habe, ist, dass der Islam, wie die anderen beiden monotheistischen Religionen, das Judentum und das Christentum, auf eine patriarchale Gesellschaftsordnung abzielt. Eine tatsächliche Gleichberechtigung von Mann und Frau ist in diesen Religionen nicht vorgesehen.

Die öffentliche Schule ist verpflichtet, das im Grundgesetz verankerte Verständnis der Gleichheit von Frauen und Männern zu vermitteln. Abweichungen davon können nicht kommentarlos hingenommen und erst recht nicht entschuldigt oder akzeptiert werden. Aber wie kann konkret mit Problemen, die scheinbar oder tatsächlich mit dem Islam zusammenhängen, in der Schule konstruktiv umgegangen werden? Wie kann eine störungsfreie Lernsituation für alle Schülerinnen und Schüler geschaffen werden?

Ich unterscheide zwischen vier Ebenen von Interventionsmöglichkeiten: der individuellen Ebene (Einzelgespräche, Elterngespräche, Einbezug von Mittlerpersonen), der schulischen Ebene (Hausordnung der Schule, Vorgaben der Schulleitung), der gesetzlichen Ebene und nicht zuletzt der gesellschaftlichen Ebene. Wenn allerdings auf der geeigneten Ebene keine Lösung zu finden ist, müssen weitere Schritte auf die nächste Ebene der Interventionsmöglichkeiten verlegt werden. Im Extremfall wird eine Lösung nur durch Sanktionen auf der rechtlichen Ebene zu finden sein.

Einschränkungen in der Handlungsfreiheit von muslimischen Mädchen, deren Familien einen traditionellen Hintergrund haben, sind in der Regel auf der individuellen Ebene, durch Gespräche mit den Eltern und Familien zu lösen. Wenn Fatma tatsächlich aufgrund der elterlichen traditionellen Orientierung nicht mit auf die Reise darf, kann ein Gespräch helfen: Wenn der Familie die konkreten Umstände erklärt werden, unter denen die Klassenfahrt stattfinden wird, kann das dazu beitragen, dass die Bedenken der Familie ausgeräumt werden. Bisweilen hilft auch das vermittelnde Gespräch einer aufgeklärten religiösen Autorität. Wenn alle Bemühungen erfolglos bleiben, dann muss die Schule auf die ihr zur Verfügung stehenden Sanktionsmittel zurückgreifen – auf die Eintragung von Fehltagen und Schulversäumnisanzeigen.

In Fragen, die sich in erster Linie aus der religiösen Orientierung muslimischer Schüler ergeben, zeigt sich die Schule mittlerweile durchaus kompetent. So ist die Akzeptanz von muslimischen Feiertagen an den Schulen weit entwickelt. In den meisten Bundesländern bekommen muslimische Schüler, aber auch muslimisches Lehrpersonal an den hohen Feiertagen, dem Opferfest und dem Zuckerfest, schulfrei. Dies ist in entsprechenden Rundschreiben der Ministerien geregelt, die Betroffenen müssen nur einen Antrag auf Schulbefreiung stellen.

Kompetenz im Umgang mit der Religion

Wenn es dennoch manchmal Probleme mit der Schulbefreiung an Feiertagen gibt, dann hat dies praktische Gründe: Manche islamische Feste verschieben sich im christlichen Kalender, und die Termine werden jedes Jahr neu festgelegt. Dabei kommt es zu unterschiedlichen Festlegungen, je nachdem, ob die Gläubigen den Vorgaben der Religionsbehörden in Saudi-Arabien oder in der Türkei folgen. Das führt dazu, dass sie einen Tag früher oder später ihr Fest begehen. Wenn das Kollegium sich in Unkenntnis dieser innermuslimischen Uneinigkeiten kalendergetreu an das vom Ministerium angegebene Datum hält, bleibt unklar, warum ein Teil der Schülerschaft an dem einen und der andere Teil am anderen Tag frei bekommen möchte. Schnell entsteht der Eindruck, die Schülerschaft leiste sich einen Spaß mit dem Kollegium.

Festzuhalten bleibt trotz mancher Probleme: Heute wird in deutschen Klassenzimmern häufig über islamische Feste gesprochen, und die Parallelen zwischen Islam und Christentum gehören zum Unterrichtsstoff. Was vor zehn oder zwanzig Jahren noch die Ausnahme war, ist heute die Regel.

Ähnlich verhält es sich mit der Berücksichtigung der muslimischen Speisevorschriften. Muslime, die sich eng an die Vorgaben ihrer Religion halten, essen kein Schweinefleisch. Es gibt kaum noch eine Schulkantine ohne schweinefleischloses oder vegetarisches Essen im Angebot. Muslime, die sich besonders streng an die Speisevorschriften halten wollen, geben sich auch mit vegetarischem Essen nicht zufrieden, da sie befürchten, dass eventuell beim Kochen Schweinefett benutzt worden sein könnte. Viele essen keine Gummibärchen, da diese in der Regel unter Verwendung von tierischer Gelatine hergestellt werden. Aber auch bei striktester Einhaltung der Speisevorschriften ist es in der Regel heute kein Problem mehr, das passende Menü zusammenzustellen.

Über die religiösen Hintergründe oder die Einzelheiten des Tagesablaufes während des Fastenmonats Ramadan sind die meisten Lehrer heute so gut informiert, dass sie beispielsweise auf Plätzchenbacken zur Fastenzeit verzichten. Problematisch wird es allerdings, wenn der normale Fortgang des Unterrichts dadurch behindert wird, dass Schüler über Wochen fasten und von Tag zu Tag unkonzentrierter und müder werden. Zum Teil fasten schon achtjährige Grundschüler mit dem Ergebnis, dass sie nicht nur unfähig sind, am Sportunterricht teilzunehmen, sondern eigentlich dem gesamten Unterricht nicht angemessen folgen können. Lehrer sind aus verständlichen Gründen wenig begeistert von dieser Situation, die einen normalen Unterricht über mehrere Wochen ausschließt. Sie fühlen sich aber hilflos, da sie eine religiöse Handlung nicht mit einer intoleranten Haltung diskriminieren wollen.

An dieser Stelle kann ein wenig mehr Information über den kritischen Umgang mit muslimischen Glaubensgeboten praktische Hilfe leisten: Das Gebot des Fastens in der Ramadan-Zeit ist nach gängiger muslimischer Interpretation mit vielen Einschränkungen versehen. Ausgenommen vom Fasten sind: Kinder vor der Geschlechtsreife, Mädchen und Frauen während der Menstruation, Menschen, die schwere körperliche Arbeit verrichten, Reisende, Kranke und Lernende. Daran zu erinnern, könnte manche Zehnjährige vielleicht davon abhalten, zu fasten.

Doch alle Belehrung kann nicht gegen die Erfahrung der Schüler ankommen, die sie während des Ramadans außerhalb der Schule machen. Die Fastenzeit ist für sie eine ausgesprochen frohe und lustvolle Zeit mit der Familie. Den ganzen Tag über wird gekocht, noch mehr und feiner als sonst, wenn die Zeit zum ausgiebigen Kochen fehlt. Kurz, das Fasten mit den Erwachsenen macht den Kindern und Jugendlichen Spaß, und diesen Spaß werden sie sich auch von den Lehrern nicht nehmen lassen. Das Problem, dass einige Schülerinnen und Schüler nicht wirklich konzentrationsfähig sind, bleibt jedoch.

Wie weit kann und sollte die Schule auf diese Tatsache Rücksicht nehmen? Ein wenig Rücksicht ist nötig, und pragmatische Lösungen sind möglich: Am Wandertag kann die eine oder andere Pause zusätzlich eingeschoben werden, und die Klassenfete kann auch um eine Woche verlegt werden.

Es gibt aber deutliche Grenzen der Rücksichtnahme auf die Fastenzeit. Sicherlich können weder die Bundesjugendspiele wegen des Ramadan verlegt werden noch die Abiturprüfungen. Grundsätzlich darf der schulische Jahreskalender durch keinerlei Rücksicht auf die unterschiedlichen religiösen Bedürfnisse der Schülerschaft außer Kraft gesetzt werden. Das hat praktische und prinzipielle Gründe: An einer öffentlichen Schule, die allen Kindern und Jugendlichen, unabhängig von ihrer religiösen Orientierung, zur Verfügung steht, sind die Bedürfnisse der Einzelnen zum Teil gegensätzlich. In einer religiös und weltanschaulich pluralistischen Gesellschaft darf die Glaubensfreiheit nicht eingeschränkt werden, die Ausgestaltung des Alltags sollte jedoch auf keinerlei religiöser Überzeugung basieren. Vielmehr müssen als Orientierung für alle die Grundlagen der Gesellschaft wie das Grundgesetz und die Menschenrechte gelten, und sie dürfen nicht eigenmächtig zur Disposition gestellt werden.

Islamismus: politische Strategie oder Konsequenz der Religion

Zur Disposition gestellt werden diese Grundlagen allerdings fast immer, wenn das Verhalten von Schülern oder Eltern politisch-islamistisch motiviert ist. Diese Motivlage zu erkennen ist besonders schwierig. Denn schon die Definition des Islamismus wirft in der gesellschaftspolitischen Debatte große Probleme auf. Die kontrovers und vielstimmig geführte Diskussion führt in der Gesellschaft zu einer tiefen Verunsicherung. Und das bleibt nicht ohne Rückwirkungen auf die Verhaltensweisen von Lehrerinnen und Lehrern.

Ein Beispiel aus dem Spreewaldbad, Berlin: Ein achtjähriger Junge weigert sich, nach dem Schwimmunterricht beim Duschen die Badehose auszuziehen. Auf die Aufforderung des Lehrers antwortet er, dass es ihm als Muslim verboten sei, sich nackt vor fremden Menschen zu zeigen. Darauf reißt der Lehrer ihm die Hose mit den Worten vom Leib: »Bei uns in Deutschland wird die Hose ausgezogen!« Leider ist das kein Einzelfall.

Je aufgeregter in der Gesellschaft über den politischen Islam diskutiert wird, desto bizarrer sind die Reaktionen auf kulturbedingte Schamgefühle und islamistisch begründete Verhaltensweisen. Die rigorose Haltung »Keinen Fußbreit den Islamisten«, die auch Kinder als Propagandisten einer totalitären Weltanschauung betrachtet, breitet sich aus. So wurde in Berlin eine junge Frau vom Sportunterricht ausgeschlossen, weil sie sich weigerte, ohne Kopfbedeckung an ihm teilzunehmen. Auch ihr Kompromissvorschlag, die Haare mit einer Badekappe zu bedecken, damit sie das Kopftuch bei den sportlichen

Aktivitäten nicht behindert, wurde mit Verweis auf die hier gültigen westlichen Standards nicht akzeptiert.

Diese Kulturkampfstimmung im Klassenzimmer gefährdet nicht nur die schulische Integration der Schülerinnen und Schüler. Sie ist auch das Ergebnis einer verqueren Islam- und Islamismusdebatte, die leider auch für Lehrerinnen und Lehrer handlungsanleitend wird. Deshalb sei hier kurz auf diesen populärer werdenden Strang der Islamismusdebatte eingegangen:

Immer häufiger wird in der Mehrheitsgesellschaft die Position vertreten, im Islam sei es unmöglich, zwischen den spirituellen Überzeugungen und den Rechtsvorschriften zur Ausgestaltung der sozialen und politischen Ordnung in einer für Muslime angemessenen Gesellschaft zu unterscheiden. Der Islamismus sei demzufolge nichts anderes als der konkrete politische Weg, der zum erstrebten Ziel einer islamischen Gesellschaft führen soll. Da diese Vorgaben religionsimmanent seien, könne nur derjenige Muslim sein, der diese gesellschaftlichen Vorstellungen teilt. Da die politische Strategie des Islam auch die Vorstellung des Märtyrertums als letzte Waffe einschließt, sind nach dieser Interpretation alle Muslime potenzielle Märtyrer, im schlimmsten Fall Selbstmordattentäter.

So betrachtet ist der Islam nicht nur gewalttätig und totalitär, sondern auch nicht reformierbar. Er trägt in seinem innersten Kern die Vorstellungen einer unmenschlichen Gesellschaftsordnung und muss deshalb bekämpft werden. Ideologisch derart ausgerüstet, werden den Kollegen, der einem Achtjährigen mit Gewalt die Badehose auszieht, keine Gewissensbisse umtreiben. Mögliche Hemmungen, eine Religion oder die Anhänger einer religiösen Überzeugung zu diskriminieren und letztlich zu bekämpfen, werden minimiert, wenn dem Islam immer mehr der religiöse Aspekt abgesprochen und stärker das Konzept des politischen Islams in den Vordergrund gestellt wird.

Diese Islaminterpretation durch die Mehrheitsgesellschaft ist auch deshalb wenig hilfreich, weil sie den Blick auf die wirklichen Probleme versperrt. Wer davon ausgeht, dass alle Muslime potenzielle (Selbst-)Mörder sind, kann nicht unterscheiden zwischen der gläubigen Großmutter und einer Runde zu allem entschlossener militanter Kämpfer. Wer dies nicht unterscheiden kann, stärkt den Islamismus – auch im Klassenzimmer.

Islamistische Alltagskultur

Trotz der angeführten Kritik an solch überzogenen Haltungen ist unübersehbar, dass der politische Islam immer mehr Einfluss auf den schulischen Alltag nimmt. Am sichtbarsten wird er durch das Tragen von Kopftüchern der Schülerinnen. Es gibt eine ganze Reihe von jungen Frauen, die sich im Gegensatz zu ihren Müttern oder sogar Großmüttern bewusst für das Kopftuch entscheiden. Es ist zu einem Teil der islamistischen Alltagskultur geworden, die nicht nur von den politischen Akteuren, sondern auch einer breiten Schicht von Mitläufern geteilt wird. Wenn ein Mädchen aus angeblich religiösen oder traditionellen Gründen ein Kopftuch trägt, aber ansonsten in körperbetonter Kleidung auftritt, liegt die Vermutung nahe, dass sie sich als Teil der islamistischen Alltagskultur versteht. Im Gegensatz zu Frankreich gibt es dennoch in Deutschland niemanden, der Schülerinnen das Tragen des Kopftuches verbieten möchte.

Problematischer für den Schulalltag ist die Ablehnung des gemeinsamen Schwimmunterrichts nach der islamistischen Interpretation. Um ihre Normen durchzusetzen, haben Organisationen aus dem islamistischen Umfeld bundesweit auf Befreiung vom schulischen Schwimmunterricht geklagt. Die jüngsten Urteile dazu drängen auf die Verbindlichkeit der Teilnahme am Schwimmunterricht und halten die vorgebrachten religiösen Begründungen nicht für überzeugend. Darauf können sich die Lehrer berufen. Wenn sieben Mädchen gleichzeitig mit einem aus dem Internet heruntergeladenen identischen Vordruck den Antrag zur Befreiung vom Schwimmunterricht stellen, wird deutlich, dass es keineswegs um individuelle Gründe, sondern um eine koordinierte politische Demonstration zur Durchsetzung islamistischer Normen geht. Hier werden individuelle Gespräche kaum etwas verändern. Letztlich stehen der Schule die üblichen Sanktionen wie der Eintrag als Fehlstunden zur Verfügung.

An dieser Stelle sei aber auch darauf hingewiesen, dass die Befreiung vom Schwimmunterricht im schulischen Alltag viel seltener ein Problem ist, als die öffentliche Debatte dies vermuten lässt. Eine Umfrage der Senatsschulverwaltung in Berlin hat ergeben, dass von den knapp 300 000 Schülerinnen und Schülern im Schuljahr 2004/2005 nicht einmal 15 Schülerinnen einen Antrag auf Befreiung vom Schwimmunterricht gestellt haben.

Ein Thema entzieht sich in ganz besonderer Weise der Zuordnung zu einem der genannten Ursachenfelder: der Antisemitismus. Es ist unmöglich, seriös zwischen möglichen Anknüpfungspunkten im Koran, der historischen Erfahrung von Diskriminierung und politischen Instrumentalisierungen zu unterscheiden. Im Antisemitismus mit muslimischem Hintergrund fließen alle Ebenen zusammen und schaffen ein neues Amalgam. Der islamisch oder islamistisch begründete Antisemitismus bedarf dringend einer ausführlichen Betrachtung, die an dieser Stelle nicht geleistet werden kann.

Konsequenzen für die Bildungsarbeit

Bevor wir uns im weiteren Verlauf dieses Bandes auf die Suche nach geeigneten Maßnahmen für die Bildungsarbeit machen, ist es hilfreich, eine Zielvorstellung zu formulieren.

Die Anwesenheit von muslimischen Schülerinnen und Schülern (und leider zu wenigen muslimischen Pädagoginnen und Pädagogen) in der Schule in Deutschland ist eine Tatsache. Diese Gruppe wird zahlenmäßig an Bedeutung gewinnen, und Schulen, an denen die Mehrheit der Schülerschaft einen muslimischen Hintergrund hat, werden von Jahr zu Jahr mehr werden.

Die Pädagoginnen und Pädagogen hingegen werden nach wie vor nicht ausreichend auf die Arbeit mit dieser Schülerschaft vorbereitet. Es scheint in der Lehrerausbildung immer noch die Vorstellung vorzuherrschen, dass sich das Problem mit der Zeit schon von alleine lösen wird. Oft wird darauf gesetzt, dass die Familien mit der Dauer ihres Aufenthaltes in Deutschland immer weniger durch ihre spezifischen Traditionen und Religionen auffallen und unsichtbarer werden. Dieser Annahme verdanken wir es, dass in Deutschland bis heute notwendige Maßnahmen für die Integration durch Bildung nicht umgesetzt wurden.

Das Thema Religion könnte man dabei möglicherweise eher vernachlässigen, wenn es nicht die fatale Verbindung zum Islamismus gäbe, die es uns nicht erlaubt, über diese Fragen hinwegzusehen.

Es geht meines Erachtens im schulischen Alltag weniger um theologische Fragen als vielmehr um soziale und politische und vor allem um die Suche nach geeigneten pädagogischen Antworten. Der eigene enge Bezugsrahmen der Pädagogen muss abgebaut werden. Die irrationale Faszination durch den angeblich exotischen Islam sollte hinterfragt werden. Der Fortbildung kommt deshalb ein besonderer Stellenwert zu.

Vor allem geht es aber darum, dass die eigenen Normen der Gesellschaft und der einzelnen Schule den Akteuren bewusst sind. Wer sich nicht so sicher ist, ob die Teilnahme am Biologieunterricht wirklich für alle Schülerinnen und Schüler verbindlich sein sollte oder ob nicht doch Zeugen Jehowas, Islamisten oder christliche Kreationisten von diesem Unterricht befreit werden könnten, landet früher oder später beim amerikanischen Modell. In den USA bestehen mittlerweile einige Bundesstaaten darauf, dass neben der Darwin'schen Evolutionslehre auch die Schöpfungsgeschichte als gleichberechtigte Theorie gelehrt wird.

So wird das Fundament der Aufklärung, die Vernunft, verlassen und allen Irrationalitäten inklusive der dazugehörigen menschenverachtenden Gesellschaftsmodelle Tür und Tor geöffnet.

Von Sanem Kleff

Schule und Islam – eine Herausforderung für die Bildungsarbeit

Wie können religiös begründete Konflikte im Schulalltag gelöst werden? In welcher Form kann der Islam an deutschen Schulen unterrichtet werden? Und wie können Eltern muslimischer Schüler besser von den Schulen erreicht werden? Diese Fragen diskutierten die Teilnehmer einer Podiumsdiskussion auf der Tagung »Integration – Zuhören und Engagement« der Körber-Stiftung untereinander und mit dem Publikum. Die Diskussion fand am 17. Februar 2005 in Hamburg statt. Hier dokumentieren wir Auszüge.

Auf dem Podium diskutierten:

Bekir Alboğa, Islamwissenschaftler, Beauftragter der DİTİB (Diyanet Işleri Türk Islam Birliği – Türkisch-Islamische Union der Anstalt für Religion) für den interreligiösen Dialog
Alexandra Dinges-Dierig, Senatorin für Bildung und Sport der Freien und Hansestadt Hamburg
Lamya Kaddor, Lehrerin für Islamische Unterweisung in Nordrhein-Westfalen und Assistentin am Lehrstuhl für Religion des Islam am Centrum für Religiöse Studien der Universität Münster
Sanem Kleff, Mitglied des Bundesvorstands der Gewerkschaft Erziehung und Wissenschaft, Projektleiterin der Initiative »Schule ohne Rassismus – Schule mit Courage«
Moderation: **Alexander Heinz**, Norddeutscher Rundfunk

Heinz: Frau Kleff, ist bei Lehrerinnen und Lehrern eine große Ratlosigkeit beim Umgang mit dem Thema »Schule und Islam« zu spüren?
Kleff: Ratlosigkeit gibt es bei allen Beteiligten: Schülern, Lehrern und Eltern. Beim Umgang mit Kindern mit muslimischem Hintergrund tauchen aber zum Teil scheinbar deshalb Probleme auf, weil es sich um Muslime handelt.

Wenn ein Mädchen sagt, sie könne nicht schwimmen gehen, da sie das als Muslimin nicht dürfe, ist sie vielleicht – ganz banal – zu faul zum Schwimmen. Das kennen wir von anderen Schülerinnen auch. Dass sie muslimisch ist, klingt ja überzeugend. Auf die Idee würde ich als Schülerin auch kommen. Es gibt zudem Eltern, die ein sehr konservatives und traditionelles Frauenbild haben und deshalb nicht wollen, dass ihre Töchter schwimmen gehen. Selbst wenn sie ihre Religion nicht aktiv ausleben. Die dritte Gruppe sind Familien – weniger die Schülerinnen und Schüler –, die aus politisch motivierten Gründen ein islamistisches Gesellschaftsmodell vertreten. All das differenzieren zu lernen ist nicht einfach. Lehrer versuchen tagtäglich, die durch die Migration entstandenen Probleme zu klären. Aber dabei brauchen sie Unterstützung. Jeder, der ihnen Hilflosigkeit vorwirft, sollte mal versuchen, im Laufe eines Tages sieben dieser Probleme gleichzeitig zu lösen, den Unterricht zu erteilen, das Klassenheft ordnungsgemäß auszufüllen und auf die Klassenkonferenz zu gehen.

Religion – berechtigtes Motiv oder Vorwand?

Heinz: Frau Kaddor, wie können Lehrer erkennen, ob berechtigte religiöse Motive hinter gewissen Verhaltensweisen von Schülern stecken oder ob Religion nur als Vorwand dient?

Kaddor: Das ist oft schwierig zu erkennen. In einer zehnten Klasse unterrichte ich zwei Mädchen, die ein Kopftuch tragen und davon überzeugt sind. Ich habe kein Problem damit, finde es sogar gut, wenn sie das für sich darstellen und dahinter stehen können. Auf meine Frage, warum sie das Kopftuch tragen, antworteten sie: »Weil es im Koran steht.« Sie guckten mich fragend an, als wüsste ich dies denn nicht. »Was glaubt ihr, wo der Sinn dahinter steckt?«, wollte ich wissen. Sie antworteten, sie hätten keine Ahnung. Als ich nachhakte, ob es vielleicht an dem Reiz der Haare liege, buhten schon viele der Jungen der Klasse im Hintergrund. Das sei doch ein Witz, sie hätten schon Tausende von Haaren gesehen, es mache doch keinen Unterschied mehr, ob ihre Haare gesehen werden oder nicht. Die Mädchen erzählten, dass die Jungen in ihrer Klasse ihre Haare gesehen hätten. Erstaunt fragte ich: »Wie, ihr tragt doch ein Kopftuch?« Ihre Antwort: »Ja, glauben Sie denn, wir tragen das auch im

Sportunterricht, oder was?« Ich fand das einerseits »inkonsequent«, aber andererseits wiederum gut: Das heißt, dass diese Mädchen sich nicht komplett ausgrenzen, nur weil sie ein Kopftuch tragen. Manchmal wundere ich mich, wie selbstbewusst meine Schülerinnen eigentlich sind und wie selbstverständlich sie mit solchen Situationen umgehen können. Eine andere zehnte Klasse habe ich gefragt, welches Thema sie demnächst durchnehmen möchten. Darauf meldete sich ein Mädchen, bekleidet mit einem langen Rock, einem knallroten, sehr engen Oberteil – zwar langärmelig, aber recht auffällig – und einem schwarzen Kopftuch, und forderte das Thema Sexualität. In dem Moment war ich über das Selbstbewusstsein dieses jungen »konservativen« Mädchens überrascht und freute mich zugleich, dass sie dieses Tabuthema vorschlug. Die Öffentlichkeit unterschätzt die jungen Muslime, denn im Gegensatz zu der Elterngeneration ist für sie vieles selbstverständlich, wofür sie sich weder schämen noch verteidigen müssen.

Heinz: Herr Alboğa, wie zwingend sind diese Konflikte aus religiöser Sicht?

Alboğa: Viele muslimische Familien sind gar nicht in der Lage, diese Dinge religiös zu begründen. Sie sagen nur das, was sie geerbt haben. Wichtiger, als mit ihnen religiös zu diskutieren, ist, ihnen zu sagen: »Es passiert nicht das, was ihr befürchtet!« Ich erkläre den Leuten, wie ich meine Tochter überzeugen konnte, dass sie als Muslimin am Schwimmunterricht teilnehmen konnte. So können Vertrauenspersonen den Familien ihre kleinen Ängste nehmen, sie davon überzeugen, dass ihr Kind nicht gezwungen wird, Schweinefleisch zu essen oder mit Jungen zusammen in einem Zimmer zu schlafen.

Heinz: Frau Dinges-Dierig, Schwimmen ist Bestandteil des Unterrichts und damit verpflichtend. Die Teilnahme an Klassenfahrten ist wünschenswert, weil darüber die soziale Gemeinschaft der Kinder gestärkt wird. Ist es für Sie als Schulsenatorin tolerierbar, wenn einige sagen, wir nehmen daran nicht teil?

Dinges-Dierig: Religion und der Bildungsauftrag sind ja keine Gegensätze. In den Schulgesetzen stehen die Rechte und Pflichten aller Schüler – unabhängig von ihrer religiösen Zuordnung. In Hamburg gibt es eine Verpflichtung der Schülerinnen und Schüler zur Teilnahme an Klassenreisen. Das Gleiche gilt für den Sport, der ebenfalls für alle verpflichtend ist. Sicherlich kann man sich darüber unterhalten, wie der Unterricht gestaltet werden kann. Möglich ist es, Gruppen zu bilden und Mädchen und Jungen getrennt schwimmen zu lassen. Wichtig ist das Ziel. Wir halten am Sport- und Schwimmunterricht als wesentlichem Bestandteil des Bildungsauftrages fest. Diesen Auftrag setzen wir durch, und zwar allen Kindern gegenüber.

Kleff: In manchen Punkten ist es sinnvoll, zu verhandeln, andere Punkte sind nicht verhandelbar. Das zu klären ist eine Aufgabe für die gesamte Gesellschaft, nicht nur für diejenigen, die sich im Apparat Schule bewegen. Die Aufgabe dieser Gesellschaft manifestiert sich auch in ihrem Bildungsauftrag. Ich würde sagen, es gibt keinen Raum für Verhandlungen darüber, ob die, altmodisch ausgedrückt, körperliche Ertüchtigung der Kinder nicht ein wesentlicher Bestandteil ihrer Entwicklung ist. Deshalb ist Sport regulärer Bestandteil des Unterrichts. Aber, und dann kann man verhandeln, muss jeder in Minishorts auftreten? Kann man nicht über all das Periphere so lange verhandeln, wie es nicht den Kern des Anliegens zerstört? Es ist etwas anderes, ob Eltern vorgefertigte Formulare von islamistischen Organisationen aus dem Internet herunterladen, auf denen steht: »Meine Tochter ist muslimisch und nimmt nicht am Sportunterricht teil!«, oder ob ein Vater sagt, ich hätte gern, dass meine Tochter die Jogginghose anbehält, oder wenn das Mädchen aus dem eigenen Schamgefühl entscheidet.

Heinz: Herr Alboğa, wie finden Lehrer eigentlich eine islamische Gemeinde, an die sie sich bei konkreten Problemen richten können? Gucken sie da einfach ins Telefonbuch? Geraten sie da vielleicht an die Falschen?

Alboğa: Wir sollten die Lehrer mit Fortbildungsmaßnahmen konkret über diese Dinge informieren. Diese Verantwortung haben die muslimischen Gemeinden zu erfüllen, gemeinsam mit der Politik, den muslimischen Vereinen und den politischen Bildungseinrichtungen. Das wird ja auch getan. Zunächst können Lehrer muslimische Gemeindevertreter aufsuchen, die der deutschen Sprache mächtig sind, damit sie keine Übersetzung brauchen.

Kleff: Der deutschen Sprache mächtig sind sie mittlerweile alle. Auch die Hamas.

Alboğa: Natürlich eine Gemeinde oder Organisation, die die Verfassung akzeptiert.

Heinz: Frage ich die, oder woher weiß ich, wie eine Gemeinde zur deutschen Verfassung steht?
Alboğa: Es gibt genug Möglichkeiten, sich über sie zu informieren. Ich kenne keine nennenswerte Dachorganisation, die die Verfassung in Frage stellt. Ich kann nur für DİTİB sprechen. Wir bejahen das Grundgesetz der Bundesrepublik Deutschland ohne Wenn und Aber.

Religionsunterricht – eine Aufgabe für den Staat oder die Glaubensgemeinschaften?

Heinz: Es gibt verschiedene Vorstellungen, welche Art von Religionsunterricht in den Schulen erteilt werden soll. In Berlin hat sich die Islamische Föderation als Religionsgemeinschaft eingeklagt und darf Religion unterrichten. Inzwischen werden rund 4000 Schüler von der Islamischen Föderation unterwiesen. Ist das aus Ihrer Sicht ein gutes Modell, Frau Kleff?
Kleff: Das Gute an dem Berliner Modell ist, dass es keinerlei konfessionellen Religionsunterricht im Rahmen des Pflichtunterrichtes gibt. Religion jeglicher Couleur wird nur als freiwillige Ergänzung von den Glaubensgemeinschaften angeboten. Wer nun eine Glaubensgemeinschaft ist, ist eine juristische Frage. Manche, wie die katholische und die evangelische Kirche, werden vom Senat automatisch anerkannt. Da es keine rechtlich anerkannte muslimische Glaubensgemeinschaft gab, haben mehrere Gruppen über Jahrzehnte versucht, diesen Status zu erlangen. Gelungen ist dies letztlich denjenigen, die am hartnäckigsten drangeblieben sind, einer Gruppierung, die aus der Milli-Görüş-Bewegung in der Türkei entstanden ist.

Heinz: Können Sie erklären, was das ist?
Kleff: Milli Görüş ist eine politische Bewegung, deren politisches Modell in ihren Anfängen an das der iranischen Revolution angelehnt war, das sie in verschiedenen Schattierungen auf die Türkei übertragen wollte. In Deutschland hat sich die Bewegung als Verein formiert. Dass gerade diese Gruppe als Glaubensgemeinschaft anerkannt wurde, ist ein kompliziertes Thema. Meine Antwort darauf ist nein, das weiß auch die Islamische Föderation in Berlin. Aber solange sie juristisch eine Glaubensgemeinschaft ist, ob berechtigt

oder nicht, muss sie genauso behandelt werden wie alle anderen Glaubensgemeinschaften. Übrigens ist es nicht richtig, dass nur die Islamische Föderation muslimischen Religionsunterricht erteilt, auch die Alevitische Gemeinde erteilt Religionsunterricht an den Schulen. Das Konstrukt, nach dem in Deutschland Religionsunterricht angeboten werden darf, bezieht sich jedoch auf das Christentum. Im Islam gibt es keine Konfessionen, deshalb ist eine Eins-zu-Eins-Umsetzung der Struktur mit den Inhalten und Bedürfnissen des Islam schwer durchzuführen.

Heinz: In Berlin hält der Staat sich aus dem Religionsunterricht heraus und gibt diese Aufgabe an die Glaubensgemeinschaften weiter. In Nordrhein-Westfalen wird ein anderes Modell erprobt. Frau Kaddor, welcher Grundgedanke steht dahinter, dass der Staat, wie an der Universität Münster, deutschsprachige muslimische Religionslehrer ausbildet?

Kaddor: Nordrhein-Westfalen verfolgt das Ziel, konfessionellen muslimischen Religionsunterricht in das Curriculum aufzunehmen. Religion ist ein wichtiger Bestandteil eines jeden von uns. Deshalb besteht die Intention, den katholischen und evangelischen Religionsunterricht zu behalten und die islamische Unterweisung beziehungsweise einen künftigen islamischen Religionsunterricht hinzuzufügen, um alle Schüler – egal, ob Muslime oder Christen – mit Gott vertraut zu machen, mit Moral, mit Ethik. Das kann man auch in einem anderen Unterricht machen, aber es ist für meine Schüler wichtig zu wissen, warum es aus islamischer Theologie nur einen Gott geben kann etc. Wenn die Schüler nicht wüssten, was ihre Religion zu bestimmten Dingen sagt, wären sie in dieser Gesellschaft verloren.

Heinz: Herr Alboğa, welche Form des Religionsunterrichts befürwortet DİTİB?

Alboğa: Solange es in Deutschland einen Religionsunterricht in der Schule gibt, sollte es auch einen islamischen Religionsunterricht geben. Wir vertreten diese Position und sind jederzeit bereit, mit den Kultusministerien zusammenzuarbeiten, sowohl bei der Entwicklung der Konzepte als auch bei der Durchführung des Unterrichts. Deswegen wurde auch eine Stiftungsprofessur an der Goethe-Universität in Frankfurt mit gegründet und finanziert.

Heinz: Frau Dinges-Dierig, in Hamburg gibt es einen gemeinsamen Religionsunterricht und einen Ethik-Unterricht. Warum wird hier nicht zwischen den Konfessionen getrennt?

Dinges-Dierig: Wir haben in Hamburg traditionell den Religionsunterricht für alle, unabhängig davon, welcher Religion oder Konfession der Einzelne angehört. Dieser Unterricht steht aus historischen Gründen in evangelischer Verantwortung. Die Pläne werden auf Einladung der evangelischen Kirche in Abstimmung mit allen Religionen und Konfessionen aufgestellt. Der Bildungsplan gilt für alle Schüler, sofern sie nicht abgemeldet werden und Ethik als Ersatzunterricht besuchen. Bisher läuft das sehr erfolgreich.

Kaddor: Das Hamburger Modell ist mir von der Praxis her sympathisch. Ich weiß, dass hier guter Unterricht erteilt wird, der allen Kindern zugute kommt. Lassen Sie mich dennoch meine Kritik formulieren: In Hamburg hat nur die evangelische Kirche die Möglichkeit, konfessionellen Religionsunterricht anzubieten. Da sie offen genug ist, das nicht zu monopolisieren und zur Missionierung zu missbrauchen, bietet sie einen sinnvollen Unterricht an – in Kooperation mit anderen Religionsgemeinschaften. Das ist im Endeffekt gut. Es gefällt mir jedoch von der politischen Struktur her nicht. Ich bin für einen säkularen Staat, dieser Unterricht sollte – solange es keinen islamischen Religionsunterricht im Sinne des Grundgesetzes gibt – durch den Staat erteilt werden und nicht von der evangelischen Kirche oder einer anderen Glaubensgemeinschaft.

Bildungschancen von Migrantenkindern

Heinz: Die PISA-Studien machen deutlich, dass Kinder aus Migrantenfamilien zu den Verlierern unseres Bildungssystems gehören. Wie können Rahmenbedingungen geändert werden, um diesen Kindern bessere Chancen auf einen Bildungserfolg zu ermöglichen?

Dinges-Dierig: Schule muss sich nach außen weiter öffnen. Wir dürfen es nicht als Aufgabe von Lehrern alleine ansehen, Probleme zu lösen. Es ist unsere gemeinsame Aufgabe, die Rahmenbedingungen der Schule zu gestalten. Das Wichtigste für mich ist die aktive Elternarbeit: Die wird zumindest in den Hamburger Schulen überwiegend von deutschen Eltern betrieben. Doch warum nehmen nicht alle Eltern daran teil? Wenn wir diese Frage wirklich beantwortet haben, kommen wir vielleicht ein Stück weiter.

Heinz: Wie können zum Beispiel Eltern türkischer Kinder besser eingebunden werden?

Alboğa: Man muss eine Atmosphäre schaffen, in der sie sich wohl fühlen, in der vertrauensvoll mit ihnen umgegangen wird. Wenn sich herumspricht, dass sie ernst genommen werden, dass ihre Sorgen wahrgenommen werden, dann werden sie alle kommen.

Kleff: Noch immer schaffen doch nicht in erster Linie die Migranteneltern, sondern die politisch Verantwortlichen die Rahmenbedingungen von Bildung. Die Fähigkeit, die deutsche Sprache zu beherrschen, das zentrale Instrument des Zugangs zu Ressourcen in dieser Gesellschaft, muss jedem Kind zur Verfügung gestellt werden – so früh wie möglich! Doch dann höre ich, was in Hamburg, leider nicht nur dort, passiert: Stellen, die für Deutsch als Zweitsprache vorgesehen sind, werden gestrichen und sollen wohl weiter gestrichen werden. Vorklassen werden kostenpflichtig, und Kitaplätze sind vorrangig für Kinder vorbehalten, deren Elternteile beide berufstätig sind. Dann denke ich an Eltern, die arbeitslos und bildungsfern sind. Deren Kinder brauchen als Erste diese Frühförderung, die der Staat anbieten muss. Und zwar kostenlos.

Dinges-Dierig: Mir nützen Sprachförderressourcen auf dem Papier herzlich wenig. In Hamburg wurden sie leider in nicht unerheblichem Umfang für den regulären Unterricht und für Vertretungen eingesetzt. Der Ressourcenrahmen wird durch die Steuereinnahmen der Stadt bestimmt. Der Unterricht muss abgedeckt werden, die Vertretungsstunden müssen abgedeckt werden, und dann kommen die so genannten Sonderbedarfe. Sprachförderung steht dabei ganz vorne an. Wichtig ist, dass wir gezielt prüfen, an welchen Schulen wir welchen Umfang an Ressourcen brauchen, und dann mit den Schulen vereinbaren, wofür die Gelder eingesetzt werden. Das heißt, dass dieses Geld tatsächlich in den vereinbarten Maßnahmen landet und nicht – wie früher – im Vertretungsunterricht.

Heinz: Welche Schritte wären wichtig, um Schule und Islam besser zu verbinden als bislang?

Kaddor: Das Schöne am Islam ist, dass mehrere Interpretationen zulässig sind. Meine Aufgabe als Lehrerin ist es, den Schülern zu ermöglichen, sich kritisch damit auseinander zu setzen. Wenn sie sich mit ihrer eigenen Kultur und Religion beschäftigen, ruhig auch ein bisschen kritischer, und dann zu einer Lösung kommen, ist das schon viel wert.

Alboğa: Kein Kind soll gezwungen werden, am islamischen Religionsunterricht teilzunehmen. Ich finde aber, die Einführung dieses Unterrichtes in den Schulen ist ein Integrationsbeitrag von elementarer Wichtigkeit. Deutschsprachige muslimische Religionslehrerinnen wie Frau Kaddor vermitteln nicht nur den Inhalt des Islams, sie sind auch Ansprechpartner in der Schule für den interreligiösen Dialog. Aber mit einer Professur in Frankfurt oder mit einem Lehrstuhl in Münster können wir diesem Bedarf nicht entsprechen. Wir brauchen mehr Lehrstühle für Islamische Theologie in Deutschland, um der Indoktrination vorzubeugen.

Kleff: Mir wird zu viel über Religion gesprochen in der letzten Zeit. All die Menschen, über die wir hier reden, hießen vor ein paar Jahrzehnten Migranten, Türken. Jetzt heißen wir plötzlich alle Muslime. Ich möchte keine Gesellschaft, die Menschen nach ihrer religiösen Orientierung eintütet. Wir sollten einen Schritt zurückgehen in die traditionelle Migrationsdebatte und über politische, über soziale Fragen und weniger kulturalistisch und erst recht nicht theologisch debattieren.

Dinges-Dierig: Letztlich geht es doch darum, wie wir Menschen miteinander umgehen. Wir haben das Thema Schule und Islam heute als Ansatzpunkt für dieses Miteinander genommen. Wichtig ist, dass wir miteinander ins Gespräch kommen. Projekte sind dann erfolgreich, wenn sich die Menschen mit ihren konkreten Fragen in alle Richtungen öffnen – nicht nur einseitig in Richtung Schule, Religion, Soziales oder eben Sprachförderung. Die Verantwortung für die Bildungspolitik liegt darin, diese schwierige Vernetzung als Herausforderung anzunehmen.

Impulse zum Dialog

Wer bestimmt eigentlich, worüber beim Thema Schule und Islam diskutiert wird? Die Jugendlichen selbst sollen die Inhalte vorgeben, das ist die Idee des Projekts »Islam und Ich«. Sie sind die Experten für die Auswirkungen des Islams auf den Schulalltag. Was sie zu sagen haben, wird hier am Beispiel der Hamburger Veddel von zwei Seiten beleuchtet: aus der Perspektive des unabhängigen Beobachters und der des Organisators.

Zwischen Moschee und Eiscafé

Eine Dreiviertelmillion muslimischer Schüler gibt es in Deutschland. Die Diskussionsreihe »Islam und ich« will den interkulturellen Dialog im Klassenzimmer fördern. Ein Schulbesuch.

»Warum dürfen bei den Muslimen Männer mehr als Frauen?«, will die Schülerin aus der achten Klasse wissen. Über »Respekt vor den verschiedenen Menschen« will ihre Freundin reden, über »Angst und Islam« der Mann in dem Anzug. Sie stehen in der Aula der Schule Slomanstieg, einer Grund- und Hauptschule im Hamburger Stadtteil Veddel. Über ihnen an der Wand hängt ein Transparent, darauf steht in großen Buchstaben: »Wir auf der Veddel, wie geht es miteinander?« In der Aula formen drei Stuhlreihen einen Kreis, darauf sitzen Schüler, Lehrer, Väter, Mütter, ein Pastor, ein Vertreter der Islamischen Gemeinden Norddeutschlands – rund 100 Menschen, die darüber reden wollen, wie es ist, das Miteinander auf der Veddel.

Die Veddel, das ist ein Viertel im Süden Hamburgs, eingeschlossen von Elbe und Autobahn; 60 Prozent der Menschen, die dort leben, sind Einwanderer, den Kindergarten der evangelischen Kirche besuchen 90 Kinder, drei Viertel von ihnen sind Muslime, die Schule hat 470 Schüler, Muslime die meisten auch hier, sie kommen aus 31 verschiedenen Ländern, als Muttersprache geben 40 Prozent Türkisch an, 16 Prozent Albanisch, 11 Prozent Deutsch.

Was hat mit Religion zu tun, was nicht?

Ein passender Ort, um einmal miteinander zu reden, nicht übereinander. Möglich gemacht hat das Treffen die Körber-Stiftung. Gemeinsam mit der Kultusministerkonferenz hatte die Stiftung mit der Initiative »Praxisforum Schule und Islam« Lehrer dazu aufgerufen, Konzepte vorzulegen für den Umgang mit dem Islam in der Schule. Eine Dreiviertelmillion Schüler muslimischen Glaubens gibt es in Deutschland. Schulen haben damit eine wichtige Rolle im interkulturellen Dialog. Aber das Miteinander-Reden fällt schwer, noch schwerer das gegenseitige Verstehen. Was sollen Lehrer tun, wenn sich Eltern weigern, ihre Töchter auf Klassenfahrt oder in den Schwimmunterricht zu schicken? Welche Kritik ist berechtigt, wo fängt Vorurteilsbildung an? Was hat mit Religion zu tun, was nicht? Die Unsicherheit ist groß, auf allen Seiten.

75 Vorschläge kamen zusammen, vom multikulturellen Radioprogramm bis zum Schüleraustausch in islamische Länder. Elf hat die Körber-Stiftung ausgezeichnet. Darunter auch die Diskussionsreihe mit dem Leitthema »Islam und Ich«, die Sanem Kleff und Eberhard Seidel von dem Projekt »Schule ohne Rassismus« organisieren. Dabei kommen muslimische und nichtmuslimische Jugendliche zusammen und bestimmen selbst, worüber sie reden wollen; Open Space nennt sich die Methode. Es geht dabei nicht um Belehrung, sondern um Austausch auf Augenhöhe. Gemeinsam soll nach Wegen für ein besseres Zusammenleben gesucht werden. In mehreren deutschen Städten haben Kleff und Seidel so über 1000 Schüler zum Diskutieren gebracht, aus Hauptschulen, Berufsschulen, Gymnasien.

Auf der Veddel hat die Körber-Stiftung mit den beiden die Projektidee weiterentwickelt: Es sollen nicht nur Schüler und Lehrer miteinander reden, sondern alle, die sich in diesem Stadtteil etwas sagen wollen, und dabei muss es nicht nur um den Islam gehen.

Rund 40 Themen kommen so an diesem Februarvormittag zusammen. Es sind die kleinen Probleme im täglichen Miteinander – von dem so genannten Ehrenmord an einer jungen Frau in Berlin, der wenige Tage später Entsetzen auslösen wird, weiß man noch nichts. Es geht um Deutschkurse, Hausaufgabenhilfe für ausländische Eltern, wie für Mädchen ein glückliches Leben aussehen kann – aber die meisten Themen kreisen doch um den Islam. Kleff und Seidel sammeln sie ein, danach bilden sich kleine Gesprächsgruppen.

»Die großen Jungs bezeichnen uns als Schlampe«

In Zimmer 412 ist mit Kreide an die Tafel geschrieben: »Rechte von Frauen«. An der Wand neben der Tür haben sich ein halbes Dutzend Jungen aufgereiht, Jacken und Wollmützen lassen sie an, da kann die Heizung noch so bollern. Gegenüber sitzen sieben Mädchen. Es geht um einen eigenen Raum, in dem sich die Mädchen auf der Veddel treffen können, ungestört. »Kommt doch ins Haus der Jugend«, rufen die Jungen. »Das wollen wir nicht, da gehen nur die unverschämten Mädchen hin, die anderen nicht«, sagt eine Achtklässlerin. »Da sind immer die größeren Jungs, die uns beleidigen, uns als Schlampe bezeichnen, genauso wie im Eiscafé«, sagt eine andere. Die Jungs lassen sich dazu überreden, an einer Unterschriftenaktion für einen Mädchenraum mitzumachen.

Der Dialog mit dem Islam mag seit Jahren allgegenwärtig sein, er sei jedoch dominiert von Verbänden und Kirchen, sagt Eberhard Seidel. Er spricht von einer regelrechten »Dialogindustrie«; deren Themen gehen aber an den Jugendlichen vorbei. Welche Rolle der Islam in ihrem Alltag spiele, werde dabei vernachlässigt. Genau darum dreht es sich bei ihrem Open Space. Die Bundeszentrale für politische Bildung fand Gefallen an dem Ansatz und unterstützt die »Islam und ich«-Reihe. Bei jeder ihrer Veranstaltungen konnten Kleff und Seidel feststellen: Wenn es um den Islam geht, interessieren sich die Schüler weniger für theologische Fragen, sondern für Sexualität, Freundschaft, Familie.

»Deutschland ist das islamischste Land, das ich kenne«

In Raum 402 will man über den Islam und die Angst vor ihm reden. Die Tische sind in einem großen Viereck aufgestellt. Hier haben sich vor allem die Lehrer der Schule versammelt. Die meisten Fragen gehen an Ahmet Yazıcı. Das ist der Mann im Anzug, der in der Aula das Thema vorgeschlagen hatte. Er ist stellvertretender Vorsitzender der Islamischen Gemeinden in Norddeutschland und hat in einer ARD-Reportage über die Schule am Slomanstieg Sätze gesagt, die für Aufregung gesorgt haben. Deshalb ist er heute hier. Um aufzuklären. »Deutschland ist das islamischste Land, das ich kenne«, hatte er in dem Film »Nix Deutsch – Eine Schule kämpft für Integration« gesagt. In der Reportage ging es um muslimische Eltern, die ihren Töchtern verbieten, am Schwimmunterricht teilzunehmen und auf Klassenfahrten mitzugehen. Viele Zuschauer haben den Eindruck bekommen, der Vertreter der Islamischen Gemeinde würde diese Eltern unterstützen. Dass er gern über die Schulordnung verhandeln und sich für einen getrennten Schwimmunterricht stark machen würde.

Jetzt wollen die Lehrer wissen, wie er das alles gemeint hat. »Anders«, sagt Ahmet Yazıcı, als es im Film herübergekommen sei. Die Zitate seien aus dem Zusammenhang gerissen worden. »Wir als Islamische Gemeinde bekennen uns ganz klar zum Grundgesetz«, sagt er. Wie er es mit dem Kopftuch halte, fragt eine Lehrerin. »Kein Mann hat das Recht«, sagt er da, »einer Frau vorzuschreiben, was sie tun soll. Nicht im Islam.« Wenn es doch geschehe, sei es falsch verstandene Religion im Patriarchat. Ahmet Yazıcı kann überzeugen. Die Lehrer sind zufrieden, in Raum 402 ist man sich näher gekommen. »Die Wogen sind geglättet«, sagt die Rektorin Hiltrud Kneuer später.

In einigen ihrer vorangegangenen Veranstaltungen haben Sanem Kleff und Eberhard Seidel beobachtet, dass islamistisch geschulte Jugendliche versuchen, die Diskussionen zu dominieren. Und sie haben festgestellt, dass es zu wenige Lehrer gibt, die islamistisch begründetem Antisemitismus kompetent begegnen können. Aus Unsicherheit gehen sie diesem Problem aus dem Weg, aber so lässt es sich nicht lösen. Eine Aufgabe für die Lehrerfortbildung.

In Raum 303 sitzen in einem Stuhlkreis vier muslimische Schülerinnen, zwei Lehrerinnen, der Pastor der evangelischen Kirche ist auch dabei. Sie wollen über kulturelle und religiöse Unterschiede reden. Viele muslimische Eltern haben kein Vertrauen in uns, sagt eine Lehrerin, manchmal fliegen uns da die Blätter vom Sexualkundeunterricht um die Ohren. In der Runde sitzt auch Irfet, sie geht in die achte Klasse, sie kommt aus Albanien, seit drei Jahren ist sie in Hamburg, Deutsch spricht sie fließend. Ihre Eltern »sind offen«, sagt sie, sie dürfe alles, auch in den Schwimmunterricht und mit auf die Klassenfahrten – weil sie in Deutschland ist. Kopftuch trägt sie keines. »Ich mach, was ich will«, sagt sie, um dann hinzuzufügen: Wenn mein Mann einmal möchte, dass ich ein Kopftuch trage, dann mache ich das auch. Warum? Achselzucken, das sei halt so.

Am Schluss des Tages treffen sich Schüler, Lehrer und die anderen Veddeler wieder in der Aula. Zufriedene Gesichter, ein Nachtreffen wird vereinbart, damit es nicht beim Reden bleibt. Sie hätte zum ersten Mal erlebt, dass all die verschiedenen Gruppen an einem Tisch zusammengekommen seien, sagt eine Frau. Sie lebt seit zwölf Jahren auf der Veddel.

Von Arnfrid Schenk

Nachdruck mit freundlicher Genehmigung der »ZEIT« (DIE ZEIT 12/2005)

Stadtteilpalaver mit Ergebnis

Unvereinbare Gegensätze zwischen muslimischen Einwanderern und hilflosen Deutschen: Dieses Bild vom Hamburger Stadtteil Veddel zeigte der Film »Nix Deutsch – Eine Schule kämpft für Integration«. Bei einem Open Space kamen Menschen aus dem Viertel zusammen, suchten und fanden Gemeinsamkeiten.

Der Film ist eine Offenbarung. Für alle, die Angst um den zivilisatorischen Bestand dieser Republik haben; die befürchten, der Islam stelle die Gleichberechtigung in Frage und habe zu viel Einfluss auf den Schulalltag in Deutschland. Und für jene, die meinen, es gäbe in der Diskussion um Ausländer und Islam zu viele Tabus, spricht der Film Klartext.

Die NDR-Reportage »Nix Deutsch – Eine Schule kämpft für Integration« ist ein Zeugnis des Scheiterns der multikulturellen Gesellschaft. Väter werden gezeigt, die ihre Töchter vom Schwimmunterricht fern halten; strenggläubige Muslime, die nicht gewillt sind, sich mitteleuropäischen Werten und Normen anzupassen; Konflikte einzelner Schüler, die regelmäßig wegen der ethnischen Komponente eskalieren.

Der Film: Einblicke in eine multikulturelle Kampfzone

In den knapp zwei Jahren seit seiner Erstausstrahlung avancierte der 45-minütige Dokumentarfilm der Filmemacherin Rita Knobel-Ulrich zu einem Publikumshit. Mehr als zwei Dutzend Mal wurde er bereits ausgestrahlt: in den dritten Programmen, auf Arte und auf Phoenix. Selten hat ein Film über eine Schule in Deutschland in den letzten Jahren eine solche Aufmerksamkeit und ein solch breites Publikum erreicht. Die Schule Slomanstieg, eine Grund- und Hauptschule im Hamburger Stadtteil Veddel, wird zur Fallstudie. Sie zeigt, wie es zugeht in den multikulturellen Kampfzonen, weit weg von der bürgerlichen und kleinstädtisch-teutonischen Beschaulichkeit.

Die Veddel – hier verdichtet sich, was Deutschland bewegt und was Ängste mobilisiert. 60 Prozent der rund 4600 Einwohner sind Ausländer, viele von ihnen sind Muslime. Die Arbeitslosigkeit ist mit 13 Prozent die dritthöchste in einem Hamburger Stadtteil. Und in der Schule geben nur elf Prozent der 470 Schüler Deutsch als Muttersprache an. Ist in einer solchen Schule ein Unterricht überhaupt noch möglich? »Nix Deutsch – Eine Schule kämpft für Integration« zeigt eine düstere Gegenwart. Lehrerinnen und Lehrer, die sich abmühen, ausländische Eltern davon zu überzeugen, dass ihre Kinder sich deutschen Verhältnissen anpassen müssen. Häufig, so die Botschaft des Films, sind dies vergebliche Liebesmühen, zumal sich muslimische Familien und Kinder unter dem Einfluss islamistischer Scharfmacher befinden.

Ist so ein Stadtteil verloren?

Ist ein Stadtteil wie die Veddel verloren? Oder gibt es eine Bürgerschaft, die bereit ist, die Missstände zu erkennen und Gegenstrategien zu entwickeln? Diese und andere Fragen veranlassten die Körber-Stiftung, das Experiment zu wagen, die Methode von »Islam und Ich« von der Schule auf einen Stadtteil zu übertragen. Einen Open Space in dieser Schule, in diesem Stadtteil zu planen und durchzuführen, ist eine besondere Herausforderung. Sehr schnell stellen sich wichtige Fragen: Gibt es überhaupt die Bereitschaft, offen über die vorliegenden Probleme zu sprechen? Und sind die Eltern, die Anwohner, die Schüler und Schülerinnen und die Lehrer und Lehrerinnen willens und in der Lage, einen ganzen Tag lang miteinander zu reden? Und wenn ja, über was? Über den Islam? Über die Arbeitslosigkeit? Über die Qualität der Schule?

Um diese Fragen zu klären, organisierte die Körber-Stiftung ein Vorbereitungstreffen für den Open Space mit rund 20 Experten des Lebens auf der Veddel – Elternvertretern, Lehrerinnen, Schülerinnen sowie Mitarbeitern von Stadtteilbüros und Sozialeinrichtungen. Das Treffen am 1. Dezember 2004 zeigte schnell: Niemand teilt die apokalyptische Perspektive der Filmemacherin. Die einen fühlen sich von ihr missverstanden und missinterpretiert. Andere wiederum beklagen den skandalisierenden Duktus des Films, der wenig mit ihrem Lebensalltag im Viertel zu tun habe. Alle sind sich einig, dass der Film Gräben zwischen den Bewohnern der Veddel vertieft.

Wie so oft ist das Leben auch auf der Veddel so gänzlich anders als im Film. Völlig überrascht mussten wir bei unserem ersten Besuch auf der Veddel unser durch die Dokumentation »Nix Deutsch« geprägtes Bild korrigieren. Die Veddel ist kein heruntergekommenes Ghetto und kein Betonsilo, wie sie in den sechziger und siebziger Jahren erbaut wurden, sondern eine gut durchdachte Arbeitersiedlung, in den zwanziger Jahren errichtet. Die Schule mit Sportgelände, eine Grünfläche und die Kirchengemeinde bilden das Zentrum der Siedlung, um das herum sich die Klinkerhäuser gruppieren. Wäre da nicht der ohrenbetäubende Lärm der nahen Bahnlinie und der Autobahn, die schlechte Verkehrsanbindung an den Rest von Hamburg, die Veddel könnte ein Musterbeispiel für eine gelungene, menschenwürdige Arbeitersiedlung sein, die alle baulichen Voraussetzungen für ein aktives öffentliches Leben bietet.

Auch die Schule Slomanstieg taugt nicht als Beleg der heruntergekommenen Ghetto-Schule. Anstatt Spuren des Vandalismus bietet sich dem Besucher ein erfreuliches Bild. Im Treppenhaus sind Kunstarbeiten der Schüler ausgestellt. Fotos und Schautafeln zeugen von regen Aktivitäten über den Pflichtunterricht hinaus. Die moderne und aufwendig ausgestattete Schulmensa bietet nicht nur den Schülern, sondern auch Gästen aus der Nachbarschaft ein kostengünstiges Mittagessen. Und mit der Aula, die mehr als 500 Menschen Platz bietet, drängt sich die Schule Slomanstieg dem Viertel als kulturelles Zentrum nahezu auf.

Die Suche nach dem Verbindenden

Doch kehren wir zu der in der Schulmensa tagenden Vorbereitungsgruppe zurück. Anders als erwartet, drücken die Teilnehmer weniger der Islam und muslimische Parallelwelten. Viel mehr ist in den drei Stunden von sozialen Problemen, mangelnder Kommunikation und von fehlender Infrastruktur im Stadtteil die Rede. »Wir auf der Veddel – Wie geht es miteinander?« Dies ist der Titel, auf den sich die Vorbereitungsgruppe schließlich einigt. Beschworen wird nicht das Trennende, gesucht werden soll, so der Wunsch, das Verbindende, das alle Menschen auf der Veddel, unabhängig von Herkunft und Religion, einigt.

Es ist eine illustre Runde, die sich ein paar Wochen später, am 9. Februar 2005, in der Aula der Schule Slomanstieg trifft, um in einem Open Space gemeinsam Perspektiven für das Leben im Stadtteil zu diskutieren. Gut 100 Menschen sitzen im Rund, um nun die Themen, über die sie an diesem Tag miteinander reden wollen, zu bestimmen. Der türkische Rentner sitzt neben dem Pastor der evangelischen Gemeinde, Schülerinnen und Schüler neben ihren Lehrern, Mütter mit und ohne Kopftuch neben Sozialarbeiterinnen und der stellvertretende Vorsitzende des Bündnisses der Islamischen Gemeinden in Norddeutschland, Ahmet Yazıcı, neben der Schulleiterin Hiltrud Kneuer. Wer nun glaubt, das Trennende von Bildung, Religion, sozialem Status und ethnischer Herkunft könnte wie so oft die Diskussion blockieren, sieht sich eines Besseren belehrt.

Ein Forum für Anliegen

Nach einer kurzen Einführung in den Tagesverlauf und in das Thema melden sich zunächst die »Professionellen« zu Wort – Lehrerinnen und Sozialarbeiter. Aber bereits nach wenigen Minuten ergreift eine türkische Mutter mit Kopftuch das Mikrofon und das Wort: »Warum ist Veddel ein zurückgebliebener Stadtteil? Warum wird nichts gemacht? Warum gibt es keine Ärzte, keine Einkaufsmöglichkeiten?«, beklagt sie und pinnt ihr Anliegen an die Themenwand. Eine andere nervt der Schmutz in den Straßen, und sie möchte deshalb darüber reden, wie man mehr Sauberkeit im Stadtteil erreicht. Eine Schülerin nennt Probleme, die es zwischen den Ausländern, zwischen Albanern, Türken und den Jugoslawen, gibt. Ein türkischer Rentner bedauert den Mangel an Deutschkursen für Senioren. Er freut sich, dass sein Anliegen aus dem Türkischen ins Deutsche übersetzt wird, er auf diese Weise nach Jahrzehnten in der Stadt endlich ein öffentliches Forum für sein Anliegen findet. Eine Schülerin beklagt den Mangel an Arbeitsplätzen auf der Veddel, möchte nicht, dass die Mütter nur als Putzfrauen in Erscheinung treten. Eine Teilnehmerin möchte mehr über die kulturellen und religiösen Unterschiede zwischen Türken und Afrikanern wissen. Mangelnde Angebote für Kinder und Jugendliche, speziell für Mädchen, werden angeprangert und Wege aus der Misere gefordert. Und ein paar Lehrerinnen möchten über einen Satz reden, mit dem Ahmet Yazıcı im Film »Nix Deutsch« zitiert wurde: »Nirgendwo auf der Welt kann man den Islam besser leben als in Deutschland.«

In den nächsten vier Stunden diskutieren die Teilnehmer in Arbeitsgruppen unter anderem zu folgenden Themenkomplexen: Senioren, Sprachkurs, Eigeninitiative, zu Integration und Kultur, Respekt, Drogen, zu Gender, Mädchen und zu Islam. Es ist, als wäre eine Gardine, die bislang die Sicht auf den Nachbarn verschleiert hat, zurückgezogen. Deutsche und türkische Senioren kommen zum ersten Mal in ihrem Leben miteinander ins Reden, fragen sich, warum sie so wenig voneinander wissen. Erste Verabredungen für gemeinsame Aktivitäten werden getroffen.

Sind die Lehrpläne verhandelbar?

In der AG Islam geht es zunächst hoch her. Ahmet Yazıcı, stellvertretender Vorsitzender der Islamischen Gemeinden in Norddeutschland und Mitglied von Milli Görüş, schlägt Misstrauen entgegen. Der Grund ist ein Zitat aus dem Film »Nix Deutsch«. Die deutschen Lehrpläne seien im Sinne des Islam verhandelbar, sagt er da. Manche der Lehrer vermuten hinter dieser Aussage eine radikalislamistische Haltung. Ihr Interesse gilt deshalb Folgendem: Wie hält er es mit dem Grundgesetz? Wie mit der Gleichberechtigung? Vor allem die Lehrerinnen drängen ihn zu Stellungnahmen und Bekenntnissen. Teilweise nimmt die Befragung den Charakter einer Inquisition an. Ruhig und gelassen beantwortet Yazıcı jede Frage, lässt sich von den Emotionen im Raum nicht beirren. Es sind seine Antworten, die das drohende Tribunal doch noch zu einem Dialog werden lassen: Natürlich sollen Mädchen am Schwimmunterricht teilnehmen, versichert der Verbandsvertreter. Auch am Sport- und Biologieunterricht. Und muslimische Mädchen sollen auf jeden Fall auf Klassenfahrten mitfahren, auch wenn diese über mehrere Tage gehen. Die Bildung der Kinder ist ihm wichtig.

Das freut insbesondere die Schulleiterin Hiltrud Kneuer, die in den zurückliegenden Monaten unglücklich war über die Polarisierungen im Anschluss an die Ausstrahlung von »Nix Deutsch«. »Dieser Open Space ist eine ganz wichtige fruchtbare Begegnung im Miteinander auf der Veddel«, bilanziert sie auf dem Abschlussplenum das Experiment. Missverständnisse, die über den Film »Nix Deutsch« transportiert wurden, werden aufgeklärt. Yazıcı beklagt den unfairen Umgang der Filmemacherin mit seiner Person. Zusammengepuzzelt habe diese seine Aussagen, bis er seine eigenen Worte nicht wieder erkannte. Ungläubig nehmen die Gesprächsteilnehmer Yazıcıs Erzählungen zur Kenntnis. »Auch das ›Hamburger Abendblatt‹ hat zwei Interviews mit mir gedruckt, obwohl ich ihm keines gegeben habe. Die haben einfach Aussagen aus dem Film zusammengestellt. Erst bei einem dritten Interview habe ich wirklich mit dem ›Abendblatt‹ gesprochen«, erzählt er auf dem Abschlussplenum.

Miteinander reden statt übereinander

Ein Mädchen meldet sich zu Wort und berichtet aus ihrer Arbeitsgruppe, dass man dort zu dem Schluss gekommen sei, dass jedes Mädchen das Recht habe, ein glückliches Leben zu führen. Eine andere wendet sich an die Jungs im Raum und sagt, dass sie es satt habe, von den älteren Jungs als Schlampe beschimpft zu werden. Nicht weniger als einen Treffpunkt für Mädchen fordert sie, an dem sie Ruhe haben vor der Anmache der Jungs und der Männer. Proteste der Jungs, es sei doch alles ganz anders und viel harmloser, werden mit Vehemenz von den Mädchen zurückgewiesen. Die weitere Diskussion zeigt, dass auch auf der Veddel das Bild des unterwürfigen und schicksalsergebenen Mädchens aus muslimischen Familien nur ein schlichtes Klischee ist. Was möglicherweise fehlt, sind mehr Gelegenheiten, bei denen die Jugendlichen ihre unterschiedlichen Vorstellungen von einem selbstbestimmten Leben öffentlich debattieren und damit ausbalancieren können.

Weitere Teilnehmer des Open Space berichten, welche Maßnahmen in ihren Arbeitsgruppen besprochen wurden, um die Kommunikation der verschiedenen Gruppen im Stadtteil künftig zu verbessern. Andere haben während der Arbeitsgruppe bereits ein Mutterfrühstück verabredet, um weiter am Miteinander im Stadtteil zu arbeiten.

Tatsächlich zeigt sich an diesem Tag: Es gibt auf der Veddel ein gravierendes Kommunikationsproblem zwischen den Akteuren. Es wird ganz offensichtlich zu viel übereinander und zu wenig miteinander geredet.

Wer vor dem Open Space befürchtete, dass die Veddel ein verlorener Stadtteil ist, in dem sich die Bewohner bereits aufgegeben und in ihr Schicksal gefügt haben, sah sich am Ende eines Besseren belehrt. Auch jene, die dachten, ein solch organisiertes Palaver bringe neben viel Reden wenig Konkretes an Veränderung. Schon die Kommentare, die zum Abschluss des Tages anonym auf Karteikarten niedergeschrieben wurden, offenbarten ein großes Bedürfnis, weitere Treffen zu organisieren, um Maßnahmen zur Verbesserung des »Wir auf der Veddel – Wie geht es miteinander?« zu realisieren.

Ein Nachtreffen am 7. März 2005 zeigte, dass die Begeisterung kein Strohfeuer war. Neben einer Müttergruppe gibt es bereits Verabredungen der Senioren und die Gründung eines Chores. Weitere Aktivitäten werden geplant.

Von Eberhard Seidel

Sagen, was uns wichtig ist – jugendliche Alltagsexperten

Über Schule und Islam wird viel geredet und geschrieben – in Talk-Shows und Zeitungen. Selten kommen Schüler selbst zu Wort. Doch welche Rolle spielt der Islam in den Lebenswelten Jugendlicher? Sanem Kleff und Eberhard Seidel konzipierten eine bundesweite Open-Space-Reihe, um zu erfahren, was die Jugendlichen zu dem Thema zu sagen haben.

Seit einigen Jahren findet in Deutschland eine intensive Auseinandersetzung über und mit dem Islam statt. Trotz der Schockereignisse vom 11. September stand dabei das Werben um Toleranz in der Mehrheitsbevölkerung im Vordergrund. Falls doch einmal islamfeindliche Stimmungen aufflackerten, waren Politik und Medien ein verlässliches Korrektiv. Bisweilen waren die Bundesbürger in ihrem Bemühen, den Islam zu verstehen, so blauäugig, dass sie die Herausforderung totalitärer islamistischer Bewegungen kaum wahrnehmen wollten.

Seit 2004 ist vieles anders. Die Anschläge von Madrid, die Ermordung des niederländischen Filmemachers Theo van Gogh durch einen Islamisten im November 2004, die Entscheidung der EU, mit der Türkei Beitrittsverhandlungen aufzunehmen, und viertens die Skandalisierung einiger Ehrenmorde in Berlin im Frühjahr 2005 führten zu einem Paradigmenwechsel in der Wahrnehmung. Seitdem werden Muslime recht pauschal als Gefahr für den inneren Frieden beschrieben.

Schüler und Lehrer bleiben sich selbst überlassen

Weder der schwärmerische Dialog noch die hysterische Erregung haben sich bislang der Frage gewidmet, was das Auftreten des Islam für die Lebenswelten Jugendlicher in Deutschland bedeutet. Das ist erstaunlich, denn Freundschaften, Liebesbeziehungen, Sexualität, Freizeitaktivitäten, berufliche Vorstellungen, die Sicht auf internationale Konflikte werden durch Vorgaben der Religion mitgeprägt. Aber in welcher Form? Darüber wissen die Erwachsenenwelt, die Islamwissenschaft und die Pädagogik bis heute wenig. Das ist vor allem an Schulen ein Problem, denn sie sind der Ort, an dem Kinder und Jugendliche mit und ohne muslimischen Hintergrund am intensivsten kommunizieren und interkulturelle und interreligiöse Belange und Konflikte täglich auftreten. Lehrer wie Schüler bleiben mit diesen Problemen weitgehend sich selbst überlassen.

Lehrerinnen und Lehrer wissen in der Regel wenig über den Islam als Religion, den Islamismus als politische Bewegung, den Alltag von muslimischen Schülern oder die Traditionen in den Herkunftsländern von Migranten. Anlass für ihr Interesse am Thema sind zumeist Konflikte, mit denen sie im Schulalltag konfrontiert werden. Mal geht es um eine Schülerin, der von der konservativ-religiösen Familie die Teilnahme an der Klassenfahrt verweigert wird, mal stehen Lehrer vor dem Problem, während der Fastenzeit die Bundesjugendspiele durchzuführen. Sie werden Zeuge der Auseinandersetzungen, die ein junges Pärchen mit und ohne muslimischen Hintergrund mit ihren Familien auszutragen hat. Oder sie sind entsetzt über die Freude, die ein Anschlag auf eine Synagoge bei einem Teil ihrer Schüler auslöst.

Ein weiterer Konfliktpunkt ist das bei vielen Schülern verbreitete herabwürdigende Frauenbild. Scheinbar muslimisch begründet, steht es im krassen Widerspruch zum emanzipativen Rollenverständnis der überwiegend weiblichen Lehrkräfte.

Weder in der politischen Bildung von Schülern noch in der Lehrerfortbildung gibt es intensive und den interreligiösen wie interkulturellen Erfordernissen angemessene Formen, damit umzugehen. Viele Angebote beschränken sich auf die Darstellung des Islams als Religion. Passagen aus dem Koran werden zur Grundlage intensiver Debatten darüber, ob muslimische Mädchen am Schwimmunterricht teilnehmen sollten oder nicht. Diese Seminare haben oft wenig mit den Alltagsproblemen zu tun. Die Lehrer wissen danach mehr über bestimmte Koransuren oder die historische Ausbreitung des Islams, können am nächsten Tag aber immer noch nicht entscheiden, wie sie damit umgehen, wenn ein Schüler sich weigert, an der Gedenkveranstaltung zum 9. November teilzunehmen.

Dies führt uns zu der These, dass es primär darauf ankommt, an den lebensweltlichen Diskursen und deren Bedeutung für die Alltagsbewältigung anzusetzen. Auf diese Weise können Anerkennungsprozesse initiiert, Grenzlinien von Normen markiert oder verschoben werden, »Feindbilder« aufgelöst – oder aber verfestigt werden.

Open Space: Die Anliegen der Jugendlichen rücken ins Zentrum

Um sich den Lebenswelten der Jugendlichen zu nähern, müssen Räume geschaffen werden, in denen eine offene Auseinandersetzung möglich ist – mit ihren Chancen und Risiken. Belehrungen (über den Islam) kommen gegen die Wahrnehmungen und Erfahrungen nicht an. Wir wollten herausfinden, welche Rolle der Islam im Schulalltag und für Schüler und Lehrer ganz persönlich spielt.

Innerhalb unseres Versuches organisierten wir von Dezember 2002 bis Oktober 2004 in sechs Städten (Berlin, Köln, Dortmund, Neunkirchen, Bremerhaven und Hannover) breit angelegte Diskussionen zum Thema »Islam und Ich«. Daran teilgenommen haben rund 1000 Schülerinnen und Schüler. Das Konzept basiert auf folgender Überlegung: Experten in Fragen der lebensweltlichen Auswirkungen des Islams sind die muslimischen und nichtmuslimischen Schüler selbst. Sie erleben die Konflikte, Irritationen und Kommunikationsbedürfnisse jeden Tag aufs Neue. Obwohl dies so ist, fehlen in Deutschland bislang Foren, auf denen sie ihre Erfahrungen offen artikulieren können; Gelegenheiten, bei denen sie sich ohne Rücksicht auf politische Korrektheit darüber austauschen, welche Fragen sie bewegen, welche Lösungsansätze für Konflikte sie wählen oder bevorzugen würden.

Wir entschieden uns für die Veranstaltungsform Open Space. Open Space heißt »Offener Raum« für alle Anwesenden, für ihre Initiativen, ihre Ideen und Impulse zu dem von uns gesetzten Leitthema »Islam und Ich«. Bei dieser Methode geht es nicht darum, die Teilnehmenden mit Hilfe von Referenten zu belehren. Das Verfahren ermöglichte den Schülern eine eigenständige und weitgehend unbeeinflusste Auswahl von Fragestellungen.

In der Regel muss man sich den Verlauf eines Open Space wie folgt vorstellen: Die Bearbeitung der Themen erfolgt in frei gewählten Arbeitsgruppen, die jeweils von einem Schüler moderiert werden. Während der Arbeitsphase gibt es keine Anwesenheitspflicht. Die Schüler können in andere Gruppen wechseln oder während der Arbeitsphase neue Untergruppen bilden. Die Ergebnisse werden von Schülern in Protokollen festgehalten. So kann innerhalb kurzer Zeit eine große Anzahl von Personen zu Wort kommen. In das Zentrum der Diskussion werden die eigenen Anliegen der Jugendlichen gerückt. Bei einem Open Space werden die Teilnehmer nicht auf die einmal von ihnen selbst gewählten Fragestellungen festgelegt, sondern jeder Person wird ermöglicht, während des Diskussionsprozesses neue Themen aufzunehmen. Abweichend von der reinen Lehre des Open Space wurden bei »Islam und Ich« die Arbeitsphasen von Experten begleitet. Wie die Lehrkräfte waren sie als »normale« Teilnehmer in den Gruppen. Ihr Expertenstatus wurde nur auf Anfrage der Schüler vorübergehend »aktiviert«. Das heißt, sie gaben auf Anfrage einen fachlichen Input.

Was bringt die Methode?

Wie sind die Diskussionen zu beurteilen, und ist Open Space eine geeignete Methode, das Thema »Islam und Ich« zu bearbeiten? Der Islamwissenschaftler Michael Kiefer, wissenschaftlicher Berater des Schulversuchs »Islamische Unterweisung in Nordrhein-Westfalen«, hat die Open Spaces in Bremerhaven und in Hannover evaluiert und meint: »Ich habe in den vergangenen Jahren sehr viel Fachunterricht mit muslimischen Jugendlichen gesehen und darüber hinaus an zahlreichen Dialogveranstaltungen teilgenommen, die zu einem besseren Miteinander der Religionen führen sollten. Sämtliche Veranstaltungen, und hier schließe ich den staatlich verordneten Islamunterricht mit ein, orientieren sich an zumeist akademischen Wunschvorstellungen, wie der Islam sein sollte und wie man mit den Muslimen umgehen sollte. Dabei beschleicht einen stets das Gefühl, ohne wirkliche Bodenhaftung zu sein. Denn das, was die Menschen denken, erfährt man in der Regel nicht. Bei Open-Space-Veranstaltungen läuft das anders. Die Jugendlichen agieren in hierarchie- und sanktionsfreien Kommunikationsräumen. Ihre Beiträge und Ausgestaltungen unterwerfen sich keinem vorgefertigten fremden Reglement. Der Diskussionsprozess oder auch manchmal das Palaver kommen ohne Fremdsteuerung aus. Überdies gibt es keinen Ergebniszwang. Was einen nicht interessiert, darüber redet man nicht. Ist man genervt, dann geht man oder gibt seiner Enerviertheit mit Gesten und Worten deutlich Ausdruck. Wäre der Terminus ›authentisch‹ nicht so abgenutzt, könnte man ihn hier durchaus zutreffend anbringen.«

Im Idealfall ermöglicht ein Open Space, die im schulischen Alltag gültigen Hierarchien zwischen Lehrern und Schülern temporär aufzuheben und sie damit als weitgehend gleichberechtigte Diskussionspartner zusammenzubringen.

Der erste Versuch: Die Dominanz islamistischer Schüler

Im Dezember 2002 führten wir am Oberstufenzentrum (OSZ) Wrangelstraße in Berlin einen ersten Open Space zum Thema »Islam und Ich« als Testlauf durch. Das OSZ ist die größte berufsbildende Schule Deutschlands mit mehr als 4000 Schülern. Die Schule liegt in Kreuzberg inmitten eines Kiezes, der von mehrheitlich muslimischen Einwanderern bewohnt wird. Mit rund 60 Schülern diskutierten wir über das Thema. Geschulte islamistische Schüler dominierten die Diskussion in den Arbeitsgruppen. Sie definierten, wer sich nach ihrer Auffassung Muslim nennen darf und wer nicht. Sie sprachen den Aleviten das Recht ab, Muslim zu sein, da sie sich nicht an die fünf Säulen des Islam halten würden. Diese Schüler fielen durch ein selbstbewusstes, aggressives und rücksichtsloses Diskutieren auf. Sie verfügten mit Abstand über das größte Wissen über die islamische Geschichte und interpretierten das politische Weltgeschehen aus islamistischer Sicht. Wie sich später herausstellte, handelte es sich um Jugendliche, die seit Jahren die Al Nur-Moschee in Neukölln (sie steht der Hamas nahe) besuchen.

Bei Nachgesprächen berichteten einige Lehrer, dass sie über die Verbindung zur Hamas-Moschee informiert waren und bereits Gespräche mit den Eltern und den Schülern geführt hätten. Trotz ihrer Bemühungen, so ihre Auskunft, habe sich das Verhalten der Schüler nicht geändert, und sie wüssten nicht mehr, was zu tun sei.

Nach dieser Erfahrung haben wir entschieden, vergleichbare Veranstaltungen in mehreren Städten mit unterschiedlichen Schultypen durchzuführen. Bei der Auswahl haben wir uns auf Städte im Westen der Republik beschränkt, da hier der Islam aufgrund der Migration das Alltagsleben aller Jugendlichen mitbestimmt. Dabei wurden Jugendliche im Alter zwischen zwölf und zwanzig Jahren einbezogen, um herauszufinden, wie eine altersspezifische Auseinandersetzung mit dem Thema aussieht.

Kreuzberg: Mädchen mit Kopftuch als vermeintliche Expertinnen

Auch der Open Space im Hermann-Hesse-Gymnasium in Berlin-Kreuzberg wurde vom dominanten Auftreten einiger islamistischer Schüler geprägt. Im Nachhinein stellte sich heraus, dass sie in der Islamischen Föderation, einer Unterorganisation von Milli Görüş, aktiv sind. Schülerinnen, die ein Kopftuch trugen, wurden sowohl von Mitschülern als auch von den Lehrern in die Rolle von vermeintlichen Expertinnen gedrängt. Durch diese Rollenzuweisung blieb die Auseinandersetzung mit den Themen der anderen Schüler weitgehend auf der Strecke. Da immer wieder kritische Nachfragen kamen, konnten die islamistischen Schüler die Diskussionen nicht völlig dominieren. Das Thema Juden, Israel, Palästinenser, Nahost-Konflikt wurde kontrovers diskutiert. Dabei äußerten einige sehr verhärtete Positionen (»Nur ein toter Jude ist ein guter Jude«), denen andere Schülerinnen und Schüler sehr schnell widersprachen. Die Gymnasiasten verfügen offensichtlich über ausreichendes historisches, politisches und kulturelles Wissen, um islamistisch-politische Aussagen als solche zu erkennen und kritisch zu hinterfragen. Auch verfügen sie über eine entwickelte Diskussionskultur, die sie in die Lage versetzt, sich ernsthaft mit Differenz auseinander zu setzen, ohne in kulturalistische Deutungsmuster zu verfallen.

Dortmund: »Warum dürfen Männer vor der Ehe Sex haben und die Frauen nicht?«

In Dortmund nahmen mehr als 160 Schüler im Alter zwischen 15 und 17 Jahren aus sechs Haupt- und Gesamtschulen an der Veranstaltung teil. Mit dem Stichwort »Islam und Ich« assoziierten sie vorrangig Themen wie Sexualität und Geschlechterverhältnis. Dabei spielten die Schülerinnen die aktive Rolle.

Die Themen der Arbeitsgruppen lauteten: Kein Sex vor der Ehe wegen der Religion? Warum dürfen Männer vor der Ehe Sex haben und die Frauen nicht? Männer im Islam. Warum müssen Ausländer sich anpassen? Ich möchte mit meinem Freund übers Wochenende verreisen, aber die Eltern … Meine Freundin ist Muslima, und sie darf nicht mit auf Klassenfahrt. Islam und Kriege.

Schülerinnen und Schüler führen ihre Haltung und Fragen zur Sexualität durchaus auf religiöse Orientierungen oder Traditionen zurück, allerdings sind sie nicht in der Lage, Zusammenhänge näher zu erläutern. Schüler mit christlichem Hintergrund und auch Lehrer unterstellten den Muslimen (vor allem den Mädchen) eine eher sexfeindliche und keusche Haltung. Bei den Teilnehmern der Diskussionsrunden war wenig bekannt, dass islamische Gesellschaften in hohem Maße sexualisiert sind. Homosexualität oder Abtreibung sind alles andere als westliche Themen.

Das klassische Thema Kopftuch interessierte vergleichsweise wenige Schülerinnen und wurde in der Arbeitsgruppe »Warum darf man während der Ausbildungszeit kein Kopftuch tragen?« diskutiert. An ihr nahmen drei Mädchen mit Kopftuch teil. Die Debatte schwankte zwischen folgenden Polen: Jedes Individuum hat das Recht, sich nach eigenem Gusto zu kleiden, zu stylen, und die Gesellschaft muss offen sein, alle Formen zu akzeptieren. Die Gegenposition lautete: In unserer Gesellschaft gibt es bestimmte Normen, gerade auch in der Arbeitswelt, denen sich alle zu unterwerfen haben. Von den drei Mädchen mit Kopftuch haben zwei die letzte Position vertreten.

Neunkirchen: Unverstellte Neugier

In Neunkirchen/Saarland sind die Muslime nur eine kleine Minderheit. Auffällig war die unverstellte Neugierde der Jugendlichen auf muslimisches Alltagsleben. Es wurde deutlich, dass der überwiegende Teil der Schüler außerhalb der Schule keinerlei Kontakt zu Muslimen hat. Gleichzeitig betonten Lehrer und Schüler, dass es vor Ort keine Probleme zwischen Muslimen und Nichtmuslimen gäbe. Mehrere muslimische Kinder drückten ihre Freude darüber aus, dass »ihre« Themen endlich einmal im Zentrum eines ganzen Schultages standen.

Bremen: Offene Ablehnung

Ursprünglich wollten wir auch in Bremen einen Open Space zum Thema »Islam und Ich« durchführen. Bremen nimmt innerhalb des Islamdiskurses in Deutschland eine Sonderstellung ein. Wie in keinem anderen Bundesland gibt es hier eine enge Zusammenarbeit zwischen evangelischer Kirche, Landesregierung und islamistischen Akteuren. Kritiker dieser Kooperation mit islamistischen Gruppen wie Milli Görüş werden in der Debatte eingeschüchtert und mit Nachdruck marginalisiert.

Unsere Mitarbeiterin, die im Herbst 2003 den Open Space vor Ort vorbereitete, wurde von verschiedenen Seiten (Moscheevertreter, Migrantenvertreter) gewarnt: Es sei nicht die richtige Zeit, das Thema in der von uns geplanten Form zu behandeln, hieß es. Die Einladung zum Open Space stieß auf völliges Desinteresse an den Schulen beziehungsweise auf offene Ablehnung. Die Durchführung des Open Space in Bremen ist im Vorfeld gescheitert.

Bremerhaven: »Warum haben muslimische Jungs eine so große Klappe?«

Ein Jahr später, im Oktober 2004 unternahmen wir im Land Bremen einen zweiten Anlauf – diesmal in Bremerhaven. Mit Unterstützung der Migrations- und Integrationsbeauftragten der Bundesregierung, Marieluise Beck, organisierten wir in Bremerhaven einen Open Space, den wir wissenschaftlich begleiten ließen.

Auf das größte Interesse stießen bei den Schülern die Themen: Macho (Warum haben muslimische Jungs eine so große Klappe?); Jungfrau bis zur Heirat (Der Ehrbegriff der muslimischen Männer); Liebesbeziehungen zwischen Muslimen und Christen (Was sagen die Eltern? Was machen die Brüder?); Parkplatzprobleme vor der Moschee (Muslime als Falschparker und der Ärger der Nachbarn); Islam und Terror.

Im Gegensatz zu allen anderen Veranstaltungsorten war das Interesse der Schüler am Themenfeld Islam verhalten. Viele Schüler verfügten über kein oder nur ein geringes religionskundliches Vorwissen. Den meisten war der Name Abraham nicht bekannt. Zudem war in den Arbeitsgruppen, die sich mehrheitlich aus Schülern des Haupt- und Realschulzweiges zusammensetzten, aufgrund defizitärer Sprachkenntnisse – mit denen vor allem die Jungen zu kämpfen hatten – eine differenzierte Auseinandersetzung nicht möglich. Die Beiträge der Jungen erschöpften sich zumeist in wortkarger Zustimmung oder Ablehnung.

Am meisten interessiert das Geschlechterverhältnis

Der Verlauf der Open Spaces »Islam und Ich« hat unsere Ausgangsthese bestätigt: Jugendliche sind bei dem Thema Islam weniger an theologischen Fragen interessiert, sondern mehr an lebensweltlich Näherem wie Sexualität, Freundschaft, Familie und Zukunftssorgen. Dabei ist das Geschlechterverhältnis das zentrale Themenfeld.

In seiner Evaluation kommt der Islamwissenschaftler Michael Kiefer zu dem Schluss: »Ich musste zur Kenntnis nehmen, dass die curricularen Schwerpunktsetzungen des Islamunterrichts für die Jahrgangsstufen 7–10, wie sie der Schulversuch ›Islamische Unterweisung in NRW‹ seit Mitte der neunziger Jahre vorsieht, die Interessen der Schülerinnen und Schüler nicht widerspiegeln. Die Themen Liebe und Sexualität, Liebesbeziehungen zwischen Muslimen und Christen und viele Fragestellungen, die den Alltag der muslimischen Jugendlichen unmittelbar berühren, kommen in den Lehrplänen nicht vor und führen ein randständiges Dasein. Ähnlich groß ist die Diskrepanz bei den Themen Jihad und Antisemitismus. Die Parolen ›Islam heißt Frieden‹ und ›Jihad heißt Anstrengung auf dem Weg des Glaubens‹ können zweifelsfrei nicht zur Skizzierung der Grundbefindlichkeit der jungen muslimischen Männer herangezogen werden. Gewalt als Mittel der Auseinandersetzung wird viel zu häufig akzeptiert und gelegentlich ausdrücklich gefordert. Dieser Sachverhalt wird im islamwissenschaftlichen Diskurs immer noch weitgehend ignoriert oder geleugnet mit dem Hinweis, es gäbe keine empirischen Belege.«

Mangelndes Wissen um die historischen, sozioökonomischen und religiösen Wurzeln der jeweiligen Männer- und Frauenbilder fördert bei den Lehrern Verunsicherung und Vorurteilsbildung. Sie sind sehr schnell bereit, Einstellungen von Jugendlichen, die nicht der aktuellen politisch korrekten Geschlechterdebatte entsprechen, als Ausdruck eines rückständigen Islams zu betrachten.

Tatsächlich herrscht vor allem in den Haupt- und Berufsschulen ein Menschenbild vor, das von der Dominanz der Männer ausgeht. Für die Gruppe der jugendlichen männlichen Muslime sind sehr viele Themen mit einem diffusen Ehrbegriff besetzt. Ob es um Palästina geht oder um die eigene Schwester, stets werden Angelegenheiten der Ehre verhandelt.

Den Islam als Religion für diese Sicht auf das Geschlechterverhältnis oder internationale Konflikte verantwortlich zu machen, ist daher nahe liegend und auf jeden Fall intellektuell bequem, zielt aber an den Realitäten vorbei. Denn in der Frauenverachtung treffen sich bei allen Unterschiedlichkeiten männliche Jugendliche deutscher und nichtdeutscher Herkunft einmütig. Die Ausprägung korreliert häufig mit dem Grad der Bildung. Aus diesem Rollenverständnis junger Männer folgt unmittelbar eine aggressive Homophobie, die ungefragt kundgetan wird.

In berufsbildenden Schulen mit hohem Migrantenanteil, aber auch in Hauptschulen und Gymnasien stießen wir zudem sowohl bei Migranten als auch bei den Jugendlichen deutscher Herkunft auf einen rabiaten Antisemitismus, der sich aus unterschiedlichen Quellen speist: dem klassischen deutschen Antisemitismus, dem Antisemitismus, der sich aus aktuellen Konflikten im Nahen Osten begründet, und dem islamistisch motivierten Antisemitismus. Dies ist eine neue Herausforderung, der sich die politische Bildung stellen muss. Bislang stehen in der Schule Informationen zum klassischen deutschen Antisemitismus und den Verbrechen der NS-Zeit im Vordergrund. Dies reicht für eine Schülerschaft mit sehr divergierenden familiären und nationalen Hintergründen nicht mehr aus.

Es gibt bislang zu wenige Lehrerinnen und Lehrer, die dem islamistisch begründeten Antisemitismus im Klassenzimmer kompetent begegnen können und in der Lage sind, diesen Antisemitismus zum Beispiel von einer Israel-kritischen oder auch Israel-feindlichen Haltung eines Schülers zu unterscheiden, dessen Eltern aus ihrem Dorf in Palästina vertrieben wurden. Um zu diesem Thema mehr Informationen zu erhalten, haben wir in Berlin inzwischen eine Open-Space-Reihe unter dem Titel »Was ich den Juden schon immer einmal sagen wollte …« begonnen.

Unabhängig von der ethnischen Zusammensetzung der Schülerschaft dominiert die jeweilige Majorität die Minorität. Dies führt zum Beispiel in Berufs-, Haupt- und Gesamtschulen dazu, dass sich Schüler deutscher Herkunft von Schülern mit Migrationshintergrund (russisch, arabisch und türkisch) unterdrückt fühlen. Lehrer sind gerade bei dieser Konstellation unsicher und in der Folge weniger in der Lage, für die diskriminierte Gruppe Partei zu ergreifen. Bei Schülern deutscher Herkunft in diesen Schulen herrscht das Gefühl der Ohnmacht und Wut vor, was bei einigen zu einer klaren, schon am Outfit erkennbaren Orientierung nach rechts führt.

Konfliktvermeidung ist keine Lösung

Bei all diesen Konfliktsituationen sind Lehrer mindestens genauso verunsichert wie ihre Schüler. Oft suchen sie vergeblich nach Beratung und Unterstützung, um die an ihrer Schule auftretenden Konflikte zu bearbeiten. So machten wir zum Beispiel die Erfahrung, dass Lehrer an einigen Schulen mit hohem Anteil muslimischer Jugendlicher das Thema Juden möglichst gar nicht mehr ansprechen würden, aus Angst, die Situation nicht in den Griff zu bekommen.

Konfliktvermeidung kann natürlich nicht die Lösung für brisante Stimmungen und Entwicklungen sein; besser wäre es, diese Themen künftig angemessen in der Lehrerausbildung anzubieten. Unter anderem müssen Fortbildungsangebote die Unterscheidung zwischen Islam und dem Islamismus als politischer Bewegung deutlich machen und pseudoreligiöse Erklärungsansätze von muslimischen Schülern als solche erkennen helfen.

Lösungen für diese Fragen und Probleme können nicht alleine von den Schulen erarbeitet werden. Diskussionsrunden mit Eltern, Lehrern, Anwohnern, Vertretern verschiedener Glaubens- und Weltanschauungsgemeinschaften könnten dazu beitragen, die bisherigen Islamdebatten um die nötigen lebensweltlichen Ansätze zu ergänzen. Nur so lässt sich auch in Zukunft klären, auf welcher Basis das Zusammenleben in dieser Gesellschaft erfolgen soll.

Von Eberhard Seidel

Integration macht Schule

Der Umgang mit Heterogenität gehört zum Alltag an deutschen Schulen. Darauf muss sich die gesamte Schule ausrichten, sonst kann Integration nicht gelingen. Dazu gehören die Einbeziehung aller Eltern und die Öffnung der Schule gegenüber dem Stadtteil. Wertvolle Partner können so gewonnen werden. Doch auch die Lehrer müssen auf den veränderten Schulalltag vorbereitet werden.

Elternarbeit zwischen Moral und Schulpflicht

Raus aus der Ethnie! – integrieren statt segregieren

Mit einem ganzheitlichen Konzept will eine Grundschule in Franken die Integration von Zuwandererkindern erleichtern. Ein zentraler Aspekt ist die Einbeziehung der Eltern. Die Schulleiterin der »Modellschule für Interkulturelles Lernen« fordert aber auch von den Eltern, auf die Schule zuzugehen.

Der Handlungsbedarf ist hoch, und die Zeit drängt: Die Hälfte der nichtmuslimischen und zwei Drittel der muslimischen Zuwandererkinder erreichen in einer Stadt wie Nürnberg keinen oder nur einen Haupt-, Förder- oder Sonderschulabschluss. Auf Realschulen und Gymnasien sind sie in Bayern mit drei beziehungsweise vier Prozent deutlich unter ihrem Schulpflichtigen-Anteil von acht Prozent vertreten: je höher die Schule, desto weniger Migrantenkinder. Mit dem Verbleib auf Schulen, die von der Gesellschaft zunehmend als Restschulen abgeschrieben werden, sinken ihre Erwerbschancen in der postindustriellen Wissensgesellschaft deutlich, die Gefahr der Arbeitslosigkeit wächst. In Städten und Ortschaften mit hohem Migrantenanteil ist eine gesellschaftliche »Mischung« bisher nur selten zu beobachten: Da sich die Zuwanderer in bestimmten Vierteln konzentrieren, steigt dort der Anteil ihrer Kinder in Kindergärten und Volksschulen auf über 75 Prozent. Deutsche Eltern befürchten das Schlimmste und nehmen Reißaus, ziehen um, lassen ihre Kinder taufen, nur um einen Platz im konfessionellen Kindergarten zu ergattern, und stellen bohrende Fragen nach der Zusammensetzung von Schulklassen. Was müsste geschehen, um der fatalen Selbst- und Fremdsegregation auf beiden Seiten entgegenzuwirken? Was soll die Grundschule tun?

Ortstermin in Markt Elsenfeld: ein idyllisch am Main gelegenes Städtchen auf dem Land nahe Aschaffenburg, 9000 Einwohner, davon 15 Prozent Zuwanderer mit ausländischem Pass, dazu kommen die schon eingebürgerten. Ingrid Vogl, Rektorin der Mozart-Volksschule, erläutert die Verhältnisse im Vorbeifahren: »Hier die Textilfabrik und das Kunststoffgarnwerk, da gehen die Zuwanderer zur Arbeit, und das ist auch das Viertel mit der höchsten Zuwandererdichte – aber kein Ghetto.« Dann fügt sie resolut hinzu: »Ich mische die Klassen selbstverständlich aus allen Vierteln!«

Integration mit ganzheitlichem Konzept

Als sie 1987 an die Schule kam – und damit als Protestantin selber in die Diaspora –, gab es in Bayern und damit auch in Elsenfeld noch Nationalitätenklassen für Schüler türkischer Herkunft, die von deutschen und türkischen Lehrern, getrennt vom Rest der Schule, zweisprachig unterrichtet wurden. Nachdem ein großer Teil der Familien in die Türkei zurückgegangen war, wurden die Nationalitätenklassen Anfang der 1990er Jahre aufgelöst und die Kinder in Regelklassen eingegliedert. Ein erster Schritt in die richtige Richtung, weg von der Segregation zur Integration! Heute hat die Grundschule um 430 Schüler, davon knapp ein Viertel mit nichtdeutscher Familiensprache, vor allem Türkisch. Die Partnerschule in Kreuzberg bringt es auf 70 Prozent.

Die Schule in Elsenfeld nahm am bayerischen Schulversuch »Integration ausländischer Schüler in Regelklassen« teil, als »Modellschule für Interkulturelles Lernen«. Das Credo der Rektorin lautet: Ein integratives Klima kann nur durch ein ganzheitliches Konzept erreicht werden, bei dem die einzelnen Komponenten vom Lehrertraining über das Team-Teaching bis zur Elternarbeit ineinander greifen. Dazu muss sich die Schule öffnen, müssen alle gemeinsam aktiv werden, und zwar weit über die Demo-Version von Multikulti hinaus – mit bloßem Kuchenbacken ist es für die Eltern nicht getan. Die heikle Balance zwischen Herkunft und Zukunft von Zuwanderern sieht sie so: Die interkulturelle Begegnung darf nicht rückwärts gerichtet das Wohnzimmer in der Türkei verklären, sie muss vorwärts blicken. Dafür müssen die deutschen Nachbarn lernen, den fremden kulturellen Hintergrund der Zuwanderer erstens überhaupt wahrzunehmen und zweitens als mögliche

Bereicherung zu schätzen. Das nämlich erleichtere deren Selbstfindung (zum Beispiel als Deutschtürken). Nur eben: Zurückziehen in die Ethnie sollen sie sich nicht. »Raus aus der Ethnie!«, da nimmt die Rektorin kein Blatt vor den Mund. Das denkt Zuwanderung als Prozess, bei dem beide Seiten voneinander lernen und sich dadurch verändern; die Zuwanderer sicher mehr als die Alteingesessenen, doch ohne sich komplett assimilieren zu müssen.

»Die Eltern müssen auf die deutsche Gesellschaft zugehen«

Was bedeutet das nun für die Praxis im Schulalltag? Absoluten Vorrang hat die deutsche Sprachbeherrschung. Und die beginnt bei den Eltern! Also gibt es Elternsprachkurse: »Mama lernt Deutsch«, wöchentlich zweimal von 8 bis 10 Uhr, ja sogar Alphabetisierungskurse für Mütter. An der Schule ihrer Kinder, damit sie miterleben, wie es dort zugeht; und inzwischen auch mit Papa zusammen. Ursprünglich lehnten manche muslimische Frauen mit Kopftuch die Teilnahme von Männern ab, doch solche Grenzen konnten mit der Zeit überwunden werden. Es gibt, so Vogl, eine Bringschuld der Zuwanderer: Die Familie darf sich in Deutschland nicht so abschirmen, hier müssen Eltern auf die Gesellschaft zugehen. 15 bis 17 Leute nehmen an so einem Kurs zu ermäßigten Gebühren teil, darunter Mütter, die seit zwei Jahrzehnten hier leben, ohne Deutsch gelernt zu haben, und beim Arztbesuch immer noch auf ihren Mann angewiesen sind. Es geht um mehr als die Sprache: Die Teilnehmer lernen an außerschulischen Lernorten wie Behörde oder Arztpraxis; man hilft gerade Frauen, die Schwellenangst zu überwinden und den entscheidenden Schritt aus der Privatsphäre hinaus in die Öffentlichkeit zu tun – es geht um die Ausbildung von Bürgern. Und natürlich von Müttern, die ihre Kinder allein durch ihr Interesse für den Schulalltag fördern können.

Worum es bei alledem nicht geht: die Familiensprache zurückzudrängen – denn als erstes Fundament ist deren Beherrschung nicht minder wichtig. Deshalb ist Vogl sehr für den – freiwilligen – muttersprachlichen Ergänzungsunterricht, der jedoch in fünf Jahren auslaufen soll. Aber dass sich die Eltern fürs Deutsche öffnen und es schätzen lernen, dass Väter abends etwas vorlesen, auch auf Deutsch – das gehört zur integrativen Elternarbeit! Darum erfüllt es Vogl mit Sorge, wenn Männer und Frauen ihre Gatten in der Türkei suchen – mit der absehbaren Folge, dass ihre Kinder, also aus der dritten Generation, weniger gut Deutsch sprechen als die zweite Generation, obwohl es umgekehrt sein sollte.

Die Aufforderung der Eltern zur Mitarbeit bleibt beim Deutschlernen nicht stehen: Es gilt, ihre Kompetenzen für den Unterricht und darüber hinaus zu nutzen. Beim interkulturellen Märchenkalender oder wenn gemeinsam mit dem Elternbeirat interkulturelle Kinderbücher für die Klasse angeschafft werden. Wer kann – da sind natürlich auch die Deutschen gefragt –, wird zum Lesepaten. Oder die deutschsprachigen Kinder tauschen mit den Kindern anderer Familiensprachen für einen Nachmittag die Eltern. Oder fremdsprachige Eltern schreiben über ihre Erfahrungen in Deutschland oder über ihre Familie und stellen die Ergebnisse beim »Bunten Abend« vor. Längst waren auch aufgeschlossene türkische Eltern für einen Tag mit im Schullandheim. Und statt folkloristischer Vorführungen sieht es die Rektorin lieber, wenn alle gemeinsam den Schulhof neu gestalten und die Klassen ihren Klassenbaum pflanzen.

Lehrmaterial für Sexualkunde auf dem Elternabend vorstellen

Nicht minder wichtig sind die Elternabende. Zum Beispiel, wenn der Sexualkundeunterricht näher rückt. Dann wird eingeladen, um das Lehrmaterial vorzustellen und Bedenken zu zerstreuen. Kann sein, dass beim ersten Versuch keiner kommt. Dann muss man es beim zweiten Mal besser machen: mit einem Elternbrief auch auf Türkisch, mit persönlichen Einladungen und Anrufen, unterstützt von einer engagierten türkischen Mutter. Danach kamen sie, nur Frauen – und ein Mann, der von sich selbst sagte, er sei Fundamentalist, und seine Frau begleitete. Als die verwendeten Zeichnungen auf dem Tisch lagen, war das Erstaunen groß: Ach, das sind ja gar keine pornografischen Fotos! So kam man ins Gespräch. Der Unterricht war plötzlich selbstverständlich, dafür beklagten sich die Mütter über den vielen Sex in den Medien. Die Antwort, so die Rektorin, lag auf der Hand: »Schalten Sie den Fernseher ab – *Sie* erziehen doch Ihre Kinder!« Kein schlechter Rat.

Zur »Modellschule für Interkulturelles Lernen« gehörten natürlich auch mehrere Modellklassen, in denen eine deutsche und eine türkische Lehrkraft ein bis zwei Wochenstunden im Team unterrichten – von »Die Türkei – das fremde Land« bis zur zweisprachigen Aufführung eines Märchens als Theaterstück. Solches Mit- und Übereinander-Lernen lässt sich durch Arbeitsgemeinschaften auch in den Regelklassen verwirklichen. Der Erfolg bei Schülern und Lehrern war groß. Interkulturelles Lernen ist im neuen Lehrplan für Grundschulen in Bayern als fächerübergreifendes Bildungs- und Erziehungsziel verankert, wobei nicht nur »das andere« im Unterricht einen Platz erhält, sondern auch die herkömmlichen Themen und Sichtweisen neu überdacht werden müssen.

Viele klassische Konflikte treten in der Grundschule noch nicht auf

Religion ist in Elsenfeld ein wichtiges Thema der Begegnung. Die interkulturelle Sequenz »Meine Kirche – deine Moschee« – oder »Meine Moschee – deine Kirche« erstreckte sich über die Fächer Religion, Deutsch bis hin zur Kunsterziehung. Dazu traf es sich gut, dass christliches und islamisches Fasten zusammenfielen. Endlich betraten auch die deutschen Kinder eine Moschee – während umgekehrt Muslime schon lange, aus freien Stücken, zu christlichen Schulgottesdiensten an Weihnachten und Ostern mitkommen, ja sogar mitsingen – nur eben nicht beten. Die klassischen Konflikte mit wertkonservativen muslimischen Eltern sind dagegen selten: Die Mädchen erreichen an der Grundschule meist nicht das Alter, in dem patriarchalische Normen zu Bedenken gegen bestimmte Teile der Schulpflicht führen. Nur ein Kind aus besonders traditionellem Haus sollte in der zweiten Klasse am Schwimmunterricht nicht teilnehmen. Hier gelang es noch mit einiger Anstrengung, die Eltern davon zu überzeugen, dass dem Mädchen nichts passieren kann, weil zusätzlich zum Schwimmlehrer eine Förderlehrerin dabei ist und das Umziehen in Kabinen stattfindet, zu der nur diese Lehrerin Zutritt hat. Als dann aber das Kind in der vierten Klasse schon zwölf Jahre alt war und das Kopftuch trug, waren die Eltern nicht dazu zu überreden, die Tochter mit ins Schullandheim fahren zu lassen – obwohl vom Essen bis zum Schlafsaal auf alles geachtet wurde.

Zum ganzheitlichen Integrationsideal der Rektorin gehört selbstredend auch, dass die vorschulischen Bildungsmöglichkeiten stark verbessert werden. Das gilt insbesondere für die Sprachförderung im Kindergarten ab dem dritten Lebensjahr, und die Rektorin ist froh, dass jetzt vor der Einschulung ein Deutschvorkurs am Kindergarten stattfindet, der von Grundschullehrern gehalten wird, derzeit ein Vierteljahr mit vier Wochenstunden und ab nächstem Herbst ein volles Jahr lang. Das ist Zeichen eines überfälligen Umdenkens in der Bildungspolitik: Die Bildung an der Basis gehört gestärkt! Im Grunde, so Vogl pointiert, müssten unsere besten Köpfe am Kindergarten und an der Grundschule unterrichten.

Wer die Sache wie Frau Vogl in Elsenfeld anpackt, mit vielen guten Einfällen, Erfahrung, Einfühlungsvermögen und handfestem Engagement – der hat auch Erfolg. 1994 traten gerade eben 3,4 Prozent der Grundschüler nichtdeutscher Erstsprache auf eine weiterführende Schule über. Letztes Jahr waren es bereits 14,2 Prozent. Bravo!

Von Ludwig Ammann

Sprechstunden sind nicht genug

Safter Çınar, seit 2004 Vorsitzender des Türkischen Elternvereins in Berlin, spricht über die Probleme der Schule in Deutschland im Umgang mit Eltern, über die Wünsche von Eltern mit Migrationshintergrund und über die Mängel des deutschen Schulsystems.

Herr Çınar, haben Sie den Eindruck, dass deutsche Schulen sich noch immer nicht in dem Maße für Migrantenkinder verantwortlich fühlen wie für deutschstämmige Schüler?

Die Frage betrifft nicht nur die Migranten, sondern das deutsche Bildungssystem insgesamt. Das Bildungssystem baut auf Selektion und dem Familienstand auf. Das hat IGLU gezeigt. Der Beruf der Eltern entscheidet, welche Sekundarschulempfehlung ein Schüler bekommt. Es wird dabei noch immer so getan, als hätten alle Schüler Deutsch als Herkunftssprache und seien christlich sozialisiert. Wenn Schüler nicht Deutsch sprechen, wird schnell mit Sanktionen gedroht, in manchen Bundesländern werden die Schüler beim Schulbeginn zurückgestellt. Dadurch wird niemand ein Gramm mehr Deutsch lernen. In der Erzieher- und Lehrerausbildung ist die Situation der Einwandererfamilien bislang kein fester Bestandteil.

Aber liegt es nicht auch in der Verantwortung der Eltern, dass ihre Kinder bei Schuleintritt ausreichend Deutsch sprechen und verstehen können?

Die Appelle der Politik an die Eltern gehen an der Sache vorbei. Eltern aus einer bestimmten Schicht sind einfach oft nicht in der Lage, ihre Kinder entsprechend zu fördern. In Berlin wird seit einigen Jahren eine Sprachstandsfeststellung durchgeführt: Alle Fünfeinhalbjährigen werden getestet. Sie werden dann, wenn nötig, bis zum Schuleintritt mit staatlichen Mitteln gefördert. Allerdings ohne Sanktionen. Dabei stellte sich heraus: Ungefähr 70 Prozent der türkischsprachigen Kinder und 33 Prozent der Kinder deutscher Herkunftssprache sprechen nicht altersgemäß Deutsch. Das zeigt, dass es hier ein sehr großes Schichtenproblem gibt.

Bei Migranten erschweren drei zusätzliche Hindernisse das Erlernen der Mehrheitssprache. Erstens, die Wohnsituation: Selbst in der Kita ist es für viele Kinder nicht leicht, die Sprache zu lernen, weil die anderen Kinder zum Beispiel auch alle Türkisch sprechen. Die Kitas waren und sind bislang nicht in der Lage, diese Sprachvermittlung zu übernehmen, weil das nicht ihre Aufgabe war. Zweitens, das Heiratsverhalten: Der Ehegattennachzug aus der alten Heimat belebt die Zuwanderungssituation immer von neuem. Drittens, das Medienverhalten: Über Satellit können türkische und arabische Sender empfangen werden, so dass auch auf diesem Weg die Mehrheitssprache nicht in die Wohnung kommt. Keines dieser Hindernisse kann durch rechtliche Eingriffe überwunden werden.

Wünschen sich die Eltern, dass die Kitas verstärkt schulische Elemente übernehmen?

Ob man das schulische Elemente nennen soll, weiß ich nicht, aber von der Tendenz her sicherlich. In den Staaten, die bei PISA vorne stehen, gibt es ein ganz anderes, ausgeprägtes vorschulisches System. In Deutschland wird zwar bei Sonntagsreden immer wieder die Rolle von Kitas als Bildungseinrichtungen gefordert, doch das ist noch ein Wunschtraum.

Zeigt sich gerade bei den Sekundarschulempfehlungen der große Graben zwischen deutschen Lehrern mit bildungsbürgerlichem Hintergrund und oft bildungsfernen Migranten?
Ja, auch wenn man bedenken muss, dass diese Eltern oft nicht in der Lage sind, mit der Schule zu kooperieren. Wohl in wenigen Ländern schottet sich die Schule so sehr von den Eltern ab wie in Deutschland. Mit der Sprechstunde ist das nicht getan, und bei der Mitbestimmung in der Schule geht es vorrangig um Schul- oder Schulpersonalpolitik. Das ist keine aktive Elternbeteiligung.

Was kann die Schule tun, um die Elternarbeit stärker zu fördern?
Es gibt in Berlin und in einigen anderen Bundesländern Mütterkurse. Dabei wird nicht nur die Sprachkompetenz der Mütter trainiert, diese Mütter – das sagen zumindest die Lehrkräfte – zeigen auch viel mehr Interesse an der Schule. Ganz generell sollten Schulen gucken, in welche Aktivitäten sie die Eltern einbeziehen. Das kann auch im Unterricht sein. In der Lehrerschaft ist das jedoch oft unerwünscht, da viele Lehrer Angst haben, die Eltern würden stören. Schon in der Ausbildung werden die Lehrer nicht dazu geschult, die Eltern als Teil der Schule zu sehen.

In Hamburg, zum Beispiel, leiten Lehrerinnen, die selbst Türkisch können, Sprachkurse für türkische Mütter, so dass sie über heikle Themen in der Schule in ihrer Muttersprache reden können. Fehlen solche Ansprechpartner an den meisten Schulen?
Auf alle Fälle. Die Vernachlässigung der Muttersprache schon in den vorschulischen Einrichtungen ist ein großes Problem. Mich haben schon Lehrer angerufen, die haben gesagt: »Wir haben ein neues türkisches Mädchen in der Klasse, die kann nicht sprechen.« Denen habe ich empfohlen, sie auf die Sonderschule zu schicken. »Was für eine Sonderschule?«, haben die dann gefragt. »Na, für Taubstumme«, habe ich gesagt. »Nein, nein, sie kann schon sprechen, nur kein Deutsch«, war immer die Antwort. Viele Lehrer ignorieren die kommunikativen Kompetenzen, die die Schüler mitbringen, völlig. Natürlich sollten künftig verstärkt Lehrkräfte mit Migrationshintergrund eingestellt werden, nicht nur wegen der Sprachkompetenz, sondern auch, damit sich die gesellschaftliche Zusammensetzung in der Schule wieder findet.

Wäre es die Aufgabe der Elternarbeit in den Schulen, bildungsfernen Eltern mit Migrationshintergrund zu erklären, wie Schule in Deutschland überhaupt funktioniert?

Das wäre nicht schlecht und zählt auch zu den wichtigsten Aufgaben unseres Elternvereins. Diese Erklärungen sind jedoch vorerst nur formaler Art: Solange die Schulkonzeption nicht darauf ausgerichtet ist, Eltern wirklich aktiv einzubeziehen, kommt man damit nicht viel weiter. Schulen oder Elternvereine können den Eltern etwas über die Dreigliedrigkeit, über die Notengebung erzählen und sie ermuntern, die Mitspracherechte, die sie haben, in Anspruch zu nehmen. Diese Rechte sind aber keine pädagogischen Rechte. Nichtsdestotrotz machen wir auch Schulungen für gewählte Vertreter. Doch für eine aktive Teilnahme muss sich Schule anders denken. Das ist keine Migrationsfrage. Die Anwesenheit von Migranten hat höchstens die Schwächen des deutschen Schulsystems transparenter gemacht.

Ist den Eltern denn klar, dass ihre Mitarbeit in den schulischen Gremien erwünscht ist?

Vielen, die nicht selbst hier zur Schule gegangen sind, ist das schon sehr fremd. In Schulen in der Türkei gibt es in der Praxis so gut wie keine Elternbeteiligung. Die Eltern müssen motiviert werden, aktiv zu werden. Viele trauen sich das sprachlich nicht zu, obwohl sie das durchaus könnten. In den letzten Jahren nimmt die Zahl der Eltern zu – viele haben ja inzwischen selbst hier die Schule erlebt –, die sich in der Schule ihrer Kinder engagieren. Wünschenswert ist es natürlich, dass es noch mehr werden. Manche dagegen nehmen nicht einmal die Sprechstunden in Anspruch und wundern sich dann über blaue Briefe oder schlechte Noten. Wir geben den Eltern immer wieder die Empfehlung: »Geht regelmäßig zur Sprechstunde, selbst wenn die Lehrkraft nicht besonders kooperativ sein sollte. Und wenn ihr es sprachlich nicht schafft, dann nehmt halt jemanden mit.« Das hat zwei Aspekte: Zum einen erfahren die Eltern, was die Schwächen ihres Kindes sind, und sie können darüber reden, wie die Stärken gewürdigt und die Schwächen behoben werden können. Und wenn die Lehrer wissen, dass bestimmte Eltern zu jeder Sprechstunde kommen, ist ihre Sicht auf das Kind anders, als wenn sie mit Eltern zu tun haben, die sich nicht kümmern.

Ist es hauptsächlich die Sprache, die viele Eltern davon abhält, zu den Sprechstunden zu kommen? Oder haben manche auch Angst vor einem ihnen unbekannten System?

Beides. Dazu kommt noch die mangelnde Erfahrung aus der alten Heimat. Dort sehen viele die Schule als eine Art Behörde, einen Arm des Staates (was ja nicht immer falsch ist). Es stimmt jedoch nicht, dass sie kein Interesse am schulischen Erfolg ihrer Kinder haben, sonst würden sie nicht in die Beratung des Elternvereins kommen.

In anderen Fällen, so heißt es, mischen sich die Eltern wiederum zu sehr ein. Etwa, wenn sie ihre Töchter vom Schwimmunterricht freistellen lassen wollen. Vielen Lehrern fehlt die Kompetenz, mit diesen Situationen umzugehen.

Die mangelnde Kompetenz ist auch eine Frage der Aus- und Fortbildung. Wir vom Elternverein vermitteln da schon, doch gerade was die Beteiligung am Schwimmunterricht, an Sexualkunde und am Biologieunterricht angeht, da hat die Politik eine völlig falsche Rücksicht genommen. Wir sind der Meinung, dass die Rechtslage mit allen Sanktionen durchgesetzt werden muss. Da werden innerhalb der Schule jedoch oft ein oder zwei Augen zugedrückt. Über den Sexualkundeunterricht gibt es ein Urteil des Verfassungsgerichts von 1977, das den Vorrang des Bildungsauftrags bestätigt hat.

Wie kann den Eltern klar gemacht werden, dass sie bestimmte schulische Vorgaben nicht nur akzeptieren, sondern dass sie auch einsehen, dass Schulfahrten oder Sexualkunde wichtig und nicht unmoralisch sind?

Bevor man über Sanktionen redet, muss versucht werden, den Eltern das zu erklären. Doch das ist schwierig. Da stehen sich unterschiedliche moralische Auffassungen gegenüber, egal, ob diese religiös oder kulturell begründet sind. Bei gewissen Ängsten der Eltern, dass ihre Töchter vom moralisch richtigen Weg abkommen, kommt man mit rationalen Argumenten nicht immer weiter. Erklärungen sind sinnvoll, so zeigt man diesen Eltern ja auch, dass man sie ernst nimmt. Doch wenn das nicht fruchtet, dann müssen die rechtlichen Möglichkeiten ausgeschöpft werden. Auch wenn die Kinder auffällig oft »zufällig« krank sind, ist das letztlich ein Schulversäumnis. Bestimmte Sachen müssen die Eltern befolgen, selbst wenn sie sie zuerst nicht einsehen.

Kann Ihr Elternverein die verschiedensten türkischen Gruppen und Strömungen – von säkularen bis hin zu strenggläubigen – repräsentieren?
Den Anspruch haben wir nicht. Wir repräsentieren eher den säkularen, weltlichen Teil. In der Beratungssituation ist es anders, da kommen Eltern unterschiedlichen Glaubens und unterschiedlicher Weltanschauungen, weil es dabei um Problemlösungen geht und weil wir auf diesem Feld in mittlerweile 20 Jahren eine Menge Kompetenz und Renommee gesammelt haben.

Können Sie aus der Beratungspraxis des Elternvereins heraus sagen, welches die größten Wünsche muslimischer Eltern an die Schule sind?
Die Muttersprache und Kultur sollten ernst genommen werden. Wenn das nicht passiert, hat das soziale und kulturelle Abschottung zur Folge. Viele Eltern begründen das private Verhalten (dass sie ihre Kinder sehr in der eigenen Kultur und Sprache »gefangen« halten) bis zum Schuleintritt mit der Angst, dass Sprache und Kultur dann in der Schule verloren gehen.

Sicherlich wünschen viele Eltern auch, dass ihre Kinder islamischen Religionsunterricht bekommen. Doch nicht alle Eltern intendieren dabei das Gleiche: Für einen Teil ist das einfach ein Teil der Kultur, sie wollen, dass ihre Kinder über ihre Religion Bescheid wissen. Sie wollen nicht unbedingt, dass aus ihren Kindern strenggläubige Muslime gemacht werden. Ich denke, das ist die Mehrheit. Ganz strenge Muslime bis hin zu Islamisten sind in der Minderheit. Doch ich kann mir vorstellen, dass einige Eltern in Berlin mangels Alternative ihre Kinder zum Unterricht der Islamischen Föderation schicken und dann auch noch das übernehmen, was dort verbreitet wird. Ganz allgemein haben die Eltern den Wunsch, dass die Schule Kultur, Sprache, Religion adäquat behandelt, wie bei deutschstämmigen Kindern auch.

Und welche Wünsche haben Sie als Vorsitzender des Elternvereins an die Schulpolitik?
Die Schule in Deutschland mit ihrer Dreigliedrigkeit, mit der Abschottung gegenüber den Eltern, mit ihren Aussonderungsmechanismen muss sich ändern. Wenige Schulpolitiker trauen sich, das offen zu sagen, aber die Dreigliedrigkeit ist das Grundübel. Zweitens: Nicht nur wegen der Migrantenkinder, sondern für alle Kinder müssen wir die vorschulischen Institutionen als Bildungseinrichtungen umbauen; das müsste das Konzept betreffen, die Ma-

terialien und auch die Aus- und Fortbildung der Erzieher. Wichtig wäre auch, dass alle im Bildungsbereich Beschäftigten in ihrer Ausbildung etwas über die soziale Situation der Migranten, ihre Empfindlichkeiten, eventuell sogar ihre Sprachen lernen.

Und welche Forderungen haben Sie an die Eltern?
Wir sagen den Eltern: Schickt eure Kinder in vorschulische Einrichtungen. Bei allen Mängeln, die diese Einrichtungen haben: Es ist besser, wenn die Kinder dort sind, als wenn sie zu Hause herumhängen. Mein zweiter Wunsch ist etwas abstrakt: Ihr müsst gucken, dass eure Kinder vor Schuleintritt eine gewisse sprachliche und soziale Kompetenz für die Mehrheitsgesellschaft entwickeln, also schottet sie nicht so ab. Das dritte ist pädagogischer Blödsinn, aber praktisch sehr sinnvoll: Setzt eure Kinder bitte vor deutschsprachige Fernsehprogramme. Die Kinder sitzen eh vor der Glotze, da kann man reden, so viel man will, das ist nicht zu ändern. Es gibt eine Menge sinnvolle Sendungen für Kinder auf Deutsch. Außerdem empfehlen wir den Eltern immer, alle Möglichkeiten auszunutzen, die die Schule den Eltern an Beteiligung und Information bietet.

Das Interview führte Moritz Behrendt.

Von der Sprache zur Mitsprache

Das deutsche Schulsystem ist vielen türkischen Müttern ebenso fremd wie die deutsche Sprache. In dem Hamburger Projekt »Von der Sprache zur Mitsprache« soll beides verknüpft werden. Die Frauen lernen Deutsch, und sie können ihre Lehrerin alles fragen, was mit der Schulbildung ihrer Kinder zu tun hat.

Sie sitzen da, bewaffnet mit Bleistift und Radiergummi, und warten gespannt auf die Ansagen der Lehrerin. Die Tische – in Hufeisenform aufgestellt – sind etwas zu klein für die elf erwachsenen Frauen, die hier Deutsch lernen wollen. Die Lehrerin fragt: »Was ist der Akkusativ von ›der‹?« Und eine Frau mit

Kopftuch antwortet: »den«. Sehen so Mütter aus, die am schulischen Fortkommen ihrer Kinder kein Interesse haben? Wenn Kinder aus Einwandererfamilien mal wieder ihre Hausaufgaben nicht gemacht haben, wenn sie an bestimmten schulischen Aktivitäten nicht teilnehmen, dann verweisen deutsche Lehrer oft auf die Eltern. Die würden die Schulbildung ihrer Kinder nicht genügend fördern, und zu den Elternabenden kämen sie auch nicht, höchstens mal, um sich zu beschweren. Vielleicht stehen sie der Schule in Deutschland auch generell ablehnend gegenüber.

Manches davon stimmt. Bei den Hausaufgaben ihrer Kinder können einige der hier anwesenden Frauen tatsächlich nicht helfen, dafür reichen ihre Deutschkenntnisse nicht aus, und bei den Elternabenden haben sie immer das Gefühl, dass die Lehrer sie prüfen wollen. Zur Schule in Deutschland fehlt ihnen der Zugang, sie ist ihnen fremd wie so vieles in diesem Land.

Der Kurs vermittelt Heimatgefühle

Und doch sind sie jetzt hier, im Pavillon der Grundschule Mümmelmannsberg im Osten Hamburgs. Sie fühlen sich sogar ein wenig heimisch. An den Wänden hängen von Schülern gestaltete Plakate, die über die Geschichte Afghanistans informieren. Ein Beleg dafür, dass im Stadtteil viele Bewohner aus muslimischen Ländern stammen, doch der Grund für die Heimatgefühle der Frauen ist das nicht. Der Grund heißt Özlem Deveci. Deveci ist die Lehrerin des Kurses, und sie spricht Türkisch wie die elf Frauen in der Runde auch. Die Mütter nehmen sie als »Landsfrau« wahr, als Vertrauensperson. Sie ist Ansprechpartnerin, wenn ihre Kinder Probleme in der Schule haben, sie übersetzt bei Gesprächen mit den Lehrern, sie hilft beim Ausfüllen von Formularen für die Behörden, manchmal kümmert sie sich auch um Frauen, die Ärger mit ihrem Ehemann haben. »Es gibt Tage, da ähnelt das eher einer psychologischen Beratung als einem Deutschkurs«, sagt die Kursleiterin.

»Von der Sprache zur Mitsprache« heißt das Projekt – türkische Mütter werden von türkischsprachigen Kursleiterinnen unterrichtet, russische Eltern von russischsprachigen, afghanische und iranische Mütter von einer farsisprachigen. Wenn es um heikle Themen geht, für deren Diskussion die

Deutschkenntnisse der Teilnehmerinnen noch nicht ausreichen, wechselt die Kursleiterin in die Muttersprache der Teilnehmerinnen. Und heikle Themen gibt es genug, denn in den Kursen soll die Sprache in erster Linie anhand *eines* Themas vermittelt werden: Schule! Hinter dem Konzept, die Kurse von Muttersprachlerinnen leiten zu lassen, steht das zentrale Ziel des Programms »Von der Sprache zur Mitsprache«: Auf Deutsch können die türkischen Mütter vielleicht darüber reden, wie das Wetter ist und was es gestern Abend zu essen gab. Doch schließlich sitzen hier Erwachsene, und die sollen und wollen über wichtigere Dinge reden: über Klassenfahrten und Oberschulempfehlungen. Und das können sie differenziert nur auf Türkisch. Bislang.

»Was wollen Sie alles über die Schule wissen?«

So hat Özlem Deveci zu Beginn des Kurses, den sie seit vier Jahren leitet, gefragt: »Was wollen Sie über die Schule und damit verbundene Themen wissen?« Was sie alles wissen wollten und bislang noch nicht wussten, das spricht Bände über das Kommunikationsdefizit zwischen Schulen und ausländischen Eltern. Und ihre Fragen strafen alle diejenigen Lügen, die behaupten, diese Eltern seien nicht am Bildungserfolg ihrer Kinder interessiert. »Wann und in welchen Fällen muss mein Kind die Klasse wiederholen? Kann ich etwas dagegen machen?«, »Welche Berufe kann mein Kind nach der Hauptschule machen?«, »Wie schafft es mein Kind, später zu studieren?«, »Was dürfen Eltern? Welche Rechte haben wir?«, »Ich komme mit der Lehrerin meiner Tochter nicht klar. Kann ich sie woanders anmelden?«, »Was heißt Sonderschule? Ist das eine Schule für Verrückte?«, »Wer entscheidet darüber, welche weiterführende Schule mein Kind besuchen soll?« Viel Klärungsbedarf. Geduldig erläutert Özlem Deveci das deutsche Schulsystem. Sie ist angehende Grund- und Mittelstufenlehrerin, das macht sie zur Expertin. Sie hat selbst eine Schullaufbahn in Deutschland hinter sich, und sie kennt aus der eigenen Biografie die Probleme und Sorgen von Kindern und Eltern mit Migrationshintergrund, das macht sie in diesem Kreis so glaubwürdig.

Auf ihre eigenen Erlebnisse verweist sie auch immer bei der am heißesten diskutierten Frage der Mütter: »Warum müssen die Kinder unbedingt an Klassenreisen teilnehmen?« Dann erzählt sie, wie sehr sie davon profitiert hat, auf die Klassenreisen mitgefahren zu sein, und wie gut die Betreuung durch Lehrerinnen und Lehrer war. Doch einmal, da wollte ihr Vater nicht, dass sie mitfuhr. Das Ziel war Italien, und »mein Vater dachte, die italienischen Männer sind so wie die Türken, da ließ er mich nicht mitfahren«. Manchmal gelingt es ihr, die Frauen zu überzeugen, manchmal aber auch nicht. »Die Lehrer sollen einfach respektieren, dass wir unsere Kinder nicht mit auf Klassenreise schicken«, sagt Nurgül Yılmaz*, die nach ihrer Hochzeit aus der Türkei nach Deutschland gekommen ist, ohne ein Wort Deutsch zu sprechen. »Die Kinder sind immer traurig, wenn sie nach Hause kommen. Sie werden von dem Rest der Klasse nicht akzeptiert, weil auf einer Klassenfahrt die kulturellen Unterschiede so deutlich sichtbar werden.« Özlem Deveci glaubt das nicht, sie ist vom Gegenteil überzeugt: »Kinder fühlen sich ausgeschlossen, wenn sie *nicht* mitfahren dürfen.« So erging es ihr zumindest: damals, als ihre Klasse nach Italien gefahren ist und sie in einer anderen Klasse den Unterricht mitmachen musste.

Diese Fragen handelt sie auf Türkisch ab. Auf Deutsch ist das für die Frauen noch zu schwer.

Die Mütter vermissen die Disziplin

»Ich habe Hausfrau«, sagt eine Teilnehmerin, und auch wenn ihre Sitznachbarin sie leise korrigiert, wird deutlich, dass es schwer ist für diese Frauen, dem hohen Anspruch des Projekts »Von der Sprache zur Mitsprache« gerecht zu werden. Das Projekt ist eingebettet in das Programm »Eltern–Schule–Schulentwicklung«, das das Hamburger Landesinstitut für Lehrerbildung und Schulentwicklung im Jahr 1996 ins Leben gerufen hat, um Eltern, die in die schulischen Gremien gewählt wurden, fortzubilden. So soll in Hamburg unter anderem erreicht werden, dass die Elternvertreter und nicht die Lehrer die Elternabende gestalten. Bei den Seminaren fiel den Organisatoren auf, wie gering der Anteil von Migranten in den Elternvertretungen war. Um das zu ändern, starteten sie 1999 an sechs Hamburger Schulen mit den für die Eltern

* Name von der Redaktion geändert

kostenlosen Deutschkursen unter dem programmatischen Namen »Von der Sprache zur Mitsprache«. In die Elternvertretung hat sich von den elf Frauen hier in Mümmelmannsberg noch keine wählen lassen. Doch zu den Sprechstunden in der Schule gehen die meisten nun regelmäßig. Dilber Çelik* sagt, es sei ihr wichtig, dass ihre Kinder mitbekommen, dass sie sich bemüht. Deswegen besucht sie auch den Sprachkurs. Die selbstbewusste junge Frau, deren braun-oranges Kopftuch mit ihrer orangefarbenen Hose abgestimmt ist, hat ihren jüngsten Sohn zu dem Deutschkurs mitgebracht. Er spielt nun mit der Tochter einer anderen Teilnehmerin und kommt hin und wieder zu seiner Mutter, um sich einen Keks abzuholen. Deren älteste Tochter besucht inzwischen das Gymnasium. Die Lehrer von Dilber Çeliks Kindern seien sehr zufrieden, berichtet Özlem Deveci. Und seit Çelik den Deutschkurs besuche, hätten sich die Leistungen ihrer Kinder verbessert.

Auch Melek Karaoğlu* geht zu den Sprechstunden. Doch sie hat immer noch Angst, dass die Lehrer ihre Kinder schlechter behandeln, wenn sie als Mutter die Lehrer kritisiert. Die Schule in Deutschland lege zu wenig Wert auf Disziplin, findet sie, wie einige andere in dem Raum auch. Gleichzeitig sind die Frauen froh, dass es hier in ihrem Deutschkurs locker zugeht. Wenn sie ein bisschen später kommen, ist das in Ordnung, und wenn sie früher gehen, um ihre Kinder von der Schule abzuholen, natürlich auch. Es bleibt also noch viel zu tun für Frau Deveci, die Besonderheiten der Schule in Deutschland zu vermitteln, kombiniert mit den Eigenarten der deutschen Sprache.

Heute geht es mal nicht um Schule. Der Akkusativ soll gelernt werden, »mal wieder«, sagt Özlem Deveci, und im Lehrbuch geht es um Essen und Trinken: »Thomas Martens trinkt abends ein Bier« ist einer der Sätze, den die türkischen Frauen lernen. Auch mit kulturellen Eigenheiten der deutschen Gastronomie machen sie sich vertraut. »Zahlen sie getrennt oder zusammen?«, fragt eine der Frauen die anderen in einem Rollenspiel. »Getrennt«, antwortet eine andere. »Getrennt bezahlen«, fragt Özlem Deveci, »machen wir das in der Türkei auch?« Die Frauen lachen. Nein, in der Türkei würden immer die Männer bezahlen. Doch bei den Studenten gebe es das inzwischen auch, dass jeder nur für sein Essen zahlt, wirft eine Frau ein. »Und wie nennen wir das?«, fragt

* Name von der Redaktion geändert

die Lehrerin. Wieder erntet sie Gelächter. »Alman usülü«, rufen die Frauen im Chor. Auf deutsche Art.

So weit, so gut. Die Sprachkurse sind sicherlich kein Wundermittel. Doch die Frauen werden langsam sicherer in der deutschen Sprache, und vor allem kommen sie regelmäßig in die Schule, zweimal die Woche für ihren eigenen Unterricht und dann noch zu den Sprechstunden der Lehrer ihrer Kinder.

Eine Frage bleibt jedoch noch unbeantwortet: Warum sitzen eigentlich keine Männer mit im Kurs?

Dieser Punkt ist Özlem Deveci wichtig. »Wenn dies ein gemischter Kurs wäre, würden einige der Frauen keine Erlaubnis von ihren Ehemännern bekommen, daran teilzunehmen.« Deshalb sei es auch notwendig, dass der Kurs von einer Frau geleitet wird. Das schafft Vertrauen.

Vor einigen Jahren hat Dilber Çelik schon einen Deutschkurs besucht, bei einer deutschen Lehrerin. Das Tempo dort war ihr allerdings zu schnell, sagt sie. Vor allem aber sei sie froh, dass sie hier ihren kleinen Sohn mit zu dem Kurs nehmen könne, das sei in dem anderen Kurs nicht möglich gewesen. Die Alternative sei, zu Hause zu bleiben.

Von Moritz Behrendt

Die Schule als Tor zum Stadtteil

Soziale Brennpunkte verknüpfen

Integration gelingt nicht, wenn sie sich nur auf die Schule beschränkt. Deshalb öffnete der Lehrer Werner Staubach seine Grundschule gegenüber dem Stadtteil – und holte den Stadtteil in die Schule. Nun kooperieren die Schule, islamische Kulturvereine, eine Vereinigung zur Förderung des Gedankenguts Atatürks, die Stadtverwaltung und Elternvereine. Sie vereint ein gemeinsames Ziel: Sie wollen etwas in ihrem Stadtteil bewegen, verändern und verbessern.

Der geographische Mittelpunkt Deutschlands, das haben Wissenschaftler ausgemessen, liegt in einem Nest in Thüringen, das Niederorla heißt. Nichts gegen Niederorla – aber man stellt sich die Mitte von Deutschland doch anders vor, eher im Sinne einer »gefühlten Mitte«: weder als große Metropole noch als kleines Dorf; mit einer langen und stolzen Geschichte, aber nicht im Mittelpunkt des Weltgeschehens; bodenständig, bürgerlich, und weil die Struktur des Landes nun mal so ist, wie sie ist, auch ziemlich konservativ. Fulda fühlt sich so an.

Wenn von Jugend und Familie die Zukunft abhängt, wie die Politiker immer sagen, dann ist Stefan Mölleney wohl so etwas wie der Zukunftsminister von Fulda. Der Leiter des Amtes für Jugend und Familie wirkt ein bisschen so, als nenne er Schwierigkeiten lieber Herausforderungen und packe sie gerne an: smart gestreiftes Hemd, die Krawatte dazu im perfekten Muster. An der Wand hängen Kunstwerke seiner Kinder. Eine »Insel der Glückseligen«, das sei Fulda nicht, sagt Mölleney. Wie überall im Land verändert sich auch hier die Gesellschaft in einer Art und Weise, die gerade Jugend und Familien betrifft. Arbeitslosigkeit, Bildungsferne, Armut, vor allem aber auch das Missverstehen zwischen Deutschen und Ausländern, Konflikte mit fremden Kulturen, Lebensformen und Religionen: »Es gibt nicht mehr Probleme als anderswo«, vermutet Stefan Mölleney, wohl eher weniger als beispielsweise in den Metropolen wie Frankfurt oder Berlin. »Aber hier kommen die Probleme verspätet an, und man misst ihnen mehr Gewicht zu.« Sie tragen sozusagen schwerer daran, die Fuldaer Menschen aus der Mitte Deutschlands. Es gibt aber auch Menschen, die entwickeln unter diesen Bedingungen besondere Kräfte. So einer ist der Grundschullehrer Werner Staubach.

In einem der kleinen Orte aus dem Einzugsgebiet Fuldas wuchs Staubach auf – und weil seine Mutter aus dem damaligen Jugoslawien nach Deutschland gekommen war, machte er als Junge gleich seine ersten Erfahrungen mit dem Anderssein und Anders-behandelt-Werden. »Wenn wir nicht so funktionierten, wie das erwartet wurde, dann waren wir die ›Zigeuner‹«, erzählt Werner Staubach mit seiner leisen, weichen und immerzu freundlichen Stimme, und natürlich spricht er das Wort im hessischen Dialekt aus: »Zichhüner«, so ungefähr hört sich das an. Staubach hat Theologie studiert, auch wenn er kein Priester werden wollte, aber Lehrer an einer Grundschule war ursprünglich genauso wenig ein Berufswunsch von ihm. Manchmal entwickeln sich die Dinge eben im Leben, und Werner Staubach scheint einer zu sein, der sie entgegennimmt und sie mit Ruhe und Zielstrebigkeit ein Stückchen weitertreibt und zum Besseren wendet – für sich und für diejenigen, die ihn umgeben. So kam er vor 30 Jahren an die Cuno-Raabe-Schule im Arbeiterviertel Ostend und ist bis heute dort geblieben.

»Integration kann nicht außerhalb der Schule aufhören«

Ursprünglich hatte er nicht daran gedacht, sich für die Integration von ausländischen und gerade von islamischen Schülern besonders zu engagieren. Aber als in den 1970er Jahren zum ersten Mal Förderunterricht für die Gastarbeiterkinder angeboten wurde, musste der Jüngste im Kollegium eben antreten. Und wieder hat sich Werner Staubach in eine Sache hineingefunden, und wieder ist er bei dieser Sache geblieben – und hat daraus etwas Besonderes gemacht. Auf diese Weise ist schließlich ein Netzwerk entstanden, das seit vier Jahren die so genannten Brennpunkte eines Stadtteils verknüpft mit der Grundschule, mit den sozialen Anlaufstellen in Fulda, mit der großen katholischen und der kleineren evangelischen Kirchengemeinde, mit der Moschee und den islamisch-türkischen Vereinen, mit der Ausländerbehörde – und das auch eine feste Aufhängung hat im Amt für Jugend und Familie bei

Stefan Mölleney. »Mir war aufgefallen, dass Integration nicht außerhalb der Schule aufhören kann«, so einfach formuliert Werner Staubach seinen Netzwerk-Gedanken. Netzwerk: Wie unspektakulär und gewöhnlich das heutzutage klingt, wo doch die ganze Welt überspannt zu sein scheint von lauter Netzwerken, in denen man sich eigentlich ständig verfangen und verstricken müsste – wenn sie wirklich das leisten würden, was sie versprechen. Angeblich kommt ja jeder nur noch durchs Leben, indem er »Networking« betreibt. Aber wer weiß schon, worauf es wirklich ankommt und wie schwierig das Knüpfen ist, wenn ein Netzwerk halten und verbinden, tragen und auffangen soll? Einiges spricht dafür, dass die Mitte im Netzwerk wichtig ist. Der erste und der zentrale Knoten, an dem die anderen befestigt sind, der Anknüpfungspunkt sozusagen. Stefan Mölleney sagt, was alle eingebundenen Partner betonen: »Werner Staubach ist der Ideengeber. Er ist die Seele des Netzwerks. Er pflegt die persönlichen Beziehungen.« Und man merkt dem dynamischen Amtsleiter an, wie froh er ist, sich auf die Qualität dieses Beziehungssystems verlassen zu können – und auf die Unbeirrbarkeit dessen, der die Fäden in der Hand hält.

Aus der Sicht von allen Gurus und Beratern, die sich als Networking-Experten verstehen und verkaufen, ist der Name natürlich eine Katastrophe, den Werner Staubach und seine Mitstreiter ihrem Netzwerk gegeben haben: weil er nicht nur jedes Aufplustern vermeidet, sondern im Gegenteil ein echter Tiefstapler ist – und weil er, ganz einfach gesagt, so radikal uncool klingt. »Arbeitskreis Kinder im Ostend und in Ziehers Süd«. Das nennt die beiden Stadtteile, in denen Hilfe nötig ist; das sagt, es soll um die Kinder gehen; und das bestimmt: Wir wollen gemeinsam arbeiten hier. Wenn man daran denkt, dass die Institution des Arbeitskreises als eine Art Vorbote der Netzwerk-Euphorie einmal ähnlich hoch im Kurs stand – vor allem im politisch aktiven und korrekten Zeitalter der 1980er Jahre –, dann passt zwar der Name vielleicht einfach gut zu Fulda. Doch wer über Integration nicht nur reden, sondern sie vor Ort umsetzen und realisieren will – der muss jenseits der Kriterien »cool« und »korrekt« wohl sowieso über zeitlose Fähigkeiten verfügen. Der sollte Vertrauen erzeugen und Menschen ins Gespräch bringen können. Zuallererst geht es vielleicht darum, Schwingungen, Stimmungen, Bruchlinien wahrzunehmen und wiederzugeben, die man sonst viel zu leicht überhört. »Wir wollen seismographisch offen sein für die Nöte der Menschen«, sagt Werner Staubach.

»Und wir wollen uns gegenseitig pragmatisch, unbürokratisch und zielorientiert helfen.« Und weil man Staubach anmerkt, wie ernst er es damit meint, kann in der Moschee von Fulda immer wieder beim Freitagsgebet ein kleines Wunder passieren.

»Wir Türken grenzen uns immer noch viel zu stark ab«

Auf dem Weg zwischen Bahnhof und Dom liegt das islamische Gemeindezentrum in einer Seitenstraße. Wer nicht danach sucht, wird das Haus mit der Moschee kaum finden; das »Bistrorante Sofra« im Erdgeschoss gibt trotz seiner türkischen Spezialitäten auch keinen verräterischen Hinweis in einer Gesellschaft, der wenigstens auf den Speisekarten die Integration des Fremden seit Jahrzehnten gelingt. Gerade in Städten wie Fulda ist man die einschüchternde Wucht gewohnt, mit der Kathedralen, Altäre, Weihrauch und Bischofsgewänder den Gläubigen ihre Sterblichkeit bewusst machen sollen – da mag man gerade hier wieder einmal überrascht sein über den Pragmatismus und die Schnörkellosigkeit, mit der andere Religionen ihre Rituale hinter einer unscheinbaren Fassade praktizieren. Weißes Holz, Fliesen, abgeschabtes Parkett, einfache Waschräume mit alten Schemeln davor – und im Gebetsraum im zweiten Stock liegen riesige Teppiche vor einer kleinen, unauffälligen Nische in der Wand, die ganz genau gen Mekka weist. Bis zu 1000 Menschen knien hier an den hohen Feiertagen und hören auf die Worte des Imams, ihres Vorbeters. Der große Aufenthaltsbereich im Geschoss darunter hat den Charakter eines Vereinsheims, einschließlich Billardtisch und Großfernseher in der Ecke.

Werner Staubach bewegt sich hier wie einer, der zwar von außerhalb kommt, aber dazugehört; er wird begrüßt und umkreist, und natürlich ist ihm diese Rolle im Zentrum eher unangenehm. Um einen der Tische, auf denen die Zuckerstücke für den Tee bereitstehen und die Blumen schon ein wenig angetrocknet sind, sitzen einige von denen, die dank Staubachs Netzwerk zusammengefunden haben: der Vorsitzende des Islamischen Vereins; eine Vertreterin des Vereins zur Förderung des Gedankenguts Atatürks; der Ausländerbeauftragte der Stadt Fulda; die Frauenvorsitzende des türkischen Elternverbandes, die in perfektem Deutsch sagt, ihr Deutsch sei leider nicht perfekt, und die deshalb sicherheitshalber ihre 20-jährige Tochter mitgebracht hat. Die Hardliner der deutschen Ausländerpolitik würden wohl ihre Welt nicht mehr verstehen, wenn sie hören könnten, was diese Runde zum Thema Integration zu sagen hat – und wie streng sie dabei mit denen ins Gericht geht, die wie sie selbst aus einer anderen Kultur stammen, eine andere Muttersprache sprechen, aber sich nicht so recht einfügen können oder mögen in das Leben der Gastlandbewohner. Gerade Fadime Inan, die ihre Mutter begleitet und das Kopftuch streng gebunden trägt, nimmt mit gestochenen Worten kein Blatt vor den Mund. »Ich werde mit vielen Vorurteilen konfrontiert und oft angestarrt auf der Straße«, sagt die junge Frau, die schon deshalb etwas von Übersetzungsarbeit versteht, weil sie eine Ausbildung zur Fremdsprachenassistentin macht. »Dann weiß ich: Wir müssen uns noch mehr anstrengen. Wenn man die Schuld immer nur dem Gegenüber gibt, erzielt man keinen Erfolg – wir Türken grenzen uns immer noch viel zu stark ab. Es ist unsere Aufgabe, die Sprachbarriere zu überwinden.«

Wahrscheinlich steht das im Mittelpunkt von allen Integrationsversuchen: die Kunst zu pflegen, sich gegenseitig verständlich zu machen. Damit lassen sich Erfolge erzielen, die auf den ersten Blick nicht wie ein Triumph aussehen – aber langfristig doch eine wunderhafte Wirkung entfalten können. »Wo gibt es das schon«, fragt Staubach irgendwann ganz euphorisch, »dass der Imam jede Woche beim Freitagsgebet in der Moschee seiner Gemeinde einschärft, die Kinder in den deutschen Kindergarten zu bringen?«

Der Anteil der Schüler ohne ausreichende Deutschkenntnisse wächst

Vom Kindergarten über den Jugendclub bis zum Mütterzentrum: Weil Werner Staubach und die Menschen, die sich mit ihm engagieren, diese Kunst der Verständigung so außergewöhnlich gut beherrschen – deshalb gibt es im Traditions-Arbeiterviertel rund um die Cuno-Raabe-Schule inzwischen zahlreiche Möglichkeiten, sich zur Selbst-Integration anregen zu lassen. Immer noch werden die Rahmenbedingungen im Ostend vor allem von den großen Gummiwerken bestimmt, deren Fabrikgelände den Stadtteil begrenzen; und immer noch gibt es in der Kneipe am Eck »jeden Mittwoch Pferdeklopse«, wie ein handgeschriebenes Schild im Fenster verspricht. Aber an der Grenze zwischen den reichlich heruntergekommenen Mietshäusern, die bis zum Ende des Zweiten Weltkriegs als Kasernen dienten, und den etwas besser hergerichteten Wohnungen brechen inzwischen Spannungen zwischen verschiedenen Gastarbeitergenerationen auf. Und der Anteil der Kinder, die ohne ausreichende Deutschkenntnisse auf die Schule kommen, ist in den letzten Jahren immer weiter gewachsen (übrigens auch unter den deutschen Schülern).

Andere Lehrer bekommen Burn-Out-Symptome. Werner Staubach knüpft weiter Knoten um Knoten. Da ist die Erzieherin, die den so genannten Betreuungsunterricht anbietet vor und nach der Schule und während des christlichen Religionsunterrichts: Sie verschafft den computerspielgeschädigten Kids aller Nationalitäten endlich einmal Auslauf von Körper und Phantasie; sorgt dafür, dass Hausaufgaben erledigt werden; setzt Grenzen und verschafft Freiräume – und zwingt die Grundschüler wie nebenbei dazu, sich mithilfe des kleinsten gemeinsamen Nenners verständlich zu machen, also auf Deutsch. Da ist der Türkischlehrer, der mit einer Gruppe von Mädchen türkische Tänze für den Auftritt beim Stadtteilfest einstudiert. Da ist die türkische Elternvertreterin, die als ehemalige Schülerin von Werner Staubach Deutschkurse für türkische Mütter ins Leben gerufen hat. Da sind die Frauen vom Mütterzentrum, die sich nicht damit abfinden wollen, dass Elternzeit immer noch viel zu oft das Abrutschen in die berufliche Isolation bedeutet – und die sich selbst und alle anderen in einem vielfältigen Kursprogramm weiterbilden. Die eine oder die andere hat dabei schon ihre Begabung als Beraterin entdeckt und sich später selbständig gemacht; und die Freude ist groß, wenn sich allmählich ab und an auch türkische Mütter dazutrauen.

Erst machen, dann nach dem Budget fragen

Das Stadtteil-Netzwerk von Fulda übernimmt vieles von dem, was in anderen Ecken der Stadt und des Landes nach wie vor als selbstverständlich gilt – und immer wieder gibt es aus den traditionsorientierten, gutbürgerlichen Kreisen die Reaktion des Hände-über-dem-Kopf-Zusammenschlagens: Doch was nützt es schon, auf »diese Eltern, diese Familien, diese Jugend von heute« zu schimpfen und ihnen Versagen vorzuwerfen? Den zuständigen Amtsleiter beeindruckt jedenfalls, mit welcher Eigeninitiative und Eigenverantwortung das Netzwerk etabliert wurde und gepflegt wird. »Diese Kontinuität des Einsatzwillens«, sagt Stefan Mölleney, »die gibt es in keinem anderen Viertel. Die fragen nicht als Erstes nach dem Budget, das ihnen die Stadt zur Verfügung stellt – nach dem Motto: Sonst fangen wir erst gar nicht an. Die machen das einfach.« Und dann stutzt er einen Moment und schiebt die Überlegung nach: »Ich weiß gar nicht, wer ihnen das beigebracht hat.«

Von Stefan Sippell

»Wir leisten unmittelbare Hilfe«

Was kann ein Netzwerk leisten, und wo stößt es an seine Grenzen? Vier Fragen an Werner Staubach, den Initiator des Netzwerks im Fuldaer Stadtteil Ostend

Wie würden Sie den Ertrag Ihrer langjährigen Netzwerkarbeit beschreiben?

Durch unser Netzwerk konnten wir eine Kommunikationskultur zwischen Vereinen, Gruppen und Institutionen schaffen und ein Tätigkeitsfeld für bürgerschaftliches Engagement eröffnen. In unserem Netzwerk arbeiten keine Profis, hier engagieren sich Menschen, denen das Wohl der Kinder im Stadtteil am Herzen liegt und die bereit sind, in überschaubaren Bereichen Mitverantwortung im Stadtteil zu übernehmen. Die beteiligten Gruppen können so in Problemsituationen – ohne lange bürokratische Wege – unmittelbare Hilfe leisten: von der Beschaffung von kindgerechtem Mobiliar über die Bereitstellung von PCs bis zur Vermittlung von Hortplätzen. Durch unsere Feste und kulturellen Aktivitäten hat der Stadtteil sicherlich an Attraktivität gewonnen und Vorbildcharakter erlangt. Gleichzeitig konnten Schwellenängste der Bevölkerung mit Migrationshintergrund gegenüber Institutionen abgebaut werden, denn auch die Institutionen werden durch Menschen vertreten, die man kennt und mit denen man feiert.

Gibt es Probleme im Stadtteil, die selbst für Ihr Netzwerk unüberwindbare Hürden darstellen?
Keinen Einfluss hat das Netzwerk natürlich bei allen Fragen infrastruktureller Natur, die zum Beispiel die wechselnden Besitzverhältnisse der Mietshäuser oder Bau- und Planungsmaßnahmen betreffen. Schwierig sind auch Fragen des Umweltbewusstseins, der Wohnkultur sowie Verhaltensmuster in der Wahrnehmung von Rollen in Erziehung und Partnerschaft.

Wie viele Stunden investieren Sie pro Woche in den Ausbau, die Aufrechterhaltung Ihres Netzwerks?
Die Tätigkeit für das Netzwerk lässt sich nicht in Wochenstunden angeben. Phasen intensiver Netzwerkpflege wechseln sich ab mit Phasen, in denen alles von selber läuft. Für meine Arbeit in der regionalen Lehrerfortbildung erhalte ich eine Freistellung von zwei Wochenstunden für die Arbeitsbereiche Deutsch als Zweitsprache, Interkulturelle Erziehung, Vorlaufkurse für Sprachanfänger, die Betreuung der herkunftssprachlichen Kolleginnen und Kollegen und die stadtteilbezogene Schulentwicklung. Hieraus wird ersichtlich, dass die Arbeit für das Netzwerk eigentlich eine reine »Freizeitbeschäftigung« ist.

Was würde mit dem Netzwerk geschehen, wenn Sie einmal als zentraler Ansprechpartner wegfallen?
Nach der Anfangszeit von circa zwei Jahren, in denen der Aufbau des Netzwerkes sehr stark personengebunden war, hat sich inzwischen ein reicher Grundbestand von Arbeitsfeldern und Arbeitsbeziehungen aufgebaut und gefestigt, die weitgehend unabhängig von Einzelpersonen sind. Personen, die in der Gründungszeit als Schaltstellen und Katalysatoren fungierten, können sich deshalb mehr und mehr aus diesen Funktionen zurückziehen und sich in die Alltagsarbeit einklinken.

Die Fragen stellte Moritz Behrendt.

»Mit zehn Leuten lässt sich mehr erreichen als allein«

Interview mit Zita Götte über die Schwierigkeiten, Schulen gegenüber ihren Stadtteilen zu öffnen und so eine Vernetzung langfristig aufrechtzuerhalten. Zita Götte war von 1987 bis zum Jahr 2000 Koordinatorin eines Programms »Zur Gestaltung des Schullebens und Öffnung der Schule« in Solingen.

Wo ist der zusätzliche Nutzen eines Netzwerks gegenüber herkömmlichen Institutionen wie Vereinen oder Jugendhäusern?
Da, wo man selber nicht die Kompetenz besitzt, kann man ein Angebot offerieren. Individuelle Förderung wird dadurch erleichtert. In Solingen haben wir Sonderschülern das Gefühl vermittelt, auch einen Stellenwert in der Gesellschaft zu haben. Mit Hilfe von Fachleuten haben sie eine Fahrradwerkstatt aufgebaut. Die Schüler haben sich vertraglich verpflichtet, die Räder der Jugendverkehrsschule zu warten. Später haben sie in Kooperation mit einer Harley-Davidson-Werkstatt mit der Reparatur von Mofas begonnen.

Müssen erst Probleme auftauchen, bis die Einsicht greift, dass Schulen sich öffnen müssen?
Meine Vorgehensweise war es, zu gucken, wo sind Menschen, die zusammen etwas nach vorne bringen wollen. Wo wollen Schulen mehr machen als den üblichen Schulalltag, wo geraten sie aber an die Grenze, und wer könnte ein Partner sein? Diese potenziellen Partner haben Handlungsfelder abgesprochen. Lehrer und Schüler, die Interesse an der Belebung ihres Schulhofs hatten, sind so mit Fachleuten aus dem städtischen Gartenamt zusammengekommen. Die Schüler wurden gefragt: »Wenn ihr jetzt mal träumen würdet, wie sollte der Schulhof dann aussehen?« Danach haben wir uns um eine kostengünstige Umsetzung gekümmert. In einem Fall haben das Schüler aus einer Jugendhilfe-Werkstatt übernommen: Dort erhalten junge Leute, die eigentlich aus dem Schulsystem herausgefallen sind, eine praktische Qualifizierung. Diese Jugendlichen haben erlebt, dass sie, die früheren Schulversager, plötzlich die Profis waren.

Ist Lehrern der Vorteil solcher Kooperationen sofort bewusst geworden?
Eine Zeit lang bin ich mir wie eine Übersetzerin vorgekommen. Die Leute wussten nichts voneinander. Lehrerinnen und Lehrer gehen leider nicht oft auf Partner zu. Meine Rolle war die eines Katalysators bei der Partnersuche und bei der Herstellung der Kommunikation zwischen den Partnern.

Hat sich später die Kommunikation verselbständigt?
Als ich vor fünf Jahren gegangen bin, haben einige Lehrer versucht, die Verbindungen aufrecht zu halten. Sie haben aber nicht die nötige Stundenentlastung bekommen. Das ist in unserem Schulsystem ja nicht vorgesehen. Dadurch ist einiges zum Erliegen gekommen. Eine Lehrerin von der Realschule, die sich Tag und Nacht für das Netzwerk engagiert hat (mit fünf Stunden Entlastung pro Woche), musste feststellen, dass sich einige Gymnasiallehrer nichts von einer Realschullehrerin sagen lassen wollten.

Wie kann man Lehrer dennoch zur zeitintensiven Netzwerkarbeit motivieren?
Durch Netzwerkarbeit stärken sie generell das persönliche Engagement. Ich habe die Lehrer immer gelobt und ihnen gesagt, das lohnt sich. An den Schulen fehlen die Personen, die diesen Lehrern sagen: »Schön, machen Sie weiter!«

Sollten sich alle Leute, die in einem Netzwerk mitwirken, gegenseitig kennen?
Das ist sehr wichtig. Ich habe immer wieder Anlässe geschaffen: Konferenzen, Treffen, Präsentationen, Öffentlichkeitsarbeit. Bei den Treffen konnten wir feststellen, wenn wir wieder ein paar Schritte nach vorne gekommen sind. Das hat die Solidaritätsgemeinschaft gestärkt. In Schulen ist der Teamgedanke oft wenig präsent. Einzelne Schulen haben das zwar im Programm und im Profil, aber an den meisten Schulen gibt es zu wenige, die sich darum kümmern, das zu pflegen.

Ist es den verschiedenen Partnern schwer gefallen, ein gemeinsames Ziel abzustimmen?
In Solingen hat die Netzwerkarbeit 1993 durch den Brandanschlag noch eine andere Ausrichtung bekommen. Wir haben uns gefragt, was wir übersehen haben, denn die Täter waren ja Schüler. Es war meine Aufgabe, ein Hand-

lungskonzept zu entwickeln, wie so etwas künftig verhindert werden kann. Da konnte ich auf das Netzwerk zurückgreifen. In 40 von 48 Schulen hatte ich Ansprechpartner. Wir haben gemeinsam ein Konzept entwickelt, das im Rat beschlossen wurde und an die entsprechenden Ministerien auf Landesebene ging.

Waren die Beteiligten bereit, das gemeinsame Ziel über ihre Eigeninteressen zu stellen?

Gerade bei dem Schreiben des Handlungskonzeptes war das der Fall. Wichtig war uns, zu sagen: Wir sind eine Gruppe, und wir lassen uns, abstrakt formuliert, nicht von dem »System« eingrenzen. Die Forderungen waren, dass die Lehrer mehr Zeitressourcen zur Verfügung gestellt bekommen, dass mehr Lehrer eingesetzt werden, die sich um auffällige Schüler kümmern, dass wir Sozialarbeiter an den Schulen brauchen sowie Freiräume, um uns im Schulalltag zu treffen und über diese Dinge zu reden. Das ist ja nicht vorgesehen.

Wie lange hat es gedauert, bis die Beteiligten nicht zuerst in Ihrem Büro angerufen haben, sondern direkt auf ihre möglichen Partner zugegangen sind?

Fünf bis sieben Jahre. So lange hat es auch gebraucht, bis die Möglichkeiten der Netzwerkarbeit in der Denke verankert waren. Im Alltag ist das sonst nicht drin. Schule endet im Allgemeinen gegen 14 Uhr. Jugendarbeit fängt zwischen 14 und 15 Uhr an. Wo können die sich treffen?

Gilt das auch für Ganztagsschulen?

An Ganztagsschulen ist der Umgang mit Zeitressourcen anders. Lehrer sind es eher gewöhnt, länger in der Schule zu sein. Oft ist in den Schulleitungsgremien ein größeres Verständnis vorhanden, nicht nur den traditionellen Unterricht zu machen. Gerade Gesamtschulen verfügen auch über bessere Gebäuderessourcen.

Braucht ein Netzwerk eine gewisse Hierarchie?

Es braucht jemanden, der koordiniert. Und zwar verantwortlich. Vieles hängt davon ab, ob sich die Einzelnen an Abmachungen halten. Einer muss jedoch den Jahresplan im Blick behalten, erinnern und immer wieder einladen. Viele können das nicht leisten, weil ihr beruflicher Alltag sie völlig absorbiert.

Hat dieser Koordinator Sanktionsmöglichkeiten, wenn Abmachungen nicht eingehalten werden?
Das ist ein Knackpunkt. Wir haben keine Vereinbarungen getroffen, nach dem Motto, wenn man fünf Mal nicht zu den Treffen kommt, ist man raus.

Gibt es eine optimale Größe für Netzwerke?
Die großen Netzwerke bedürfen sehr viel Pflege. Hier in Solingen hatten wir lauter Subnetzwerke. Es ließ sich immer gut arbeiten, wenn etwa 15 bis 20 Leute für ein Projekt verantwortlich waren. Wenn Sie mit 15 Leuten am Tisch sitzen, und da fehlt einer konstant, dann ist das noch auffällig. Bei 40 Leuten fällt das nicht mehr auf.

Welche Eigenschaften sollten Netzwerk-Initiatoren mitbringen?
Sich in den anderen einfühlen zu können, gehört dazu. Sie müssen immer offen sein, müssen sich Vorschläge anhören und erproben, selbst wenn sie persönlich nicht sofort überzeugt sind. Auch Kleinigkeiten sind wichtig: Ich habe die Treffen immer nahe an die Zeiten gelegt, in denen die Lehrer in den Schulen sind, damit sie nicht sofort in das Privatleben entschwinden. Da sollte es etwas zu essen und zu trinken geben. Bereits beim Brötchenschmieren sind sie ins Gespräch gekommen. Sie brauchen auch ein gewisses finanzielles Budget. Das hatte ich zu Beginn nicht, habe es mir später mit Landesfördergeldern errungen. Und man muss einen langen Atem haben. Wenn der erste Partner nicht der richtige war, ist es vielleicht der zweite.

Wer sind potenzielle Geldgeber?
Wir wurden vom Grünflächenamt, vom Jugendamt und natürlich von der Schulverwaltung unterstützt. Manchmal können private Sponsoren und Kirchengemeinden noch Geld geben. Ich habe immer recherchiert, wo wir Geld herbekommen könnten, und meine Partner ermutigt, hier und dort Anträge zu stellen.

Gibt es ein Geheimnis für erfolgreiche Anträge?
Das ist abhängig von den einzelnen Ansprechpartnern. Wir haben überlebt, indem wir alle drei, vier Jahre ein neues Themenfeld nach vorne gestellt haben. Die anderen Bereiche haben wir dabei aber nicht fallen gelassen.

Wie lässt sich die Abhängigkeit vom Engagement Einzelner vermeiden?
Das habe ich mich hinterher auch gefragt. Ich habe versucht, für bestimmte Schwerpunkte einen zweiten Ansprechpartner einzusetzen. Das hat aber nur punktuell gegriffen. Das ist das große Handicap von Netzwerken. Wir Menschen sind leider nicht so flexibel, dass wir uns schnell auf andere Ansprechpartner einstellen können.

Wie können Netzwerke dennoch langfristig bestehen?
Es ist auf jeden Fall sinnvoll, die Tätigkeiten und die vielfältigen Verknüpfungen des Netzwerks zu dokumentieren. Die Zeit dafür muss man sich nehmen. Dann ist es wichtig, Kollegen mit einer gewissen Erfahrung in der Netzwerkarbeit Verantwortung zu übertragen. Doch die müssen sich auch mit dieser Arbeit identifizieren können.

Woher hatten Sie Ihre Motivation?
Aus meiner Überzeugung, dass man mit zehn Leuten mehr erreichen kann als allein. Ich hatte zu Beginn die große Unterstützung des Leiters der Schulverwaltung, der gesagt hat: »Ich fühle mich nicht nur verantwortlich für die Gebäude, sondern auch dafür, was in den Gebäuden passiert.« Das betraf die Lebensqualität und die Stadtteilentwicklung. Wenn die Menschen die Schule stärker öffnen und nutzen, bekommt sie einen höheren Stellenwert im Leben einer Stadt.

Das Interview führte Moritz Behrendt.

Die Lehrer fortbilden

Pflichtfach Interkulturelles

Interkulturelle Seminare sollen die Kompetenzen von Lehrern stärken, sie für den Umgang mit Vielfalt in der Gesellschaft fit machen. In Bremen sind solche Seminare für künftige Lehrer verpflichtend.

Jeder Mensch ist anders, das wissen wir. Nur weil jemand ausländisch aussieht, muss er dennoch keine Schwierigkeiten mit der deutschen Sprache haben. Vielleicht ist ihm seine Herkunft für seine Identität auch gar nicht so wichtig, vielleicht will er lieber über seinen Beruf identifiziert werden oder über seine politische Einstellung. Wie wir uns selbst sehen, stimmt oft nicht mit dem überein, wie andere uns wahrnehmen, in welche Ecke uns andere stellen. Richtig, wichtig; o.k., verstanden. Dennoch ordnen wir ständig Personen aufgrund von Äußerlichkeiten ein, und oft genug bekommen wir das gar nicht richtig mit.

Regina Piontek ist als Fachleiterin am Landesinstitut für Schule in Bremen verantwortlich für den Aufgabenbereich interkulturelles Lernen: Die Referendare, die sie unterrichtet, will sie sensibilisieren für den Umgang mit Vielfalt in der Gesellschaft. Das Wahrnehmen kultureller und sozialer Differenzen ist ein Thema, der Umgang mit religiösen Besonderheiten und natürlich auch die Frage der Selbst- und Fremdwahrnehmung von Menschen.

Unaussprechliche Namen gibt es nicht

Das Seminar beginnt, zuerst sollen die Referendare etwas über ihren Namen erzählen. Wo er herkommt, was er bedeutet, ob er ihnen gefällt oder nicht. Vor- oder Nachname, das ist hier egal. Annika sagt, dass ihr ihr Name sehr wichtig sei. Früher in der Schule hätten die Lehrer sie oft mit dem Namen ihrer Zwillingsschwester angesprochen, das hat sie total aufgeregt. Kemal erzählt, dass sein Name »der Vollkommene« bedeutet, was er allerdings nicht so ernst nehme. Er habe keine besondere Beziehung zu seinem Vornamen, berichtet Thomas. Thomas, das sei doch eher ein Sammelbegriff und kein Ausdruck von Individualität. Gerade ausländische Namen stellen Lehrer oft vor eine Herausforderung. Am Beginn des Schuljahrs bekommen sie die Schülerlisten: Canan, ist das nun ein Mädchen oder ein Junge? Und, verdammt, wie spricht man das eigentlich aus? Viele Schüler mit Migrationshintergrund lassen sich von Lehrern und Mitschülern mit Kurzformen ihres Namens rufen, andere haben sich daran gewöhnt, dass ihr Name in Deutschland meist falsch ausgesprochen wird. Lehrer sollten jedoch sensibel dafür sein, dass es verletzend wirken kann, wenn der eigene Name, immerhin ein wichtiger Teil der Identität, ständig verhunzt wird. Dass manche Namen schwer auszusprechen sind, lässt Frau Piontek nicht gelten: In der Schule lernten die Kinder doch auch Englisch und Französisch. Sogar Japanisch und Chinesisch könnten Schüler in Bremen belegen, und Phonetik ist ganz selbstverständlich Teil der Sprachvermittlung. Kein Lehrer würde auf Dauer die Ausrede akzeptieren, ein Schüler könne das einfach nicht aussprechen.

Wie stehen Sie zum Kopftuch?

Die nächste Übung betreibt Standortbestimmung. Im Wortsinne. Eine Kreppbandleiste auf dem Fußboden stellt die Skala dar: An das eine Ende sollen sich diejenigen stellen, die der Meinung sind, die Schule sollte überhaupt keine Vorgaben oder Einschränkungen bei der Kleidung ihrer Schüler machen. Am anderen Ende stehen die Befürworter eines strikten Dresscodes. Nächste Frage: Wie sieht es mit Schuluniformen aus? Weiter: Wie halte ich es mit aufreizender bauchfreier Kleidung, die der Bremer Schulsenator Willi Lemke immerhin kürzlich aus den Schulen verbannen wollte? Und natürlich: Wie stehe ich zum Kopftuch – bei Schülerinnen und Lehrerinnen? Die Frage ist hochaktuell: Ende August 2005 entschied das Oberverwaltungsgericht in Bremen, dass eine Referendarin ihr Kopftuch im Unterricht nicht tragen dürfe, da es eine »abstrakte Gefahr für den staatlichen Erziehungsauftrag und den Schulfrieden« sei.

»Es gibt keine eindeutigen Antworten auf diese Fragen«, erklärt Piontek,

»die Übungen sind bewusst offen formuliert. Sie dienen der Selbstreflexion, sollen Lehrerkompetenzen stärken.« Es geht nicht um die direkte Übertragung dieser Übungen in den Unterricht. Die Referendare sollen sich bewusst werden, wo sie stehen, wofür sie stehen. Wie fühlt es sich an, alleine zu stehen? Und wie, wenn man in der Mehrheit ist? Mehrheiten, Minderheiten, ein wichtiges Thema. »Wir Lehrer sollten uns bewusst sein, dass wir Schüler ständig in Situationen bringen, in denen sie alleine für etwas stehen«, sagt Frau Piontek. Im Seminar entbrennt eine Debatte über Schuluniformen: Soziale Heterogenität ist für die Teilnehmer ein zentraler Punkt. Doch wie sie damit umgehen, da unterscheiden sich die Standpunkte.

Die Übungen, die Piontek mit den künftigen Lehrern durchführt, entspringen dem Trainingsprogramm »Eine Welt der Vielfalt«. Dieses Programm und andere, etwa Betzavta, finden auch in der Lehreraus- und -fortbildung in anderen Bundesländern Anwendung. Und dennoch ist Bremen eine Besonderheit: Für die Referendare ist es verpflichtend, mindestens ein Seminar aus dem »Kernbereich Heterogenität« zu belegen. Interkulturelle Sensibilität wird so zu einer Kernkompetenz erhoben und bleibt nicht ein Zusatzangebot für Multikulti-Willige.

Auf Vielfalt nicht vorbereitet

Sinnvoll finden das einige Teilnehmer, denn die Universität habe sie nicht vorbereitet auf den Umgang mit Vielfalt. Nun sind sie an der Schule, und praktische Fragen zum Thema Islam gehören zu den vielen Dingen, die sie Tag für Tag bewältigen müssen. Eine Referendarin wirft ein, dass es seit kurzem in der Erziehungswissenschaft in Bremen verpflichtend sei, einen Kurs zum Thema Migration zu belegen. Doch da bliebe es bei reiner Wissensvermittlung. Konkrete Fragen, die in der Schule auftauchten, blieben unbeantwortet.

Das gelte auch für die interkulturellen Trainingsprogramme, kritisiert einer der Seminarteilnehmer. Sie seien zu allgemein und würden ihm bei der täglichen Arbeit an der Berufsschule kaum helfen. Er fände es auch nicht sinnvoll, dass in diesem Seminar die künftigen Lehrer völlig unterschiedlicher Schultypen gemeinsam unterrichtet werden, schließlich unterschieden sich die Probleme und Fragen zwischen Grund- und Berufsschule erheblich, ebenso zwischen Hauptschule und Gymnasium. Er selbst entscheide meist situativ, wie er mit kultur-, herkunfts- oder religionsbezogenen Problemen umgehe. Manchmal kommt es vor, dass seine Schüler ihr Verhalten mit dem Islam begründen. Für diese Fälle hätte er gerne ein wenig mehr Grundwissen.

Welches Wissen, welche Fähigkeiten helfen im Unterricht?

Doch hilft selbst ein noch so breites Wissen über den Islam wirklich, wenn ein muslimisches Mädchen behauptet, sie könne nicht mit auf Klassenfahrt fahren, weil das so im Koran steht? Nützt es da, rechthaberisch zu behaupten, das altehrwürdige Buch der Muslime würde das Thema Klassenfahrten gar nicht thematisieren, immerhin habe man doch, ach, Koran, Sunna und auch das islamische Recht studiert? Ein »Basiswissen Islam« ist für Lehrer sicherlich nützlich, weniger für ihre Entscheidungen als vielmehr für die Einschätzung gewisser Situationen (und so war der Einwurf des Referendars wohl auch gemeint). Doch wichtiger ist es – diese Ansicht steckt zumindest hinter den von Regina Piontek eingesetzten Trainingsprogrammen –, die Fähigkeit zu gewinnen, die eigenen Einstellungen, Haltungen und Handlungsstrategien zu reflektieren und den sozialen, kulturellen und religiösen Kontext, in dem sie entstanden sind, wahrzunehmen. Dann ist es leichter zu verstehen, warum andere Menschen anders handeln und ob dies zu akzeptieren ist.

Jeder Mensch ist anders, das wissen wir ja. Dass dahinter eine ganze Menge Faktoren stehen, haben wir nun auch gelernt. Doch was heißt das für den Unterricht? »Ich stehe immer noch hinter dem Grundsatz, dass ich alle Schüler gleich behandele. Mich nervt, dass ich – politisch korrekt – Schüler mit anderer Herkunft und anderer Religion anders behandeln soll. Ich habe das Gefühl, das verlangt die Gesellschaft von mir«, klagt eine Referendarin. Es gehe nicht darum, Ausnahmen für Ausländer oder Muslime zu machen, antwortet einer der Seminarteilnehmer. Wichtig sei es jedoch, zu sehen, dass manche Schüler schneller lernen und andere langsamer, dass manche Druck brauchen und andere Streicheleinheiten. Dieses Einfühlungsvermögen für Unterschiede müssten Lehrer schon mitbringen.

Von Moritz Behrendt

»Die Lehrer auf die heutige Schule vorbereiten«

Interview mit Regine Hartung, Regina Piontek und Dieter Schoof-Wetzig, den Sprechern des Interkulturellen Arbeitskreises der Bundesländer (INKA) zu Aufgaben und Herausforderungen der interkulturellen Lehrerbildung.

Bei Problemen im Themenfeld Schule und Islam fällt oft der Satz: Das ist eine Aufgabe für die Lehreraus- und -fortbildung. Was kann und muss Lehrerbildung im Bereich interkulturelle Bildung leisten?
Piontek: Sie muss die Lehrer auf die heutige Schule vorbereiten, in der Schüler verschiedener Kulturen zusammenkommen, und sie dazu befähigen, allen Kindern die Chance zum Schulabschluss zu geben. Mit Hilfe spezieller Kompetenzen muss auf die spezifischen Hintergründe der jeweiligen Schüler eingegangen werden.
Schoof-Wetzig: INKA fordert, dass interkulturelle Bildung zum Curriculum zählt und nicht wie bislang nur eine freiwillige Zusatzqualifikation ist. In der Ausbildung wird interkulturelle Bildung häufig ausschließlich mit sozialen Problemen verknüpft. Interkulturelles Lernen wird daher eher in Seminaren für Haupt- oder Realschullehrer thematisiert. Interkulturelle Bildung bezieht sich jedoch nicht nur auf die Heterogenität in den Klassen, sondern auch auf die Globalisierung der Welt. Interkulturelle Kompetenz zu vermitteln heißt für uns deshalb auch, Schüler und Schülerinnen auf die Veränderung der Lebens- und Berufswelt vorzubereiten.

Ist die Idee interkultureller Lernkompetenzen denn neu?
Piontek: Neu ist die Dringlichkeit, tatsächlich etwas im Bereich interkulturelles Lernen tun zu müssen, denn Schule ist durch die demographische Entwicklung viel heterogener geworden.

Hat ein Gymnasiallehrer aus Wilmersdorf, in dessen Klasse 90 Prozent deutschstämmig sind, die gleiche Bereitschaft, seinen Unterricht der Klasse anzupassen, wie ein Gesamtschullehrer aus dem Wedding mit einer ethnisch und religiös äußerst heterogenen Klasse?
Schoof-Wetzig: Der Gymnasiallehrer wird vermutlich denken, dass er interkulturelle Bildung aufgrund seiner Schülerschaft nicht benötigt. Dement-

sprechend vermitteln wir in unseren Fortbildungen zunächst einmal, dass wir interkulturelles Lernen als Wahrnehmung des allgemeinen Erziehungsauftrages von Schule sehen; also der Erziehung zu Demokratie und Toleranz, wie es ja auch in den Kultusministerkonferenz-Empfehlungen zur Interkulturellen Bildung formuliert wird. Für jede Schülerin und jeden Schüler sind interkulturelle Kompetenzen angesichts der zunehmenden Heterogenität unserer Bevölkerung, der Ausweitung der Europäischen Union und der Verstärkung der Globalisierung im Alltagsleben von sehr großer Bedeutung. Dies gilt auch für Schulen ohne Migrantenanteil.
Piontek: Die Gymnasiallehrerausbildung ist immer noch stark fachorientiert. Gymnasiallehrer leben oft stärker in dem Selbstverständnis des Wissensvermittlers als des Erziehers.
Hartung: Unsere Gesellschaft hat sich aber geändert und mit ihr die Rolle der Lehrer. Auch in Gymnasien müssen die Lehrer immer mehr Elternaufgaben leisten und das soziale Lernen fördern.

Soll interkulturelle Bildung ein eigenes Aufgabengebiet sein oder in die Fachseminare integriert werden?
Piontek: Wir brauchen beides. In der Fachdidaktik muss Multiperspektivität immer ein Thema sein, für übergeordnete Kompetenzen aber brauchen wir einen eigenen Kernbereich, in dem interkulturelles Lernen angeboten wird.
Schoof-Wetzig: Womit sich die Frage stellt, ob interkulturelle Kompetenzen etwas Spezifisches sind. Sie sind insofern spezifisch, als sie nicht überall einfach mitgelernt werden, auch nicht in Curricula, die soziales Lernen einbeziehen. Daher müssen sie eindeutig thematisiert werden.
Hartung: Dabei geht es nicht nur um Soziales, sondern auch um Kenntnisse. Ich habe bei Lehrerfortbildungen festgestellt, dass viele Lehrer kaum etwas über ihre Schüler mit Migrationshintergrund wissen, über deren Lebenswelt, über Migration an sich. Immerhin haben wir in der Bundesrepublik seit 1955 eine organisierte Einwanderung mit dem Abschluss des ersten Gastarbeiterabkommens mit Italien. In der Lehrerbildung muss Wissen vermittelt werden, bevor Unterrichtskonzepte entwickelt werden können. Es geht aber auch um die Wertschätzung von interkulturellen Unterrichtskompetenzen: Viele Lehrer empfinden es eher als Strafversetzung, in Deutsch-Vorbereitungsklas-

sen zu unterrichten, in die Schüler direkt aus dem Ausland kommen, denn als besondere professionelle Herausforderung.

Welche Schritte wünscht sich Ihr Arbeitskreis, um interkulturelles Lernen in der Ausbildung stärker zu verankern?

Hartung: In Hamburg ist der Umgang mit sozialer und kultureller Heterogenität ein Schwerpunkt der Lehrerbildung. Dieser Schwerpunkt soll in allen Phasen der Lehrerbildung stattfinden: an der Uni, im Referendariat und in der Fortbildung.

Piontek: Wir überlegen, inwiefern es möglich ist, dass Lehrer interkulturelle Kompetenzen im Rahmen der Aus- und Fortbildung nachweisen müssen.

Wünschen Sie sich eine bundeseinheitliche Regelung?

Schoof-Wetzig: In den allgemeinen Zielsetzungen ja. Für manche Fächer wie Mathematik, Deutsch oder Fremdsprachen sind die Bildungsstandards jetzt ja bundesweit definiert worden. Fächerübergreifende Lernbereiche, dazu gehört interkulturelle Bildung, bleiben dabei oft auf der Strecke. Deshalb möchten wir unsere Perspektive in die Standard- und Qualitätsdiskussion auf Bundesebene einbringen.

Welchen Vorurteilen oder Problemen begegnen Sie in Fortbildungen?

Piontek: Ein Problem ist, dass wir immer noch viel Überzeugungsarbeit leisten müssen, dass interkulturelle Kompetenz eine wichtige Schlüsselqualifikation ist, die es systematisch zu erlernen gilt. Im außerschulischen Bereich – etwa in der Wirtschaft – ist es selbstverständlich, dass man so genannte »soft skills«, die eben auch Bestandteil der interkulturellen Bildung sind, als Berufsqualifikation braucht, zum Beispiel Teamfähigkeit, Konfliktfähigkeit, Fähigkeit zum Perspektivwechsel, Rollendistanz.

Lassen Sie uns konkreter werden: Was würden Sie Referendaren raten, wenn sie vor dem Fall stehen, dass muslimische Schülerinnen nicht mit auf Klassenfahrt fahren dürfen?

Piontek: Erstens: Die jeweilige Situation differenziert zu betrachten. Welches ist die rechtliche Vorgabe im Land? Welche Leitorientierung gibt es an der Schule und im Schulprofil? Wie siedele ich mich da an? Zweitens: Welche

Möglichkeiten finde ich, individuell mit diesem Konflikt umzugehen, und zwar in einer Weise, die das spätere Lernen und den Kontakt mit den Eltern nicht verhindert. Drittens: Gibt es Personen, die vermittelnd eingreifen können? Gibt es die Möglichkeit, die mit der Klassenfahrt verbundenen Ziele anders zu erreichen?

Und welche Ergebnisse von Fortbildungsseminaren zur interkulturellen Bildung lassen sich beobachten?

Hartung: Zuerst ist es nicht leicht, Lehrer für solche Fortbildungsangebote zu gewinnen. Doch mit Themen, die die Lehrer für ihr »Alltagsgeschäft« besonders interessieren, wie etwa interkulturelle Konflikte, können wir sie locken. Nach fünf Jahren unserer Tätigkeit in Hamburg wenden sich nun auch Schulen an uns, um ihre Schule als Gesamtorganisation in Richtung ihrer veränderten heterogenen Schülerschaft zu entwickeln. Dahin muss unserer Meinung nach der Weg gehen: hin zu einer gemeinsamen, demokratischen Schulentwicklung mit Unterstützung durch außerschulische Institutionen.

Werden Ihre Arbeit und die Einsichten aus der Wissenschaft von den Kultusministerien aufgegriffen?

Piontek: Das hängt von den Personen ab. Einige sind sehr offen für unsere Arbeit. Die Frage ist immer, wie viel Einfluss diese Leute in der Regierung eines Bundeslandes haben und ob sie sich in den Entscheidungsprozessen durchsetzen können.

Schoof-Wetzig: Die Mitarbeiter in den Landesinstituten müssen immer um ihre Anerkennung der interkulturellen Bildung als eigenständiges Sachgebiet kämpfen. Auch um die Mittel, die zur Durchführung innovativer Kompetenzbereiche notwendig sind.

Hartung: Aber immerhin haben wir seit 1996 die Empfehlungen der Kultusministerkonferenz zur interkulturellen Bildung in der Schule – das war ein großer Schritt auf Bundesebene. Und in vielen Bundesländern gibt es mittlerweile Rahmenpläne zur Interkulturellen Erziehung. Spätestens seit den deutschen PISA-Ergebnissen im Jahre 2000 sollte es nun Sache der politisch Verantwortlichen sein, auf die Umsetzung der Rahmenpläne an den Schulen zu dringen, was bisher noch nicht genügend geschieht.

Erleichtert die Existenz von INKA den selbstverständlichen Umgang mit interkulturellen Themen?

Piontek: Ja, indem wir uns bundesweit vernetzen, sind unsere Stellungnahmen und Beratungen nicht mehr nur länderspezifisch, sondern sie rücken die Grundlagen und Grundsätze in den Vordergrund.

Schoof-Wetzig: Wir haben uns als Arbeitskreis im letzten Jahr dem Fachverband der deutschen Lehrerfortbildner, dem Deutschen Verein zur Förderung der Lehrerinnen- und Lehrerfortbildung, zugeordnet. In dieser Vereinigung sind knapp 250 Experten aus allen Bundesländern vertreten, die Lehrerfortbildung und Schulentwicklung betreiben, unter ihnen auch viele Leute in verantwortlichen Positionen. Dort bringen wir unsere Themen ein.

Hartung: Da es jedoch überwiegend keine spezifische Lehramtsausbildung für unseren Bereich gibt, wie zum Beispiel für Englischlehrer, müssen wir immer wieder suchen, wer in welchem Bundesland für interkulturelle Bildung zuständig ist. Heißt es überhaupt explizit »interkulturell«, oder versteckt sich das hinter den Begriffen »internationales« oder »globales Lernen« oder »Deutsch als Zweitsprache«? Das Gleiche gilt für die Schulen – auch hier gibt es keine offiziellen Ansprechpersonen; aufgrund der Realität an unseren Schulen bräuchten wir aber »Koordinatoren für Internationales und Interkulturelles« an den Schulen.

Verstärkt wird der Wunsch nach mehr Lehrern mit Migrationshintergrund geäußert. Haben diese Lehrer eine besondere Funktion in Kollegien?

Piontek: Auf jeden Fall. Es ist etwas anderes, ob ich als Ausbilderin über die Notwendigkeit anderer Perspektiven spreche oder ob ein Referendar mit Migrationshintergrund sagt, das könne man auch anders sehen. Das verändert den Dialog – auch in Kollegien. Es ist eine Chance, wenn ein Kollege in einer Diskussion sagt: »Mensch, ich kann das verstehen, mir ging das vor zehn Jahren auch so.«

Schoof-Wetzig: Wir haben in Niedersachsen die herkunftssprachlichen Lehrkräfte mit einem Modul für interkulturelles Lernen weitergebildet. Ihre Kompetenz beschränkt sich nicht auf die Sprache, sondern sie treten auch als Botschafter für andere Kulturen auf. Dazu müssen sie entsprechend didaktisch geschult werden, damit ihre Kompetenz nicht beim »Geschichten-aus-der-alten-Heimat-Erzählen« endet, sondern sie dazu befähigt, Schülern einen Einstieg in eine andere Kultur zu ermöglichen. Diese Kompetenz wurde bislang viel zu selten genutzt.

Herkunftssprachliche Lehrkräfte sind im Kollegium ja auch nicht gleichberechtigt, unter anderem werden sie schlechter bezahlt.

Piontek: Das stimmt. Für Schüler sind diese Lehrer aber Identifikationsfiguren. Zudem: Herkunftssprachliche Lehrer haben oft bessere Möglichkeiten, Forderungen und Standards von Schule rüberzubringen. Die Abwehrhaltung einiger Schüler, nach dem Motto »Das ist deutsch, damit will ich nichts zu tun haben«, kann von diesen Lehrern besser gebrochen werden.

Was raten Sie denn Lehrern im Umgang mit Diskriminierungen oder möglicherweise demokratiefeindlichen Verhaltensweisen einiger muslimischer Schüler?

Schoof-Wetzig: Lehrkräfte sollten Gespür dafür entwickeln, Diskriminierungen zu erkennen und in einer Weise zu reagieren, die solche Situationen in der Schule zu Lernsituationen macht. Es gibt auch muslimische Schüler, die gut darin sind, den Diskriminierungsvorwurf für ihre Zwecke einzusetzen. Hier ist entscheidend: Wie viel Grundwissen brauchen Lehrer, um zu unterscheiden, was tatsächlich religiöse Motive sind und wann sie als Vorwand genutzt werden?

Piontek: Ich bezweifle, dass sie dafür viel Wissen brauchen. Sie brauchen die Fähigkeit zur Situationsanalyse, um zu entscheiden, ist das jetzt eine Provokation oder nicht? Wie reagieren die anderen in der Klasse darauf? Warum sagt er das jetzt? Was passiert, wenn ich jetzt deutlich sage, für mich ist es anders? Wie kann ich deutlich machen: »Ich wollte dich nicht diskriminieren, aber ich möchte, dass bestimmte Regeln eingehalten werden!« Die gleiche Situation in der nächsten Klasse kann völlig anders aussehen. Bei dem einen ist es eine Provokation, bei dem anderen nicht.

Frau Piontek sagt, grundlegende Kompetenzen seien wichtiger als Wissen. Sie, Frau Hartung, hatten sich aber vorhin über das mangelnde Wissen über Migration vieler Lehrer beklagt. Wie ist das in Einklang zu bringen?

Piontek: Natürlich brauchen Lehrer ein Grundlagenwissen. Aber um ihr Wissen zu nutzen, brauchen sie die anderen Kompetenzen. Zu wissen, dass das

Kopftuch ein religiöses Symbol ist, reicht nicht, um damit im Schulalltag umzugehen.
Hartung: Wichtig ist auch, an persönlichen Einstellungen zu arbeiten. Wenn ein Grundschüler fastet und der Lehrer das nicht in Ordnung findet, weil er zu wissen meint, dass das Fasten eigentlich erst mit der Geschlechtsreife beginne, vermittelt der Lehrer dem Schüler seine persönliche Einstellung. Der Lehrer könnte dann im Gespräch mit Experten erfahren, dass manche Schüler eben auch gerne mit den Eltern und großen Geschwistern mitfasten möchten, weil sie auch »groß« sein wollen. Aber seine Einstellung zu ändern, dieses Verhalten nicht sofort zu verurteilen und den Schüler dies nicht spüren zu lassen, ist vielleicht eine Herausforderung der interkulturellen Bildung.

Ist die Lehrerfortbildung offen genug, sich dieses Wissen für Fragen im Umgang mit Muslimen von externen Experten zu beschaffen, etwa von Islamwissenschaftlern?

Hartung: Experten ja, aber sie müssen auch möglichst Erfahrung in der interkulturellen Erwachsenenbildung haben. Ich habe in einer Veranstaltung erlebt, dass ein Mann mit afghanischem Migrationshintergrund als Vertreter seiner Kultur eingeladen wurde. Er hat über die Rolle der Frau in der afghanischen Gesellschaft gesprochen und erzählt, dass die afghanische Frau eigentlich nichts zu sagen hat. Kein Wunder, dass uns unsere Schüler nicht akzeptieren, haben die Lehrerinnen gedacht. Das war ein Beispiel für interkulturelle Fortbildung, wie sie nicht sein sollte, weil sie zu neuen Verallgemeinerungen und Klischees führt.

In Hamburg gibt es jedoch Beratungslehrer, die für Konfliktfälle zuständig sind. Diese sollten auf jeden Fall so geschult werden, dass sie einschätzen können, wann ein Konflikt interkulturell bedingt ist und wann nicht. Das müsste meiner Meinung nach unsere Perspektive werden – die interkulturelle Schulung von Multiplikatoren wie zum Beispiel Beratungslehrer, Personen mit Leitungsfunktion an den Schulen sowie Lehreraus- und fortbildner der Fächer und Schulentwicklung.
Piontek: Sich Experten von außen zu holen wird schwierig, wenn es etwas kostet. Wenn Stellen von außen im Rahmen ihrer Aufgabenstellung ihre Beratung kostenlos anbieten, kann man sie relativ leicht einbeziehen, und das tun auch schon etliche Kollegen.

Aber eigentlich müsste unsere Perspektive die Öffnung von Institutionen sein. Wenn Institutionen wie Schulen, Lehreraus- und -fortbildungsinstitute und Universitäten die gesellschaftliche Vielfalt auch in ihrem Lehrkörper spiegeln, haben wir von innen heraus mehr Kompetenzen und Möglichkeiten, interkulturelle Konfliktsituationen angemessen zu behandeln. Das Antidiskriminierungsgesetz könnte vielleicht eine Unterstützung auf dem Weg sein, personelle Vielfalt in Kollegien herzustellen.

Das Interview führten Anna Reimann und Moritz Behrendt.

Der interkulturelle Arbeitskreis der Bundesländer (INKA)

INKA ist ein Arbeitskreis von Experten der interkulturellen Bildung, die in den staatlichen Lehreraus- und -fortbildungsinstituten oder in Nichtregierungsorganisationen in diesem Fachgebiet tätig sind.

Entstanden ist der Arbeitskreis auf Initiative der Anne-Frank-Stiftung Amsterdam, die schon lange im Bereich Toleranz- und Menschenrechtserziehung tätig ist. Gründungsanlass waren die rassistischen Übergriffe in Rostock-Lichtenhagen und anderswo in der Bundesrepublik, die zum ersten Treffen von INKA 1993 in Amsterdam führten.

Seit 1996 finden die INKA-Tagungen jährlich – jeweils alternierend in einem anderen Bundesland – in der Bundesrepublik statt. Sie dienen dem Fachaustausch und der Vernetzung der interkulturellen Experten der 16 Bundesländer. Strukturell eingebunden ist INKA im Fachverband der deutschen Lehrerfortbildnerinnen und Lehrerfortbildner, dem DVLfB (Deutscher Verein zur Förderung der Lehrerfortbildung).

Informationen zu den Aktivitäten und Angeboten von INKA finden sich unter: www.lehrerfortbildung.de

Kleine Schritte zur Normalität – Lehrer mit Migrationshintergrund

Lehrer mit Migrationshintergrund sind noch immer Exoten an deutschen Schulen. Sie können Vorbilder, Vermittler und Vertrauenspersonen für Migrantenkinder sein. Allein können sie die Erwartungen jedoch nicht erfüllen, Integration bleibt eine Aufgabe für die gesamte Schule.

Ihr Start in das Berufsleben hätte schlechter kaum sein können. Kaum betrat Nurgül Altuntaş das Lehrerzimmer, wurde sie von einem Kollegen angepflaumt: »Das ist hier das Lehrerzimmer. Du musst raus!« Als Altuntaş erklärte, dass sie die neue Referendarin sei, stutzte ihr Gegenüber und fragte verdutzt: »Du bist Referendarin?« Auf die Idee, seine neue Kollegin zu siezen, ist er gar nicht erst gekommen.

Das Referendariat in Frankfurt hat Altuntaş inzwischen abgeschlossen, seit 2003 unterrichtet sie an der Gesamtschule Aarbergen-Michelbach in der Nähe von Wiesbaden. Noch immer nehmen viele ältere Kollegen sie in erster Linie als »rassige, impulsive Exotin«, als Türkin wahr und nicht in ihrer Funktion als Lehrerin für Geschichte, Französisch und Ethik.

Knapp ein Viertel aller in Deutschland geborenen Kinder haben einen Migrationshintergrund, doch dass Lehrer aus Zuwandererfamilien stammen, ist noch immer die große Ausnahme. Bei der Vorstellung des »Berichts über die Lage der Ausländerinnen und Ausländer in Deutschland« im Juni 2005 verwies Marie-Luise Beck, die Integrationsbeauftragte der Bundesregierung, darauf, dass an den Schulen unterdurchschnittlich viele Lehrer mit Migrationshintergrund unterrichten. Und diejenigen, die bereits an der Schule sind, fallen zum Großteil in die Kategorie »ausländische Lehrkräfte«. Diese Lehrer mit einem Examen aus ihrem Heimatland sind den deutschen Lehrern nicht gleichgestellt: In den meisten Fällen sind sie ausschließlich für den herkunftssprachlichen Unterricht zuständig, wenn sie nicht noch für soziale Hilfsleistungen herangezogen werden. Oft sind sie in den Lehreralltag nur bedingt integriert. Dass sie weniger verdienen als verbeamtete Lehrer, bedarf kaum noch der Erwähnung.

Mehr reguläre Lehrerinnen und Lehrer mit Migrationshintergrund einzustellen, gehört zu den zentralen Forderungen derjenigen, die sich für bessere

Bildungschancen für Migrantenkinder aussprechen. Diese Lehrer könnten eine Vorbildfunktion einnehmen, und sie wären vermutlich eher in der Lage, die Wünsche, Sorgen und Ängste von ausländischen Familien nachzuvollziehen, als Lehrer mit einem deutschen bildungsbürgerlichen Hintergrund. Ali Özgür Özdil, der Leiter des privaten Islamischen Wissenschafts- und Bildungsinstituts in Hamburg, betont, dass es erforderlich wäre, dass der Anteil von Lehrern mit Migrationshintergrund steigt, damit die Schule ein Spiegel der gesellschaftlichen Realität werden kann. Kurz: Verstärkt Lehrerinnen wie Nurgül Altuntaş einzustellen, wäre nur ein weiterer Schritt zur Normalität im deutschen Schulalltag.

Ein Spiegel der gesellschaftlichen Realität

Die Forderung hakt jedoch an einer Stelle: Wie viele Lehrer mit Migrationshintergrund bereits an deutschen Schulen unterrichten, darüber gibt es keine gesicherten Zahlen. Wer in Deutschland als Lehrer verbeamtet werden will, benötigt die deutsche Staatsangehörigkeit. Lehrerinnen mit Migrationshintergrund, die die deutsche Staatsangehörigkeit angenommen haben oder die bereits seit der Geburt auf dem Papier Deutsche sind, sind daher schwer statistisch zu erfassen. Wie weit entfernt von der Normalität das deutsche Bildungswesen noch ist, dafür gibt es jedoch noch mehr Indikatoren als die erstaunten Reaktionen im Kollegium auf eine Lehrerin wie Frau Altuntaş: Nur 3,3 Prozent der Studierenden an deutschen Hochschulen sind so genannte Bildungsinländer – Menschen, die in Deutschland das Abitur gemacht haben, aber keine deutschen Staatsbürger sind. Nur eine kleine Minderheit von ihnen strebt das Lehramt an: noch nicht einmal jeder fünfzigste Lehramtsstudent in Deutschland ist ein Bildungsinländer.

Auch Nurgül Altuntaş hat die deutsche Staatsbürgerschaft angenommen, die türkische hätte sie gleichwohl gerne behalten. Doch das neue Staatsangehörigkeitsrecht erleichtert zwar die Einbürgerung, eine doppelte Staatsbürgerschaft sieht es aber in der Regel nicht vor. Den türkischen Pass musste Altuntaş also abgeben. Vielleicht liegt es an den vielen Hürden, die sie überwunden hat, dass Altuntaş leidenschaftlicher wirkt als so manch anderer Lehrer. Lehrerin zu werden war ein Kindheitstraum von ihr, erzählt sie. Dass es damit auch geklappt hat, war alles andere als selbstverständlich.

Nun ist sie also an der Schule und soll so vieles zugleich sein, Vorbild, Vermittlerin, Vertrauensperson, nicht selten auch Übersetzerin – sie wurde sogar schon gebeten, der Putzfrau zu erklären, wo sie denn zu putzen habe. Am liebsten wäre sie wohl einfach nur Lehrerin, doch bis dahin ist es noch ein weiter Weg.

»Sie ist eine von uns, also wird sie uns bessere Noten geben«

Gerade für einige türkische Schülerinnen ist sie ein Vorbild, doch manche sehen in ihr in erster Linie die Verbündete. »Frau Altuntaş, Sie kennen das doch. Bei uns in der Türkei ist das halt so.« Solche Sätze mag sie nicht mehr hören, insbesondere dann, wenn es um menschenverachtende Traditionen geht. Kürzlich nahm sie im Ethikunterricht einen Text über die so genannten Ehrenmorde durch. Ein Schüler, so berichtet die Lehrerin schockiert, habe gesagt, er würde seine Schwester sofort umbringen, wenn sie die Familienehre beschmutzen würde. In der Türkei sei das halt so. Altuntaş vermutet, dass sich der Schüler eine solche Aussage bei einem »deutschen« Lehrer nicht geleistet hätte. Die Schüler wüssten schon genau, was die Lehrer von ihnen erwarten.

Toleranter als andere Lehrer sei sie nicht, meint Altuntaş, dennoch erwarten türkischsprachige Schüler oft von ihr, dass sie nachsichtiger mit ihnen umgeht. Die Haltung: »Sie ist ja eine von uns, also wird sie uns bessere Noten geben«, sei besonders bei türkischen Jungs verbreitet.

Dass sie Grenzen ziehen muss, hat Nurgül Altuntaş auch im Umgang mit den Eltern erlebt: Die türkischen Eltern eines ihrer Schüler findet sie sehr sympathisch, der Vater gibt herkunftssprachlichen Unterricht an der Gesamtschule Aarbergen-Michelbach, und die Mutter ist eine richtige »Powerfrau«, so Altuntaş. Schnell war man beim »Du«. Das Problem: Die Leistungen des Sohnes in der Schule haben zuletzt stark nachgelassen. Er sei zwar pfiffig, aber ungeheuer faul und allzu streitlustig, moniert die Lehrerin. Die Eltern wollen das aber nicht wahrhaben und beschuldigen Altuntaş, ihren Sohn besonders hart zu behandeln, gerade weil sie ihn so möge. Dieser Konflikt war Altuntaş eine Lehre: »Das Du hätte ich nicht anbieten dürfen«, sagt sie nun. Zwar freue sie sich weiterhin, wenn türkische Eltern sie an ihrem Geburtstag anrufen, doch sie sieht auch die Gefahr, von den Eltern vereinnahmt zu werden.

In den meisten Fällen sind Eltern und Schüler jedoch dankbar, Frau Altuntaş als Ansprechpartnerin zu haben: »Ich helfe gern«, sagt sie, »wenn die Eltern oder Schüler hilflos sind und wegen ihrer fehlenden Sprachkenntnisse diskriminiert werden.« Und das passiert noch allzu oft.

Wie wenig eingefahrene Strukturen hinterfragt werden, erlebt Altuntaş, wenn es in Konferenzen um das Fach Deutsch als Zweitsprache geht. Viele Lehrer nennen das noch immer »Deutsch für Ausländer«. »Das hat Tradition, wir können das nicht ändern«, heißt dann oft die Ausrede. Es regt Altuntaş auf, dass ihre Kollegen für solche sprachlichen Herabwürdigungen keine Sensibilität und kein Verständnis haben. Sie kämpft dagegen an und wäre froh, weitere Kollegen mit Migrationshintergrund als Mitstreiter zu haben.

»Die Lehrer haben ganz gut Ahnung vom Islam«

Ein Blick in den Hamburger Stadtteil Wilhelmsburg: Schüler muslimischen Glaubens sind in der Mehrheit an der Gesamtschule Kirchdorf (GSK). Der durchschnittliche Anteil an Schülerinnen und Schülern aus Migrantenfamilien liegt bei derzeit 62 Prozent, in einzelnen Klassen erreicht er sogar bis zu 90 Prozent. Der überwiegende Anteil davon ist türkischer Herkunft. Verständnis und Toleranz sind daher fast selbstverständlich. Das meinen zumindest die beiden Abiturienten Engin und Şerif. Eigentlich gehe die Schule recht »korrekt« mit dem Glauben ihrer Schüler um. Der Islam gehöre zum Schulalltag, auch ohne dass viel darüber geredet werden müsse, sagt der 19-jährige Engin. »Die Lehrer haben ganz gut Ahnung vom Islam und sind verständnisvoll«, ergänzt sein Freund. Muslimische Lehrer gäbe es zwar nur eine Hand voll, aber dass ihr Anteil in keinem Verhältnis zur muslimischen Schülerschaft steht, sei völlig egal, da die muslimischen Lehrer Religion und Unterricht zumeist besonders streng voneinander trennten: »Wir haben zwei oder drei türkische Lehrer gehabt, aber mit denen nie über Religion gesprochen. Die muslimischen Lehrer vermischen Glauben nicht so gern mit Schule, es wird nie darüber geredet.« Das sei auch nicht nötig, da eigentlich alle Lehrer ausreichend Rücksicht nähmen, zumindest an den muslimischen Feiertagen oder im Ramadan. »Aber auch nur bestimmte Lehrer«, sagt der 20-jährige Şerif, »einige haben auch Vorurteile, sie verstehen zum Beispiel nicht, warum manche Mädchen Kopftuch tragen.«

Ein paar Schritte weiter auf dem Pausenhof der Schule rennen Schüler aller Altersklassen wild umher. Viele scheinen es eilig zu haben, um in der Pause schnell einen Snack beim »Türken um die Ecke« zu holen, andere spielen Fußball. Einige Mädchen stehen in Grüppchen herum und schwatzen, manche von ihnen tragen elegant geschlungene Kopftücher, die farblich perfekt auf den Lidschatten und die Kleidung abgestimmt sind. Deutsche Schüler oder Schülerinnen sieht man nur wenige, und diese hauptsächlich in den jüngeren Altersstufen.

Das Kopftuch mache vieles leichter, sagen die meisten, es gäbe viel weniger Probleme mit den Eltern, man dürfe sogar mehr machen, wenn man das Kopftuch trage. »Würde ich anderswo zur Schule gehen, hätte ich mich aber nicht getraut, das Kopftuch anzulegen. Hier ist es total normal.« Solche Aussagen hört man von vielen Schülerinnen.

»Mädchen mit Kopftuch werden manchmal bevorzugt«

Mädchen mit Kopftuch würden sogar manchmal bevorzugt, erzählt die Neuntklässlerin Shiela leicht abfällig. Gegen den Islam habe sie rein gar nichts, ihre besten Freunde seien Muslime und auch ihr Vater, der aus Bosnien stammt. Sie selbst sei jedoch nicht muslimisch, betont das blonde Mädchen mit Nachdruck, sie habe es sich aussuchen können und sich dagegen entschieden. Viele ihrer muslimischen Mitschülerinnen nerven sie aus einem ganz bestimmten Grund: »Die benutzen ihre Religion oft als Ausrede. Dann heißt es, ich kann das und das nicht machen wegen meinem Glauben, und die Lehrer haben Verständnis.« Besonders oft komme dies im Sportunterricht vor. Wenn eine Schülerin mit Kopftuch sage, sie habe Bauchschmerzen, dann hieße es gleich, »och, dann geh mal nach Hause«, aber wenn jemand anders das versuche, dann sagten die Lehrer eher, »warte mal ab, vielleicht geht's gleich wieder«. Das sei natürlich ungerecht, aber was solle sie schon dagegen machen. Sie selbst baue zwar ein bisschen mehr Mist als die muslimischen Mädchen, sagt sie beinahe stolz, aber trotzdem stört es sie: »Deutsche Lehrer fallen ständig auf die Ausreden der muslimischen Mädchen rein! Ich habe mich schon beschwert deswegen, es gab oft Streit mit den Lehrern.« Die paar muslimischen Lehrer, die es gibt, hätten da mehr Durchblick und würden die Motive der Schülerinnen besser durchschauen.

Herr Ghanatta Ayarec kann nur den Kopf schütteln über solche Aussagen. Der aus Ghana stammende Lehrer unterrichtet seit fünf Jahren an der GSK. Er sagt, er stamme »zufällig« auch aus einer muslimischen Familie, und er meint damit, dass das für die Schüler keine besondere Bedeutung haben sollte. »Alle Lehrer an unserer Schule kennen sich mit dem Islam aus und haben genau das richtige Maß an Toleranz und Verständnis«, findet Ayarec. Ein paar muslimische Lehrer mehr oder weniger würden da keinen Unterschied machen, weil die gesamte Lehrerschaft sensibel und kenntnisreich sei, was das Thema angeht. Das müsse reichen. Es gebe kaum Probleme, da religiöse Einschränkungen zumeist respektiert würden. Eigentlich habe Religion an Schulen nichts zu suchen, so seine persönliche Meinung, aber: »Fast 90 Prozent unserer Schüler sind muslimisch, was sollen wir da machen, wir müssen Rücksicht nehmen.« Die Schule habe das jedoch gut im Griff, beispielsweise lege die Schulleitung Klausurtermine so, dass sie nicht in den Ramadan fallen.

Auch die 13-jährige Zerrin sagt, dass es doch eigentlich ganz egal sei, welchen Glauben ihre Lehrer hätten. Aber irgendwie findet sie es doch gut, dass es ein paar türkische Lehrer an ihrer Schule gibt, denn: »Man fühlt sich irgendwie doch aufgehobener, wenn man weiß, dass es ein paar Lehrer gibt, die an die gleichen Dinge glauben wie wir.«

Ein Blick zurück nach Aarbergen-Michelbach: Auch Nurgül Altuntaş erlebt, dass es für einen großen Teil ihrer Schülerschaft gar kein so großes Thema ist, dass sie einen Migrationshintergrund hat. Die Schüler gewöhnen sich zumindest schneller daran als ihre Kollegen. »Ich habe sie von Anfang an so akzeptiert, wie sie sind. Sie sind für mich einfach nur die Lehrerin«, sagte ihr kürzlich eine deutsche Schülerin.

Was die Beispiele aus Hamburg und Hessen zeigen: Lehrerinnen und Lehrer mit Migrationshintergrund können durch ihr Einfühlungsvermögen und ihre biografischen Erfahrungen helfen, den Umgang mit Heterogenität an deutschen Schulen entspannter zu gestalten. Alleine können sie es jedoch nicht. Die Lösung von Problemen, die aus der ethnischen und religiösen Vielfalt der

Schülerschaft entstehen, einigen wenigen Spezialisten zu überlassen, ist nicht der Weg. Das ist vielmehr Aufgabe der gesamten Schule. Und wenn Kollegen und die Schulleitung sich gemeinsam um Integration und interkulturelles Lernen bemühen, dann fallen Lehrer wie Frau Altuntaş vielleicht irgendwann gar nicht mehr auf. Das wäre dann ein großer Schritt zur Normalität.

Von Yasemin Ergin und Moritz Behrendt

Was eigentlich ist interkulturelle Kompetenz?

Schüler sollen interkulturelle Kompetenzen erwerben. Doch was ist das eigentlich, und lässt sich diese Kompetenz überhaupt messen? Vier Experten versuchen den Begriff greifbarer zu machen:

▪ Die Fähigkeit, selbst ein Fremder zu sein

Interkulturelle Kompetenz ist die Fähigkeit, selbst ein Fremder, eine Fremde zu sein, und die Bereitschaft, das Handeln anderer Menschen aus deren Lebenszusammenhängen heraus zu verstehen. Das lässt sich auffächern: sich überhaupt unvertrauten Lebenszusammenhängen aussetzen, darin sich selbst darstellen können, das eigene Urteil zurückhalten, Verstehensversuche anstellen und im Bewusstsein der eigenen kulturellen Befangenheit handeln.

Haltungen und Erfahrungen sind das Wichtigste dabei. Das sollte ein Lehrer nicht messen wollen. Es gibt Versuche mit simulierten Situationen, die ich aber für wenig ratsam halte.

Hans H. Reich, Professor für Interkulturelle Bildung an der Universität Koblenz-Landau

▪ Effektiv und konstruktiv kommunizieren

Interkulturelle Kompetenz definiere ich als die Fähigkeit, aus der Sicht der Kultur, in welcher man zu Hause ist, kulturelle Unterschiede zu erkennen, sie von sozioökonomischen Merkmalen und individuellen Eigenheiten zu unterscheiden und Irritationen auszuhalten, anstatt mit Aggression zu reagieren. Um aktiv interkulturell kompetent zu handeln, muss die Person in der Lage sein, konstruktiv zu kommunizieren. Das wiederum bedeutet, dass gute fremdsprachliche Kenntnisse sehr hilfreich sind. Über Missverständnisse betreffend kulturbedingter Verhaltensweisen muss man sprechen können. Last but not least gehört zur interkulturellen Kompetenz das Wissen, dass Kulturen sich nicht auf Stereotype reduzieren lassen. Noch mehr: Um wirklich interkulturell kommunizieren zu können, muss man fähig sein, die eigenen Vorurteile abzubauen und die anderer Menschen zu erkennen.

Es gibt Testinstrumente zur Feststellung der interkulturellen Kompetenz. Die pädagogische Forschung steckt jedoch in dieser Beziehung zumindest im deutschsprachigen Bereich noch in den Kinderschuhen. Ganz davon abgesehen, dass wir zuerst danach fragen müssen, wer mit welchen Instrumenten die interkulturelle Kompetenz der Lehrpersonen testen soll und kann.

Cristina Allemann-Ghionda, Professorin für interkulturelle Erziehungswissenschaft an der Universität zu Köln

▪ Sich selbstbewusst zwischen den Kulturen bewegen

Interkulturelle Kompetenz kann verschieden sein: Für die Migranten bedeutet sie, sich erfolgreich zwischen den Kulturen hin und her bewegen zu können und dabei die Eigenlogik der jeweiligen Kulturen zu beachten, nicht zu vermischen, aber durchaus originell miteinander zu einer neuartigen Migrantenkultur zu verschmelzen. Das erfordert eine distanzierende Selbstreflexivität, die gefördert werden muss. Ziel ist ein selbstbewusstes Auftreten in beiden Kultursphären.

Für die Einheimischen bedeutet sie, sensibel für kulturbedingte Verschiedenheiten in der Kommunikation und in den Orientierungen verschiedener Lebenswelten zu sein.

Bezogen auf die Weltgesellschaft bedeutet sie eine Überlebensfähigkeit von Auswanderern in unvertrauten Umwelten und wird meist für Führungskräfte in hochpreisigen Seminarangeboten trainiert. Grundsätzlich aber wäre sie für alle Auswanderer nützlich.

Interkulturelle Kompetenz beschreibt ein komplexes Bildungsziel, das eher als regulative Idee fungiert denn als Lernziel, das man messen kann. Gleichwohl gibt es Verfahren der Messung, die an die Konzepte von Sozialkompetenz angelehnt sind. Hierzulande wird das vermutlich in einigen Jahren in die PISA-Testungen einbezogen werden, und zwar unter dem Modell der Sozialkompetenz.

Wolfgang Nieke, Professor für allgemeine Pädagogik an der
Universität Rostock

▪ Sensibilität für Asymmetrien

Wichtig ist für mich: Interkulturelle Kompetenz bedeutet nicht nur Bewusstsein der eigenen Kulturgebundenheit und Offenheit für mögliche Differenzen, sondern auch Sensibilität für Asymmetrien (rechtlich, ökonomisch, sozial, sprachlich), speziell für Rassismen.

Die Frage nach der Messbarkeit ist bisher mit wissenschaftlicher Redlichkeit nicht zu beantworten. Wenn, dann annäherungsweise nur in realen oder fiktiven Situationen, indem die Lehrperson das Verhalten der Lernenden beobachtet und kommentieren lässt.

Georg Auernheimer, Professor für Interkulturelle Studien an der
Universität zu Köln

Lernwelten

Neue Perspektiven einnehmen, andere Sichtweisen kennen und verstehen lernen, die eigene Position hinterfragen – das können Schüler erfahren: in Projekten, etwa bei Austauschfahrten mit Schulklassen aus islamisch geprägten Ländern oder bei Theateraufführungen. Sie können es aber auch erlernen: in einem Fachunterricht, der sich Interkulturalität zum Grundprinzip macht.

Erfahrungshorizonte schaffen

Islam in der Live-Version

Klassenfahrten nach Frankreich oder England gelten längst als normal. Doch ein Austausch mit einer jordanischen oder usbekischen Schule? Die Hamburger Lehrerin Naimeh Hollmann reist seit über zehn Jahren mit Schülern in islamisch geprägte Länder. Die Schüler sind begeistert und berichten ihren Eltern und Mitschülern von ihren neuen Erfahrungen.

Schülerinnen und Schüler, so heißt es in einer Empfehlung der Kultusministerkonferenz aus dem Jahr 1996, sollen sich »ihrer jeweiligen kulturellen Sozialisation und Lebenszusammenhänge bewusst werden« und »anderen kulturellen Lebensformen und -orientierungen begegnen und sich mit ihnen auseinandersetzen«. Doch ist die Schule für so hoch gesteckte Ziele überhaupt der richtige Ort? Bis zu welchem Grad lassen sich kulturelle Lebensformen oder auch religiöse Ausrichtungen im Unterricht tatsächlich »erleben«?

Wahre Begegnungen erfordern die Konfrontation mit etwas Neuem, mit dem Fremden. Neue Erfahrungen lauern vor allem außerhalb der Schulmauern. Viele Lehrer organisieren bereits Besuche in den örtlichen Moscheen und Synagogen. Naimeh Hollmann geht noch einen Schritt weiter: Seit 15 Jahren reist die Lehrerin der Julius-Leber-Gesamtschule in Hamburg regelmäßig mit Schülern aus verschiedenen Hamburger Schulen in islamisch geprägte Länder. Und die Schüler aus Tunesien, Jordanien und Usbekistan kommen auf Gegenbesuch nach Deutschland. »Bei so einem Austausch bekommt man viel mehr mit, als wenn man nur in den Urlaub irgendwohin fährt«, sagt die 17-jährige Lucia Röwekamp, die bereits eine Fahrt nach Jordanien und eine nach Usbekistan mitgemacht hat. Die Schüler leben bei Gastfamilien, erleben den Unterricht in der Schule und lernen das Land bei Ausflügen kennen. Durch die täglichen Begegnungen, die Einblicke in den Alltag und die Fülle der neuen Erfahrungen schaffen diese Besuche, ebenso wie die Gegenbesuche, eine privilegierte Lernatmosphäre. So schreibt auch ein Teilnehmer eines Tunesienaustauschs in seinem Erfahrungsbericht: »Alles Islamische war damals etwas komplett Fremdes. Der Grund dafür, dass ich an diesem Austausch teilnahm, war nur, mal ein ›exotisches‹ Land zu besuchen. Dort angekommen, erfuhr ich viel über den Islam und entdeckte erst nach meiner Rückkehr nach Hamburg, inwieweit auch hier islamische Ideen und Bräuche verbreitet sind. Ich wusste nun, warum die Muslime hier Kopftücher tragen, wo Moscheen in Hamburg sind und wie eine Moschee genau aussieht.« Naimeh Hollmann legt Wert darauf, dass ihre Schüler den Austausch gut vorbereiten, ihre Erwartungen formulieren und im Nachhinein reflektieren, was sie erlebt und gelernt haben. Gemeinsam verfassen sie nach jedem Austausch einen Reader, in dem sie Wissenswertes über das Gastland und den Islam zusammenstellen und ihre eigenen Erfahrungen niederschreiben. Eine Schülerin hatte erwartet, dass der Islam »ein sehr strenger Glaube« ist, doch in Jordanien hat sie erlebt, dass viele junge Mädchen sich frei entscheiden können, ob sie ein Kopftuch tragen wollen oder nicht. »Vorher dachte ich, dass dies strenger vom Elternhaus geregelt wird«, schreibt sie.

Religiöse und kulturelle Eigenarten wahrnehmen

Schulpartnerschaften und Austauschprogramme mit Schulen aus dem europäischen Ausland, insbesondere aus Frankreich, sind nichts Außergewöhnliches mehr. Doch ein Austausch mit einem islamischen Land ruft noch immer Verwundern oder Bedenken hervor. »Nein, in ein islamisches Land schicke ich meine Kinder nicht!« Diesen Satz kann Naimeh Hollmann nicht mehr hören. Unermüdlich versucht sie, Vorurteile über den Islam von Schülern, Eltern und Kollegen zu entkräften. Die besten Botschafter für ihr Anliegen sind dabei die Schüler selbst. Lucia und ihre Freundin Julia Hunger müssen nicht lange überlegen, ob sie Angst hatten, als sie in Jordanien und in Usbekistan waren: »Nö, überhaupt nicht«, sagt Lucia, und Julia fügt hinzu: »Ich habe mich immer sicher gefühlt, auch wenn ich nicht alles verstanden habe. Vor allem habe ich gelernt, dass es überall auf der Welt nette Menschen gibt.«

Die beiden Schülerinnen haben gelernt, kulturelle Eigenarten nicht sofort zu beurteilen, sondern sie als solche zu akzeptieren. Sie selbst würde kein Kopftuch tragen wollen, sagt Julia, doch dass viele Frauen in Jordanien eines tragen, sei für sie überhaupt kein Problem. Aufgefallen sei ihr aber, dass an der Universität in Amman kaum Mädchen mit Kopftuch herumliefen.

Für Lucia war es aufregend, während des Besuchs in Amman eine Moschee zu besuchen. Endlich konnte sie einmal die »Live-Version« dessen erleben, was sie vorher nur aus dem Fernsehen kannte. Seit ihrem Aufenthalt in Jordanien spricht sie nun häufiger ihre muslimischen Freunde und Mitschüler in Deutschland auf ihre Religion an, sagt sie: »Ich frage zum Beispiel, wie und wann sie beten.« Und auch mit ihrer Gastschwester Sarah aus Jordanien steht sie weiterhin in Kontakt. Kürzlich hätten sie übers Internet über die Unterschiede zwischen Christen und Muslimen gechattet. Die ganze Nacht lang.

Religiöse Unterschiede haben in den letzten Jahren in der internationalen Jugendarbeit an Bedeutung gewonnen. Josef Freise, Pädagogikprofessor an der Katholischen Fachhochschule Nordrhein-Westfalen mit langjähriger Erfahrung im interkulturellen Dialog, schlägt vor, religiöse Fragen aus biografischer Perspektive aufzugreifen. Jugendliche sollten sich auf Austauschfahrten gegenseitig erzählen, welche Bedeutung ihre jeweilige Religion für ihren Alltag hat, welche religiösen Rituale sie pflegen und welche Feste sie feiern.

Auch über heikle Fragen reden

Sich Diskussionen und Auseinandersetzungen über kulturelle und religiöse Unterschiede zu entziehen, birgt eine Gefahr: Die Schüler stellen zwar fest, dass ihre Austauschpartner nett und umgänglich sind, vorhandene Einstellungen und Vorurteile gegenüber dem fremden Land und der fremden Religion bleiben aber bestehen. Harmonie ist kein ausreichendes Kriterium für interreligiöse Verständigung. Auch über heikle Fragen muss geredet werden können.

In vielen arabischen Staaten sind Menschenrechtsverletzungen an der Tagesordnung. Bedeuten Besuche von deutschen Schülergruppen da nicht eine Aufwertung der jeweiligen Regime, die durchaus bemüht sind, sich nach außen offener zu geben, als sie es gegenüber ihren eigenen Staatsbürgern sind? Wie ist mit diesem durchaus berechtigten Einwand umzugehen? »Gerade dann ist ein Austausch sinnvoll«, sagt Naimeh Hollmann. Die Schüler und Schülerinnen aus den arabischen Ländern erhielten durch den Austausch die

Möglichkeit, ihre Erfahrungshorizonte zu erweitern. Durch ihre Gäste und eventuell ihren Aufenthalt in Deutschland erleben sie, dass es andere Perspektiven gibt, und womöglich bekommen sie eine andere Sicht auf ihr eigenes Land.

»Es ist aber auch wichtig, dass Austauschprogramme sich nicht nur auf Vorzeigeschulen beschränken, in der arabischen Welt und bei uns«, sagt Barbara Malina, Bildungsreferentin der Deutschen Unesco-Kommission. Malina ist verantwortlich für das europäisch-arabische Schülerzeitungsprojekt »Schüler bauen Brücken«. Die Unesco unterstützt europäisch-arabische Schulpartnerschaften und will mit Hilfe von gemeinsamen Schülerzeitungen (mit Print- oder Internetausgaben) den Dialog zwischen den Schülern fördern. Das Programm, darauf legt Malina Wert, ist offen für alle Schulen und Schulformen, nicht nur für Unesco-Projektschulen. Eine Internet-Datenbank hilft dabei, potenzielle Partnerschulen in arabischen Ländern zu finden. Bislang stellen sich dort jedoch nur eine Hand voll arabische Schulen vor, die Partnerschulen suchen, gegenüber einer Vielzahl von Schulen aus europäischen Ländern.

Sprache als überwindbare Barriere

So eine Kontaktvermittlung ist hilfreich, denn nicht nur der religiöse und kulturelle Graben zwischen Deutschland und der arabischen Welt erscheint oft groß, auch die sprachliche Barriere kann die Kommunikation im Vorfeld behindern. Als Naimeh Hollmann 1989 mit dem Schüleraustausch begann, gab es noch kaum Organisationen und Brückenbauer, die die Organisation der Fahrten erleichterten. Sie hat viel telefoniert, um die Partnerschulen in der arabischen Welt auszusuchen. Die 58-Jährige ist arabische Muttersprachlerin, davon profitiert sie im Umgang mit den Schulen in Tunesien oder Jordanien natürlich sehr. 1970 ist die Palästinenserin mit einem Studienstipendium aus Jerusalem nach Deutschland gekommen. Trotz ihres religiösen, sprachlichen und kulturellen Hintergrunds ist es auch für Hollmann schwierig, Schulen zu finden, die den organisatorischen Aufwand einer Partnerschaft nicht scheuen. Mit die größten Schwierigkeiten bereitet es ihr, Lehrer zu finden, die bereit sind, mit ähnlich viel Engagement einen Schüleraustausch zu betreiben, wie sie es tut.

Findet ein Austausch statt, dann stellt sich oft heraus, dass die sprachliche Barriere gar nicht mal so groß ist. In Jordanien hatten die Schüler aus Naimeh Hollmanns Gruppe ein Aha-Erlebnis: Die jordanischen Schüler sprachen ein vorzügliches Englisch. »Da haben wir noch richtig was gelernt«, erzählt Lucia. In Usbekistan hatten sie es mit einer deutschen Schule zu tun. Und wenn auf der Straße oder bei den Gasteltern mal sämtliche Sprachkenntnisse nichts helfen, »dann klappt die Kommunikation auch mit Händen und Füßen«.

Vom Westen träumen, in Deutschland ankommen

Nicht nur für deutsche Schüler bietet so ein Austausch die Möglichkeit, ihre Erfahrungen zu erweitern. Viele Schüler in islamisch geprägten Ländern im Nahen Osten, in Afrika und in Zentralasien denken, in Westeuropa läge das Geld auf der Straße. Sie träumen davon, in Deutschland zu studieren oder zu arbeiten. Viele Migranten, die aus Deutschland in diese Länder zurückkehren, geben sich dort äußerst spendabel, reden aber ungern über unangenehme Erfahrungen, die sie hierzulande gemacht haben. Ihr Deutschlandbild wird auch von den Medien stark geprägt – sowohl positiv als auch negativ. Die Erziehungswissenschaftlerin Margot Wilke berichtet von einem Fall im Rahmen einer deutsch-französischen Schulbegegnung: Mehrere maghrebinische Familien wollten ihre Kinder nicht mit nach Deutschland fahren lassen. Sie hatten Angst davor, ihre Kinder könnten Opfer rassistischer Angriffe werden. Zuvor hatten die französischen Medien umfangreich über fremdenfeindliche Ausschreitungen in Deutschland informiert.

Dieses Beispiel zeigt, wie punktuell und fremdgesteuert das Bild ist, das Schüler (und nicht nur sie) von einem Land oder einer Religion haben. In dieser Hinsicht lässt es sich auch auf deutsche Schüler übertragen. Was sie über den Islam oder die arabische Welt wissen und denken, ist in der Regel von Eltern, Lehrern, Mitschülern und Medien beeinflusst. Auch ein zwei- bis dreiwöchiger Aufenthalt in einem arabischen Land oder die intensive Auseinandersetzung mit muslimischen Mitschülern verhindert nicht automatisch, dass Informationen gefiltert oder verzerrt ankommen. Doch einem weiteren von der Kultusministerkonferenz postulierten Ziel kommen die Schüler sicherlich näher: Neugier, Offenheit und Verständnis für andere kulturelle

Prägungen zu entwickeln. Erfahrungen sind nicht übertragbar. Schulen und Lehrer können aber ihren Schülern die Möglichkeiten eröffnen, eigene, neue Erfahrungen zu machen.

Von Moritz Behrendt

Projektarbeit statt Strandurlaub

Mehr als 1200 Jugendliche zwischen zwölf und zwanzig Jahren unterstützte die Körber-Stiftung zwischen 1993 und 2003 bei ihren Austauschfahrten in die Türkei oder dem Gegenbesuch ihrer türkischen Partner in Deutschland.

Eigentlich gäbe es zwischen Deutschen und Türken gar nicht so viele Unterschiede, fasst ein deutscher Schüler seine Erfahrungen zusammen. Er und seine Klasse waren 1995 in die Türkei gereist. »Ich dachte, dass fast alle Frauen Kopftücher tragen, aber das habe ich selten gesehen, und wenn, dann waren es alte Frauen«, meint der zwölfjährige Julian, der im Sommer 2001 an einer Klassenfahrt nach Istanbul teilnahm.

1993 begann das Engagement der Körber-Stiftung für den deutsch-türkischen Jugendaustausch: Die migrantenfeindlichen Brandanschläge in Mölln und Solingen 1992/93 hatten auf grausame Weise deutlich gemacht, wie sehr die Beziehung zwischen Deutschen und zugewanderten Türken von Widerständen, Spannungen und Ressentiments geprägt war.

Die Eigenart der fremden Kultur erfahren und verstehen, aber auch die Besonderheiten der eigenen Kultur mit neuen Augen betrachten und hinterfragen zu können, diesen persönlichen Lernprozess fördert die Körber-Stiftung mit Zuschüssen zu Jugendaustauschfahrten.

»Die Menschen aus der Türkei kannte ich bisher nur als finster schauende Türken auf den Straßen Berlins, denen man meist schlechte Eigenschaften wie die Unterdrückung von Frauen und generell eine ›komische‹ Lebensart nachsagt«, so Madlen, die 2001 mit einer Jugendgruppe an einem Naturschutzprojekt in der Südosttürkei teilnahm. Die Gastfreundschaft, der enge familiäre Zusammenhalt, aber auch die emanzipierte Rolle der Mutter in der Familie – Madlen und ihre Gruppe waren mit ganz anderen Vorstellungen aus Deutschland angereist. Austauschfahrten, verknüpft mit einem Projekt, das von den deutschen und türkischen Jugendlichen gemeinsam vorbereitet und durchgeführt wird: Solche Fahrten bieten – abseits von touristischen Sehenswürdigkeiten und Badestränden – die Möglichkeit, ein tieferes Verständnis füreinander zu entwickeln. Was fremd schien, wird bald vertrauter, Gemeinsamkeiten werden erkannt, Unterschiede als Teil des anderen akzeptiert. Der Jugendaustausch baut auf familien- und lebensgeschichtlichen Verflechtungen auf – unabhängig von den politischen und wirtschaftlichen Beziehungen zwischen Deutschland und der Türkei. Es geht darum, Gleichaltrige am Alltag im anderen Land teilnehmen zu lassen, ihre sozialen und kulturellen Kompetenzen zu erweitern und somit eine Basis für die Verständigung zwischen den beiden Bevölkerungen zu schaffen.

Fördergelder allein reichen nicht

Bevor die Körber-Stiftung ihr Programm ins Leben rief, war im Bereich des deutsch-türkischen Jugendaustauschs wenig passiert. Zwar gab es bereits 1970 erste Klassenfahrten in die Türkei, die ab Mitte der achtziger Jahre sogar begrenzt staatlich gefördert wurden. Trotzdem blieben solche Unternehmungen mehr oder weniger »exotisch« und waren allein dem individuellen Engagement von Lehrerinnen und Lehrern zu verdanken. Es fehlte – und fehlt nach wie vor – ein deutsch-türkisches Jugendwerk, das solche Reisen organisatorisch unterstützt und die notwendige Vernetzung leistet. Dass Fördergelder für Austauschfahrten allein nicht reichen, um das interkulturelle Lernen an deutschen Schulen zu befördern, war eine der ersten Erfahrungen, die die Körber-Stiftung mit ihrem Programm machte. Auch die an einem Austauschprojekt interessierten Lehrer brauchen Unterstützung, sei es in Form von Konferenzen zum Erfahrungsaustausch oder Qualifizierungsmaßnahmen.

1999 wurde das Förderkonzept evaluiert; inzwischen waren – seit 1993 – fast 100 Klassen- und Jugendaustauschfahrten gefördert worden, und Konzepte mit innovativen Projektideen wurden immer seltener. Um neue Dynamik in den deutsch-türkischen Austausch zu bringen, die Kreativität von Schülern und Lehrern zu beflügeln und Raum für Impulse zu schaffen, wandelte die Körber-Stiftung ihre selektive Förderung in einen »Wettbewerb zum deutsch-türkischen Jugendaustausch« um, denn Wettbewerb belebt bekanntlich das Geschäft.

Zwischen 1999 und 2003 bewarben sich Schulen, Vereine und Jugendinitiativen um fast 100 000 Euro Fördergeld, das zweckgebunden für eine Austauschfahrt in die Türkei oder für den Gegenbesuch der türkischen Partnergruppe in Deutschland zur Verfügung gestellt wurde. Preiswürdig waren innovative Projektfahrten mit interessanten thematischen Schwerpunkten, die Schüler und Jugendliche gemeinsam mit ihren Betreuern und der Partnergruppe erarbeiteten. Gefordert waren außerdem eine Nachbereitung, der Nachweis einer gesicherten Finanzierung und eine Nachhaltigkeitsperspektive.

Schüler als Kulturmittler

Ein Austausch bietet gerade türkischstämmigen Schülerinnen und Schülern aus Deutschland eine Chance: Als »Kulturmittler« nehmen sie eine wichtige Rolle während des Aufenthalts in der Türkei ein, ihre Sprachkenntnisse sind für die Gruppe ein Vorteil. Als Experten für Sprache und Kultur werden sie zum ersten Mal zum Gruppenleader. Vorausgesetzt, dass sie sich diese Rolle freiwillig aneignen, bringt sie ihnen Anerkennung innerhalb der Gruppe ein, stärkt ihr Selbstwertgefühl und wirkt sich positiv auf den Klassenzusammenhalt aus.

Obwohl der Wettbewerb ausdrücklich auch für Bewerbungen aus der Türkei offen stand, bewarben sich ausschließlich deutsche Schulen. Dies mag auf eine der Wettbewerbsbedingungen, die Anträge auf Deutsch einzureichen, zurückzuführen sein, man kann es aber auch als Indiz für die noch nicht sehr ausgebildete »Klassenreisen-Kultur« in der Türkei deuten. Türkische Lehrer verstehen unter »Schulaustausch« gegenseitige Besuche, Unterrichtsteilnahme und Aufenthalt in den Familien. Das Rahmenprogramm besteht häufig aus protokollarischen Besuchen beim Bürgermeister, dem Provinzdirektor und anderen lokalen Honoratioren. Ist ein Besuch von der Partnergruppe schriftlich bestätigt und von den Obrigkeiten genehmigt, ist eigentlich alles abgemacht; das Programm macht man kurz vor Eintreffen, es ergibt sich spätestens von selbst, wenn die Gruppe da ist, so die türkische Herangehensweise, wenn zum ersten Mal der Besuch deutscher Schüler ansteht. Deutsche Lehrer dagegen planen weit voraus, möchten abstimmen und auch Details möglichst frühzeitig festlegen. Dazu kommen Verständigungsschwierigkeiten und das Fehlen von Erfahrungen anderer, auf die zurückgegriffen werden kann. Deutsche Projekte werden dann oft dem türkischen Partner »aufgedrückt«, von gemeinschaftlicher Vorbereitung keine Rede – der Frust auf beiden Seiten ist vorprogrammiert.

Aber auch vielen von deutschen Schulen eingereichten Austauschfahrten fehlt der Projektcharakter, Themen wiederholen sich oder sind zu »simpel« gestrickt. Solche Reisen beschränken sich auf den (kurzen) Besuch der Partnerschule, haben dafür aber ein umfangreiches touristisches Rahmenprogramm. Vielen Schulprojekten fehlt es außerdem an Nachhaltigkeit, an der Fortführung der Beziehungen auch über das Projekt hinaus. Es sind Einzelmaßnahmen, oft Abschlussfahrten, ohne Zukunftsperspektive für die beteiligten Schulen.

Dabei verleiht ein Jugendaustausch dem Kontakt zwischen den deutsch- und türkischstämmigen Klassenkameraden eine neue Qualität, besonders in Klassen, die einen hohen Anteil türkischstämmiger Jugendlicher aufweisen. Dr. Monica Springer, die eine neunte Hauptschulklasse aus dem nordrhein-westfälischen Rumeln auf einer 14-tägigen Reise in die Türkei begleitete, schildert dies auf folgende Art und Weise: »Die soziale Identität der Türkischstämmigen hat sich in der Türkei durch das Dazugehören zur Gruppe der Reisenden verändert. Hier wurde nicht mehr zwischen den Deutschen und den Türken unterschieden. Hier waren sie nicht mehr die Andersartigen. Solidarität ersetzte die Mauern, die zu Hause unsichtbar, aber doch unübersehbar zwischen deutschen und türkischstämmigen Schülerinnen und Schülern gezogen waren.«

Schulen, die zum Zeitpunkt ihrer Bewerbung bereits (mehrjährige) Partnerschaften unterhalten, sind klar im Vorteil: Ihre Projekte weisen durchweg eine sehr gute didaktische Konzeption auf, die den Bedürfnissen und Möglichkeiten beider Partner Rechnung trägt, lassen einen hohen Professionalisierungsgrad erkennen und entsprechen dem Anspruch nach thematischer Innovation. Herausragende Beispiele hierfür unter den im Wettbewerb ausgezeichneten 29 Schul- und Jugendprojekten sind der Deutsch-Türkische Arbeitskreis Melle e.V., die Schule Arnkielstraße in Hamburg und das Gymnasium Weiden; sie haben gute, langjährige Kontakte in die Türkei, die sie auch ganzjährig pflegen. So können sie auf eine verlässliche Infrastruktur zurückgreifen, die Raum für kreative Projektplanung schafft.

»Nie hätte ich gedacht, dass sich solche Freundschaften entwickeln«

Auch wenn viele bürokratische Hindernisse inzwischen überwunden sind, nicht zuletzt dank des 1995 geschlossenen Jugendabkommens zwischen der Türkei und Deutschland, sind die sprachlichen, organisatorischen und finanziellen Hürden für den deutsch-türkischen Jugendaustausch nach wie vor hoch. Die Körber-Stiftung fördert weiterhin Austauschfahrten, seit Anfang 2004 im Rahmen ihres Programms für »deutsch-türkische Dialogprojekte«, denn der Bedarf ist heute größer denn je: Der Großteil der heute rund drei Millionen türkischstämmigen Bürger Deutschlands ist hier geboren, mehr als ein Drittel von ihnen ist jünger als 18 Jahre. Viele von ihnen fühlen sich von der Mehrheitsgesellschaft ausgeschlossen. Gerade in deutschen Klassenzimmern mit einem hohen Anteil von Kindern nichtdeutscher Herkunft macht die Annäherung zunehmend Schwierigkeiten: Das soziale Gefälle wird immer drastischer und betont kulturelle Unterschiede auf negative Weise.

Horst Panchyrz, pensionierter Lehrer mit langjähriger Erfahrung im Jugendaustausch, ermutigt Lehrerinnen und Lehrer, sich auf das deutsch-türkische Terrain zu wagen. »Gerade die deutsch-türkischen Beziehungen sind durch viele Vorurteile und Begegnungsängste gekennzeichnet. Ich habe zehn Jahre lang den Jugendaustausch organisatorisch begleitet und dabei nicht eine negative Erfahrung machen müssen. In den zehn Jahren sind Freundschaften entstanden, die immer noch halten, auch für mich selbst.« Die Erfahrung des Jugendaustauschs behebt Vorurteile der Jugendlichen aus beiden Ländern. Nicole war von den Schülern ihrer Partnerschule in der Türkei beeindruckt: »Nie hätte ich gedacht, dass man sich mit den türkischen Schülern so nett unterhalten kann, dass ich mit ihnen so viel lachen kann und dass sich solche Freundschaften entwickeln.« Anıl aus Niğde (Türkei), die im Rahmen eines

Jugendaustauschs 1994 Melle besuchte, war überrascht, dass die deutschen Familien nicht sonderlich anders mit ihren Kindern umgehen als die türkischen und ihnen keine grenzenlose Freiheit gewähren. Ganz allgemein war ihr Befund: »Die Deutschen sind gar nicht so distanziert und hart, wie ich immer dachte: Sie sind freundlich und offen.« Mit ihrer Brieffreundin und Gastschwester hat sie heute noch Kontakt.

Von Oya S. Abalı und Esther Karay

In die Haut des anderen schlüpfen – interkulturelles Theater

An einer Schule im Hamburger Stadtteil Steilshoop brachte eine Schülergruppe ein Theaterstück zum Israel-Palästina-Konflikt auf die Bühne. Die Schüler haben dabei viel gelernt – vor allem über den Umgang miteinander.

Kuscheldialog nennen manche Kritiker den so genannten Dialog mit dem Islam. Viele Beteiligte bemühten sich zwar, sich gegenseitig nicht zu brüskieren, und plädierten für Verständigung, doch eine Auseinandersetzung mit dem Anderssein fände nicht statt.

Wenn Konflikte ausgetragen und die Perspektiven gewechselt werden, kann ein echter Dialog ohne scheinbare Toleranz zustande kommen. Theater, meint der Hamburger Theaterpädagoge Wolfgang Sting daher, sei prädestiniert dafür, den interkulturellen Dialog zu bereichern. Das Medium und sein Produktionsprozess ermögliche »Lernen über sich selbst, Lernen über andere und von anderen sowie Lernen zu kommunizieren«. Fabian Lohmann, der als Schauspieler bei verschiedenen Schultheaterprojekten an seiner Schule mitgewirkt hat, drückt es so aus: »Im Theater geht es nicht darum, Dinge abstrakt zu lernen, sondern darum, den Konflikt zu erfahren, sich in seine Rolle hineinzufühlen.« Perspektiven zu wechseln, in die Haut eines anderen zu schlüpfen, im Theater sind diese Methoden institutionalisiert. Zentrale Kategorien der interkulturellen Bildung, Differenz, Fremdheit, aber auch

Verbindungen und Gemeinsamkeiten werden im Schultheater nicht trocken erlernt, sondern ästhetisch wahrgenommen.

Dabei ist Theater beileibe kein Allheilmittel für die Völkerverständigung. Das solle und wolle es auch gar nicht sein, erzählt Professor Sting. Vielmehr trage es Konflikte offen aus, stelle sie bisweilen dramaturgisch überhöht dar. »Ohne Konflikt gibt es kein dramatisches Potenzial. Das Theater zeigt den Menschen in seinen Unzulänglichkeiten«, sagt er. Daher könne es durchaus fruchtbar sein, wenn es in der Kommunikation mit dem Publikum Irritationen gebe, wenn die typischen Zuschreibungen bewusst nicht bedient werden und der Zuschauer in einen Konflikt mit der eigenen kulturellen Brille kommt.

»Wir haben den ganzen Menschen im Kopf«

»Wer hier durch das Theater kommt, kann sich auf der Bühne des Lebens bewegen«, behauptet Olaf Bublay. Bublay unterrichtet Darstellendes Spiel an der H20, einem Wirtschaftsgymnasium in der Hamburger Hochhaussiedlung Steilshoop. Der Stadtteil hat keinen guten Ruf. Heute leben hier vor allem sozial schwache Familien.

So kommen viele Schüler der H20 erst auf Umwegen zum Abitur. Einige haben bereits eine abgebrochene Schulkarriere hinter sich. Andere, das trifft besonders auf Schüler mit Migrationshintergrund zu, verließen die Grundschule mit einer Hauptschulempfehlung, konnten sich dann aber bis zum Gymnasium durchkämpfen. Für ihr Abitur müssen die Schüler wirtschaftliches Grundwissen pauken und natürlich Deutsch, Englisch und Mathe. Doch Bublay legt Wert darauf, dass seine Schüler auch ihre künstlerische Ader und ihre Persönlichkeit an der Schule entwickeln. »Wir haben den ganzen Menschen im Kopf!«, sagt er.

Zwei Szenen als Beleg: Es ist Donnerstagnachmittag. Nach und nach finden sich 20 Elftklässler im Theatersaal des Bildungszentrums Steilshoop zum Unterricht ein. Siebte und achte Stunde Darstellendes Spiel. Bublay plant, demnächst mit ihnen einige kleine Szenen zum Thema »Liebesrausch« in einem Hamburger Theater aufzuführen. Doch das interessiert die Schüler nicht wirklich. »Herr Bublay, Herr Bublay«, fragt eine Schülerin, »sagen Sie heute mündliche Noten?« Ein Schüler, ein langhaariger türkischer Beau mit grüner Wollmütze, besetzt gleich drei Sitze im Zuschauerraum – einen für sich und jeweils einen für seine weit ausgebreiteten Arme. Er hat keinen Bock. Das sagt er zwar nicht, aber seine Körperhaltung lässt daran keinen Zweifel. »Wie wär's mit ein bisschen Kooperation und nicht nur Reibung«, fordert ihn der Lehrer auf und reibt dabei seine Fäuste aneinander, »obwohl Reibung im Theater auch wichtig ist.« Nach der Stunde kommt eine Schülerin auf Herrn Bublay zu. Sie ist unglücklich mit ihrem Bühnenpartner. Sie möchte gern wechseln. »Mit allen anderen Jungs aus dem Kurs würde ich zusammenspielen. Warum muss ich gerade mit ihm diese Szene spielen?«, beklagt sie sich. »Verstehen Sie mich nicht falsch, Herr Bublay«, ergänzt sie noch schnell, »ich habe nichts gegen ihn, aber wir passen einfach nicht zusammen.«

Die zweite Szene: Kaum sitzen sie zusammen, beginnen sie zu diskutieren. Über Studienplätze, die Jobsuche, heute aber vor allem über den möglichen Beitritt der Türkei zur Europäischen Union. »Ich habe ja schon ein bisschen Angst, so ein großes muslimisches Land in der EU. Was passiert, wenn plötzlich ganz viele extremistische Muslime nach Deutschland kommen?«, sagt Fabian, wohl wissend, dass er hier in der Runde im türkischen Restaurant zu den wenigen gehört, die nicht muslimischen Glaubens sind. Zeliha und Ibrahim entgegnen, dass sie als Türken eher andere Befürchtungen haben, etwa dass der türkische Mittelstand durch den EU-Beitritt Schaden nehmen könnte. Die Diskussion ist leidenschaftlich, nicht immer sachlich, doch niemals wird es persönlich. Mit anderen Worten, sie streiten wie Profis. Ohne falsche Zurückhaltung, ohne Angst davor, dem anderen auf den Schlips zu treten, aber mit dem nötigen Respekt vor ihrem Gegenüber.

Für das Leben geprobt

Fabian, Ibrahim, Zeliha und die anderen, die hier zusammensitzen, sind ebenfalls Schüler der H20. Genauer, sie waren es, denn seit einem halben Jahr haben sie ihr Abitur in der Tasche. Nun beginnt für sie ein neuer Abschnitt; ihr Theaterlehrer würde vermutlich sagen, nun müssen sie sich auf der Bühne des Lebens bewähren. Einige aus der Gruppe beklagen zwar, dass ihre Abiturnoten nicht für den gewünschten Studienplatz reichten, doch sie alle verfügen über viele der im heutigen Arbeitsmarkt gefragten »soft skills«: Streiten können sie, das war schon zu sehen. Sie sind begeisterungsfähig, aber auch empfänglich für Kritik. Gruppenarbeit sowie projekt- und zielorientiertes Lernen sind für sie selbstverständlich, auch wenn dies bedeutet, ab und an mal ein paar Überstunden zu machen. Nicht zuletzt verfügen sie über ein hohes Maß an interkultureller Kompetenz und die Fähigkeit, sich in jemand anders hineinzuversetzen.

Bevor die Frage auftaucht, in welchem Labor diese Musterschüler gezüchtet wurden, sei eine Vermutung aufgestellt: Vor drei Jahren war diese Gruppe wohl ebenso unmotiviert wie die elfte Klasse, die Olaf Bublay derzeit unterrichtet. Ein bisschen Theater spielen, da gibt es hoffentlich ziemlich easy eine gute Note, mögen sie gedacht haben. Gemeinsam mit ihrem Lehrer haben sie dann Stücke erarbeitet, Themen recherchiert, sich in Rollen hineinversetzt, über dies und jenes gestritten und vor allem geprobt, geprobt und wieder geprobt. »In der Schule, nach der Schule, vor der Schule haben wir uns getroffen«, zählt Özgül auf, »sogar in den Ferien, am Wochenende und in den Pausen.« Die Ergebnisse ihrer Arbeit sind sehenswert: Mit dem Stück »Deren Kniehöhe ist die Kopfhöhe eines Kindes« haben sie die Auswirkungen des Konflikts zwischen Israelis und Palästinensern auf eine sehr persönliche Weise auf die Bühne gebracht, und ihre Inszenierung »Hast Du Bock auf Tanzen?« ist eine intensive Auseinandersetzung mit sexueller Gewalt.

Von den anderen lernen

Die Idee, sich mit einem Theaterstück dem Nahost-Konflikt zu nähern, entstand unter dem Eindruck der Ereignisse des 11. September 2001. Für viele der Schüler war es ein persönliches Anliegen. Etwa für Ibrahim, dessen Familie aus der arabischsprachigen Region der Türkei rund um Antiochia stammt. »Während der Proben haben wir viel darüber geredet, wie man sich als Ausgegrenzter fühlt. Für mich war das nichts Neues. Das hat mich an meine Grundschulzeit erinnert, da war ich der einzige Türke in meiner Klasse«, erzählt er. »Erst später kamen auch andere Türken in die Klasse. Da hatte ich dann Verbündete. Nun konnte ich auch meine Wut zeigen.« Für ihn hatte die Theaterproduktion auch ein unerwartetes Ergebnis. »Früher hatte ich ein viel negativeres Bild vom israelischen Staat. Heute kann ich die Israelis und ihre Situation etwas besser verstehen.« In einem Rap am Ende ihres Stückes verurteilen die Schüler das Feindbilddenken und rufen zu religiöser Toleranz auf: »Offen gesagt, gibt's für uns weder Juden, Moslems noch Christen. Es gibt nur Menschen; gute wie auch schlechte, das ist es!«

Religiöse Toleranz, die Verständigung zwischen Israelis und Palästinensern – bei so hoch gesteckten Zielen stößt Schultheater natürlich an seine Grenzen. Doch im kleineren Rahmen, nämlich in der Schülergruppe, zeigt die gemeinsame Arbeit Wirkung. Zwar hätten sie zum Islam und zum israelisch-palästinensischen Konflikt gearbeitet, doch diese Recherchen seien irgendwie an ihm vorbeigegangen, gesteht Fabian. Das, was er gelernt habe, sei durch die Gruppe gekommen. »Vorher hatte ich kaum mit Ausländern zu tun«, sagt er. Und nun sollte er intensiv mit Mitschülern und Mitschülerinnen aus Afghanistan, Kroatien, Indien, dem Iran und der Türkei zusammenarbeiten. Nun war er in der Minderheit.

Dabei ist es nicht der reine Kontakt, der hilft, den anderen zu verstehen und Vorurteile abzubauen, sondern die kritische Auseinandersetzung mit ihm, mit der eigenen Rolle und mit sich selbst.

Der Perspektivwechsel macht den Blick frei für die Betrachtung grundlegender Themen wie Liebe, Freundschaft, Verrat und befähigt so zu einem offenen, unvoreingenommenen Dialog. Zeliha erzählt, dass sie eine Variante von Hatsors Stück »Vermummte« (siehe Kasten S. 137) mit einer reinen Mädchengruppe gespielt haben: »Eine von den drei Palästinenserinnen war in einen Israeli verliebt. Da mussten wir uns genau vorstellen, wie wir uns in so einer Situation fühlen und verhalten würden.« Der Konflikt wird so auf eine menschliche Ebene gebracht: Nicht die Probleme *der* Israelis und *der* Palästinenser, nicht die *der* Juden und *der* Muslime werden angesprochen, sondern das Dilemma einer einzelnen Frau oder eines einzelnen Mannes. Hatsors Drama macht den Wechsel der Perspektive zum Programm. Iris – sie spielte Laila, die Schwester – sagt, es sei wichtig für sie gewesen, dass das Stück von einem Israeli geschrieben worden sei, der versucht habe, die andere Seite zu verstehen. Das Stück verstärkt nicht die eigene Position, sondern es versucht, sich den Blick des Fremden zu Eigen zu machen. Plötzlich erscheint das Fremde vertraut und das Eigene seltsam fremd. »Fremd ist der Fremde nur in der Fremde«, mit diesem Aphorismus machte Karl Valentin deutlich, wie sehr die

Perspektive bestimmt, was wir als fremd wahrnehmen. So hat Fabian seine Rolle als Da'ud im Theaterstück gar nicht als besonders fremd empfunden: »Verrat – und der Wunsch, in einer Gemeinschaft bestehen zu wollen, das gibt es doch auch bei uns. Ich hätte auch einen Israeli spielen können oder einen Deutschen, das macht keinen großen Unterschied.«

Kreativ streiten

»Feedback-Kultur ist mir sehr wichtig«, sagt Olaf Bublay. Wann immer seine Schüler in den Unterrichtsstunden eine Szene präsentieren, sind die Mitschüler aufgefordert, die Darstellung zu kommentieren. Sie schlüpfen in die Rolle des Kritikers, doch sie wissen, dass sie wenig später selbst zu den Kritisierten gehören. »Wenn sie sagen, ›das war gut‹ oder ›das war schlecht‹, das reicht mir nicht«, fährt Bublay fort, »sie sollen ihre Kritik in möglichst präzise Worte fassen.« Wenn das gelingt, möchte er sich am liebsten zurückhalten. Um das noch zu betonen, ruft er seinen Elftklässlern zu: »Ihr lernt durch das Spielen und Zugucken. Von mir vielleicht auch ein wenig, aber das meiste steckt in euch drin.« Die Reflexion der eigenen Arbeit sei im Schülertheater absolut notwendig, betont auch Professor Sting. Die Schüler müssten sich selbst in Bezug setzen zu dem, was sie auf der Bühne kommunizieren. Gespräche mit den Zuschauern nach den Aufführungen würden den Schülern verdeutlichen, wie ihre Darbietungen wirken.

Der Bielefelder Erziehungswissenschaftler Klaus-Dieter Lenzen und der Berliner (Theater-)Lehrer Werner Schulte sind der Meinung, dass in heterogenen Klassen mehr »drinsteckt« als in Klassen, in denen die kognitiven Lernvoraussetzungen, die allgemeinen sprachlichen Kompetenzen und der kulturelle Hintergrund recht einheitlich sind. Gerade bei kreativen Prozessen sei Vielfalt nicht nur hilfreich, sondern gar notwendig. Ebenso wie ein Sinfonieorchester schlecht nur mit Violinen oder eine Fußballmannschaft nur mit Mittelstürmern spielen könne, würde beim Schultheater die kreative Spannung durch eine homogen zusammengesetzte Gruppe sinken. Ein Beispiel dafür gibt Wolfgang Sting: »Körperlichkeit – gerade zwischen Männern – spielt in der kulturellen Tradition vieler Muslime eine große Rolle. Die küssen sich zur Begrüßung, und manchmal halten sie auch Händchen. Dazu kommt noch

»Deren Kniehöhe ist die Kopfhöhe eines Kindes«

»Das andere Verstehen lernen« ist der programmatische Untertitel des Theaterstücks »Vermummte« des israelischen Autors Ilan Hatsor. Hatsors Drama, das den inneren Konflikt einer palästinensischen Familie darstellt – drei Brüder streiten über den richtigen Umgang miteinander, mit den Eltern und mit Israel –, diente der Theatergruppe der H20 unter der Leitung von Olaf Bublay als Vorlage für ihr Stück »Deren Kniehöhe ist die Kopfhöhe eines Kindes«. Na'im, der als Kämpfer gegen Israel im Untergrund lebt, trifft sich nach längerer Zeit wieder mit seinem Bruder Da'ud. Da'ud arbeitet in Tel Aviv und hat sich mit den Israelis arrangiert. Er will einfach nur ein normales Leben führen. Ein dritter Bruder hat das Treffen in die Wege geleitet – in der Adaption der Schüler ist es Laila, die Schwester. Sie ist zerrissen zwischen ihren beiden Brüdern und leidet unter dem Konflikt innerhalb der Familie. Da'ud wirft Na'im vor, durch sein Leben in der Illegalität nur Leid über die eigene Familie gebracht zu haben, und Na'im beschuldigt seinen Bruder der Kollaboration mit Israel.

Während Hatsors Stück den Bruderzwist pur zeigt, das heißt auf jegliche politische Rahmenhandlung verzichtet, betten die Schüler in »Deren Kniehöhe ist die Kopfhöhe eines Kindes« die Auseinandersetzung in den geopolitischen Kontext ein, indem sie collageartig Medienberichte über die Auswirkungen des israelisch-palästinensischen Konflikts sowohl auf die palästinensische als auch auf die israelische Gesellschaft inszenieren und darstellen.

Ilan Hatsor schrieb über sein Stück sowie über die Möglichkeiten des Theaters im Allgemeinen: »Das Theater ist ein Medium, das es den Theatermachern und den Zuschauern ermöglicht, die ›andere‹ Seite zu beobachten und zu prüfen. Das Theater kann sein Publikum nicht nur in das Bekannte und Angenehme, sondern ebenso in das Andere, das Fremde, das Monströse, das Bedrohliche führen, oder platt gesagt: zum Feind. Auch dort befindet sich letzten Endes nur ein Mensch, mit Wunschvorstellungen und Hemmungen, die die Bühne analysieren und verstehen kann.«

das machohafte Auftreten vieler muslimischer Jungen. Diese Präsenz, diese Körperlichkeit ist für das Schultheater äußerst Gewinn bringend.«

Eine aus Muslimen und Christen, aus religiösen und nichtreligiösen Jugendlichen zusammengesetzte Gruppe kann also im kreativen Prozess aus einer großen Bandbreite von Lösungsalternativen wählen. Konflikte und Kommunikationsschwierigkeiten sind dabei natürlich vorprogrammiert. Doch das ist die »Reibung«, die sich Olaf Bublay ab und an auch wünscht. Natürlich ging es hoch her, wenn seine Schüler über den 11. September oder über die Stellung der Frau im Islam gesprochen haben. »Doch die heftigen Diskussionen waren für das Arbeiten konstruktiv.« Das sagt nicht etwa Bublay, sondern seine Ex-Schülerin Zeliha, und sie fügt hinzu, wie sinnvoll es war, die Meinungen der anderen anzuhören und – wenn möglich – nachzuvollziehen, selbst wenn sie der eigenen Meinung widersprachen. »Wir hatten schließlich ein gemeinsames Ziel«, ergänzt Ibrahim, »wir alle wollten das Stück so gut, so hautnah wie möglich machen.«

Von Moritz Behrendt

Aus der Unsichtbarkeit heraustreten

Theater stärkt die Persönlichkeit von Kindern und Jugendlichen. Mit Tanztheaterproduktionen möchte Irinell Ruf deren »unbewusstes körperliches Sein« wieder wecken. Die Tanztheaterschaffende leitete unter anderem eine Kooperation zwischen dem »Hamburg Ballett«, der Hamburgischen Staatsoper und der Schule Fährstraße in Wilhelmsburg.

Frau Ruf, wie können die Lebenswirklichkeiten von Schülern mit Migrationshintergrund, insbesondere von muslimischen Schülern, im Theater aufgegriffen werden?

Wenn ich Theater kreiere, sind immer die Menschen in dem jeweiligen Projekt die Grundlage der Szenen. Sie sind das »Material« – ihre Geschichten, Erfahrungen, die Gefühle, mit denen sie Welt deuten. In diesem Rahmen können selbstverständlich Sichtweisen von Muslimen aufgegriffen werden. Wenn ich erfahre, dass eine Schülerin verfolgt wurde, kann diese Erfahrung in der Gruppe ästhetisch bearbeitet werden. Auch in Stücke von Brecht, Shakespeare oder Molière lassen sich die Alltagserfahrungen der Kinder integrieren. Wesentlich ist: Wie führe ich Ensembles an ihre eigene Kraft, künstlerisch tätig zu werden, und welche ästhetischen Formen finde ich, ihre Geschichten stilisiert auf die Bühne zu bringen?

Gibt es besondere Konflikte, wenn Kopftuch tragende Mädchen beim Schultheater mitwirken möchten? Ist es für bestimmte Rollen notwendig, das Kopftuch abzunehmen?

Eine Muslima kann man nicht davon überzeugen, dass sie das Kopftuch abnimmt. Das grenzt an Gewalt. Doch dieses Problem lässt sich durch Requisiten lösen, zum Beispiel könnten in einem Stück alle Schauspieler eine Kopfbedeckung tragen. Die Kopfbedeckung wird dann als ein Element der Inszenierung genutzt. Bei Mädchen, die sehr selbstbewusst ihr Kopftuch tragen, verstärkt die Theaterarbeit ihr Selbstbewusstsein, mit dem Kopftuch umzugehen. Das ist, finde ich, ein sehr positiver Effekt. Im Malersaal des Hamburger Schauspielhauses tanzte ein Mädchen mit Kopftuch in der Tanztheaterproduktion »Wir knacken die Nüsse« – frei nach dem »Nussknacker« –, und ein leises Raunen ging durch den Zuschauerraum: Das war vermutlich das erste Mal, dass ein Mädchen mit Kopftuch dort auf der Bühne tanzte. Ich habe ihre Rolle deswegen aber nicht verändert. Sie hat getanzt, als hätte sie kein Kopftuch an. Die Zuschauer haben das irgendwann nicht mehr wahrgenommen. Ein anderes Mädchen aus der gleichen Gruppe hat während des Prozesses ihr Kopftuch abgelegt. Sie hat erkannt, dass sie das Tuch eigentlich nur trägt, um etwas Besonderes zu sein. Während der Arbeit hat sie gemerkt, dass sie das nicht mehr nötig hat. So sind zwei ganz verschiedene Motivationen, ein Kopftuch zu tragen, offen gelegt worden.

Die Mädchen setzten sich also beim Theaterspielen bewusster mit ihrem Körper, ihrer Rolle und ihrem Auftreten auseinander?

Ja, wenn die Projektleitung das zum Thema macht. Tanz und Theater stärken grundsätzlich die Persönlichkeit. Viel hängt jedoch davon ab, was man aus einem Stück macht, inwieweit man Themen vorgibt, die dazu auffordern, sich mit dieser Problematik auseinander zu setzen. Wenn ich mit einer kulturell gemischten Gruppe in einer Moschee ein Stück zu Krieg und Frieden in Bibel und Koran erarbeite, finden dort natürlich andere Diskurse statt, als wenn die Jugendlichen immer in Gruppen sind, in denen alle das gleiche Normensystem haben.

Sind Schüler und Eltern froh, wenn ihre eigene Rolle in der Gesellschaft in den Mittelpunkt rückt, oder gibt es Widerstände?
Die Eltern und Schüler sind stolz, stolz, aus der Unsichtbarkeit und der indifferenten Masse herauszutreten. Und wenn es der kleine Moment auf der Bühne ist. Wenn auch mal ihre Geschichten zu sehen sind. Wenn sie ihre Gefühle und ihre Art, die Welt zu sehen, zeigen dürfen. Da spielt es keine Rolle mehr, wo sie herkommen und an welchen Gott sie glauben, da geht es um die Frage, wie es ihnen hier geht. Die Empfindungen rund um die Unsichtbarkeit stellen sich für den deutschen Hafenarbeiter oder die deutsche Arbeitslose in ähnlicher Weise.

Reagieren muslimische Eltern anders auf Aufführungen ihrer Kinder als westliche Eltern?
Wenn ich gefragt werde, in Moscheen Theater zu machen, dann beweist das doch, dass ein großes Interesse da ist. Die Reaktionen sind häufig sehr positiv. Allgemein ist es keine Frage von Religion, Nationalität oder Kultur, sondern eine Frage, welche Einstellung Eltern zu ihren Kindern haben.

Kommen die Eltern auch zu den Aufführungen, wenn sie selbst nur schlecht Deutsch verstehen?
Ich arbeite viel mit Kindern vor der Pubertät. Wenn Eltern an ihren Kindern Interesse haben und zum Zeitpunkt der Aufführung nicht arbeiten, kommen sie gerne. Sie sind manchmal zu Tränen gerührt. Sie freuen sich mit den Kindern und bedanken sich bei mir sehr herzlich. So wie diese Projekte angelegt sind, versteht man sie auch ohne Sprache. Tanztheater ist körperlich und produziert Bilder. Es ist möglich, »Elektra« so zu inszenieren, dass die Tragik durch die Bilder verständlich ist.

Welche Chancen bietet Theater für Schüler, die Probleme mit der deutschen Sprache haben?

Für eine sechste Klasse habe ich Texte geschrieben auf der Grundlage ihrer Improvisationen. Sie waren nicht leicht, zum Beispiel »Oh, mein König, welche Freude, meine Leibspeise: Tajine Zeitoun. Wie ungewöhnlich, hier in der Südsee mit dieser Köstlichkeit beehrt zu werden.« Die Klassenlehrerin war sich unsicher: »Na, ob sie das schaffen? Mit dem König kriegst du Probleme, der hat zu viel Text.« Nach den Ferien hatten alle, auch der König, den gesamten Text drauf. Er war in Deutsch schwach und konnte durch das Projekt sein Deutsch und seine Note verbessern. Alle Schülerinnen und Schüler standen nach dem Projekt ein bis zwei Noten besser in Deutsch, weil sie einfach Lust bekamen zu lernen.

Motiviert das Theaterspielen die Schüler, sich auch sonst im Unterricht stärker zu beteiligen?

Mit Grundschülern, die manchmal kaum Deutsch sprechen, erarbeite ich kleine Szenen. Das Spielen beginnt mit einem Standbild, das ein Kind der Gruppe baut. Zunächst bewegen sie sich ohne Sprache in Zeitlupe. Die Kinder sind so in bewusst erlebtem Kontakt miteinander. Aus diesem Prozess finden sie die Geschichte und ihre Rolle. Erst jetzt suchen sie nach »ihrem Satz«, den sie glücklich finden, und zwar auf Deutsch. Ihre Hemmung, Fehler zu machen, sinkt. Sie sind dann motiviert, ihre eigenen Szenen aufzuschreiben. Oft sagen mir die Lehrer, dass diese Kinder endlich angefangen haben, Deutsch zu sprechen. Es ist ihnen plötzlich ein Bedürfnis, Deutsch sprechen und schreiben zu lernen, und keine lästige Pflicht.

Das manchmal etwas machohafte Gehabe muslimischer Jungen kann nach Ansicht einiger Theatermacher für das Schultheater produktiv sein. Besteht dabei nicht die Gefahr, dass kulturelle Stereotype verstärkt werden?

Das ist keine Frage von Kultur oder Religion, sondern eine Frage des Charakters. Allerdings sind in der Theaterarbeit Jungen oft wesentlich raumgreifender. Das Männliche ist eben immer noch nach außen orientiert. Für Jungen ist es wichtig, sich darzustellen, sich zu produzieren und beachtet zu werden. Gesellschaftlich werden beiden Geschlechtern nicht dieselben Bewegungsräume zugestanden. Für Mädchen ist es oft schwierig, so konkret sichtbar zu sein und dabei auf der Bühne gewohnte Körperhaltungen zu verlassen. Die Subkulturen in Tanz und Musik, etwa Rap, Hiphop oder Breakdance, sind zuerst männlich und werden dann auch von den Mädchen erobert.

Welche kreativen Lösungen gibt es, wenn Schüler aus religiösen Gründen Probleme haben, bestimmte Szenen, zum Beispiel Kuss-Szenen, zu spielen?
Damit haben alle Jugendlichen Schwierigkeiten. Es ist sinnlos zu sagen, Muslime können auf der Bühne nicht küssen: Keiner in dem Alter kann das. Wenn derjenige, der ein Projekt leitet, darauf besteht, dass es eine Kuss-Szene gibt, ist das meistens sehr peinlich anzusehen. Man sieht, dass die Jugendlichen sich dabei unwohl fühlen. Es ist das Allerschwierigste, mit Jugendlichen zum Thema Zärtlichkeit zu arbeiten, so dass es für das Publikum glaubwürdig ist. Das ist die größte Kunst. Manchmal reicht schon ein verliebter Blick. Man muss andere Formen finden, um Verliebtheit auf die Bühne zu bringen.

Inwieweit können Theaterstücke mit Motiven oder Ritualen des Islams spielerisch umgehen? Ab wann könnte es für muslimische Jugendliche verletzend werden?
Man sollte mit einer großen Wertschätzung an diese Dinge herangehen. Das spüren die Jugendlichen. Für ein Stück habe ich eine Gebetsszene eingeprobt. 24 Schüler waren auf der Bühne, alle mit der gleichen Blickrichtung, und haben gemurmelt. Das war eindeutig ein Bild aus einem muslimischen Gebet. Aber jeder hatte seine individuelle Art zu beten, dadurch wurde das Bild gebrochen. Als Projektleiterin setze ich mich mit der Lebensweise der Schüler und deren Hintergründen aus ihren Herkunftsländern auseinander.

Viele muslimische Schüler, wie viele deutsche auch, kommen im Elternhaus nur selten mit Theater in Berührung. Behindert das die Theaterarbeit mit muslimischen Jugendlichen?
In der arabischen Welt habe ich erlebt, dass viele Menschen genau wissen, dass Leben Theater ist. Sie spielen in der Öffentlichkeit Theater, weil ihnen wichtig ist, ihre geheimen Dinge zu verstecken. Sie haben daher ein großes Gespür für das Auftreten und Abgehen. In Kairo sagte ein zwölfjähriges Mädchen zu mir: »Market is our life and life is theater.« Bewusst beobachten und bewusst Konsequenzen ziehen für das eigene Handeln in der Öffentlichkeit sind dort noch

Bestandteil von Überlebensstrategien. Bei den meisten muslimischen Jugendlichen in Deutschland ist diese Tradition jedoch verschüttet. Die Kommunikationsformen, die viel mit Gestik und Berührung zu tun haben, verkümmern, wenn die Jugendlichen nicht auffallen wollen, wenn sie sich zu sehr an den Lebensstil in Deutschland anpassen. Es gilt, das unbewusste körperliche Sein wieder zu wecken – egal wo – und so wieder in die »Lebendigkeit« zu kommen. Und hierfür sind Tanzen und Spielen hervorragende Methoden.

Das Interview führte Moritz Behrendt.

Inhalte überdenken

»Wir müssen unsere Curricula radikal entrümpeln«

Ein Fach Literatur statt Deutsch und multiperspektivischer Fachunterricht: Ein Gespräch mit Gudula Mebus über die Notwendigkeit interkulturellen Lernens. Gudula Mebus ist als Lehrerausbilderin in Hamburg tätig, und unter anderem ist sie Fachreferentin für das Aufgabengebiet Interkulturelle Erziehung in der Hamburger Behörde für Bildung und Sport.

Frau Mebus, wozu brauchen wir überhaupt interkulturellen Fachunterricht?
Wir brauchen ihn, weil wir die Erziehung zum Nationalstaat endlich überwinden müssen. Seit dem 19. Jahrhundert war Schule ein Mittel des Staates, um die »verspätete Nation« zusammenzuführen. Die Dialektsprachen der verschiedenen Landesteile wurden in den Schulen verboten, es musste Hochdeutsch gesprochen werden. Das Curriculum für Deutsch bezog sich rein auf deutsche Schriftsteller – das ist tendenziell bis heute so. In Geschichte wird es beim chronologischen Durchgang immer deutscher, je näher man der Jetztzeit kommt. Die Schüler lernen zwar über »unsere Vorfahren«, die alten Ägypter und Griechen, aber dass es genauso wichtige Ereignisse in Asien gab, kommt im Lehrplan so gut wie nicht vor. Im Zeitalter der Globalisierung und der europäischen Einigung ist eine solche nationale Ausrichtung nicht mehr angemessen. Dass sich die deutsche Gesellschaft immer heterogener darbietet, verstärkt diesen Bedarf noch. Was haben Schüler, deren Vorfahren aus der Türkei oder aus Afghanistan kommen, noch mit der Inflation von 1923 zu tun? Um auf ihre Eingangsfrage zurückzukommen: Interkulturellen Fachunterricht brauchen wir auch, um die Bildungsbenachteiligung von Kindern mit Migrationshintergrund abzubauen.

Ist das Ziel der Schule zu homogenisieren – manche würden sagen, im Sinne einer Leitkultur –, Ihrer Meinung nach also nicht mehr zeitgemäß?

Wir müssen uns natürlich über Gemeinsamkeiten verständigen. Das können Kenntnisse über bestimmte kulturelle Überlieferungen sein, die alle haben sollten, Lieder, zum Beispiel, oder bestimmte Literatur. Diese gemeinsame Basis darf aber nicht rein deutsch sein, sonst wird bei Kindern und Jugendlichen verankert, dass die Deutschen die Krone der Schöpfung seien. Aus unserem Deutschunterricht ließe sich ja ableiten – heimlicher Lehrplan! –, dass nur deutsche Schriftsteller Dramen schreiben können. Wir könnten darüber nachdenken, das Fach Deutsch in höheren Jahrgängen in »Literatur« umzubenennen. Dann ist der Schritt sehr viel näher, auch andere Literatur zu lesen, etwa Dostojewski oder Dante. Das ist bislang ziemlich ungewöhnlich.

Wie sollte interkultureller Unterricht aussehen?

Interkultureller Unterricht heißt für mich, dass Vielfalt als *normal* erscheint. Guter interkultureller Unterricht behandelt Themen, über die jedes Kind – unabhängig von Religion oder ethnischer Herkunft – reden kann: Jeder hat einen Namen, macht Erfahrungen mit dem Verliebtsein, hat das Bedürfnis, anerkannt zu werden, feiert Feste, jeder möchte sich seine Kleidung selbst aussuchen und darf es vielleicht nicht. Die Schüler stellen fest, dass die anderen Kinder ähnliche Probleme haben. Vielleicht werden sie unterschiedlich gelöst. Niemand wird also ausgeschlossen, weil er einen anderen Hintergrund oder andere Erfahrungen hat und daher ohne ein bestimmtes Vorwissen in der Klasse sitzt. Solche Projektarbeit ist jedoch noch nicht allgemein üblich. Unser Fachunterricht ist noch sehr mehrheitsgesellschaftlich ausgerichtet. Da müssen Veränderungen her – nicht nur auf der Belehrungs-, sondern insbesondere auf der Erfahrungsebene.

Inwieweit ist interkulturelles Lernen schon im Fachunterricht verankert?

In Hamburg, aber auch anderswo, geben die Rahmenpläne Vorgaben, welche Themen in der Klasse behandelt werden sollen. Der Plan für das »Aufgabengebiet Interkulturelle Erziehung« verweist auf die Rahmenpläne der einzelnen Fächer, und in den Rahmenplänen der Fächer wird wiederum auf die interkulturellen Themen verwiesen.

Sind das nur Vorschläge?
Nein, in Hamburg ist das verbindlich. Aber viele Lehrer greifen eben nur zu den Rahmenplänen ihres Faches. Sie kommen nicht auf die Idee, dass der Abschnitt »Aufgabengebiete« im Bildungsplan auch sie als Fachlehrer für Sachunterricht oder für Englisch betrifft.

Aber sie werden ja auch als Fachlehrer ausgebildet und eingestellt und nicht als Fachleute für die Lösung von interkulturellen Problemen.
Die Lehrerschaft ist in der Tat ein zentrales Problem: Wer als Lehrer beamtet werden möchte, muss die deutsche Staatsangehörigkeit besitzen. Nach wie vor sind über 90 Prozent der Lehrer Deutsche, auch wenn inzwischen einige wenige jüngere türkische Kolleginnen darunter sind, die die deutsche Staatsbürgerschaft angenommen haben. Wir haben aber in den Großstädten um die 30 Prozent Schüler mit Migrationshintergrund. Diese Schüler haben keine erwachsenen Vorbilder an der Schule. Ihnen fehlen die Vorbilder für erfolgreiche Lebenskarrieren. Den Schülern mit deutschem Hintergrund wiederum fehlt das Bild, dass auch Türken erfolgreiche berufliche Karrieren haben können, denn im Alltag sehen sie hauptsächlich Menschen mit »einfachen« Berufen.

Rückt die Vermittlung von Sachinhalten durch die interkulturelle Ausrichtung in den Hintergrund?
Jeder Fachunterricht kann interkulturell gestaltet werden, selbst in den Naturwissenschaften. So gibt es unterschiedliche Verfahren, wie Menschen multiplizieren. Das ist von Land zu Land verschieden. Das ist ein mathematisch interessantes Thema. In der Grundschule kann man beim Zählen anfangen. Wir Deutschen beginnen mit dem Daumen, dann kommt der Zeigefinger und so weiter. In manchen Ländern fangen die Menschen mit dem kleinen Finger an, in anderen beginnen sie mit der offenen Hand und biegen die Finger dann zur Faust. Vor Jahrzehnten schon ist uns aufgefallen, dass in Fibeln vorwiegend Jungen repräsentiert waren. Dann wurde darauf geachtet, dass auch Mädchen vorkamen. Dasselbe Phänomen erleben wir jetzt erneut: Bis vor kurzem tauchten nur deutsche Vornamen auf. Inzwischen gibt es auch Ahmeds und Leilas … Da hat sich also schon einiges verbessert.

Kann guter Wille auch dazu führen, bestimmte Schüler in die Ausländerecke zu drängen? Ein Mathematiklehrer könnte fragen: »Nun, Ahmed, zeig mal, wie du zählst.« Dabei zählt Ahmed gar nicht anders als Michael, weil seine Familie schon seit drei Generationen in Deutschland lebt.

Eine solche Ansprache könnte zu doppelter Diskriminierung führen: Nun will die Lehrkraft schon die Erfahrungen Ahmeds in den Unterricht einbeziehen, und Ahmed muss passen! Ahmeds Wahrnehmung wird also in den Augen der Schüler nicht auf-, sondern abgewertet. Sinnvoller ist es, offen zu fragen: »Wer kennt noch andere Möglichkeiten, mit den Fingern zu zählen?« Man sollte niemals Kinder oder Jugendliche zwingen, von sich etwas zu sagen, was sie nicht sagen wollen. In der Regel sind Kinder jedoch stolz darauf, wenn sie etwas Zusätzliches, etwas Besonderes beitragen können. Viele Kollegen sind leider nicht immer sensibel und fragen: »Und wie ist das *bei euch* in der Türkei?« Selbst wenn der Schüler in Deutschland geboren wurde und nur in den Sommerferien in die Türkei fährt.

Verwirren so viele Perspektiven die Schüler nicht? Sie sollen jetzt nicht nur rechnen lernen, sondern gleichzeitig noch verinnerlichen, dass es dafür verschiedene Varianten gibt?

Unsere Erfahrungen bestätigen uns, dass Kinder neugierig an solche neuen Varianten herangehen und sie durchaus einordnen können. Um mal vom Beispiel Mathematik wegzukommen: Im Geschichtsunterricht können Feldpostbriefe von deutschen Soldaten denen von französischen Soldaten gegenübergestellt werden. Das ist für mich interkultureller Fachunterricht. Den Schülern wird dann klar, dass nicht nur die einen im Schützengraben gehockt haben, sondern dass die anderen einen Kilometer weiter dieselben schrecklichen Erfahrungen gemacht haben. Anstatt sich mit Kriegszielen zu beschäftigen, wird die Situation derer verdeutlicht, die diesen Krieg geführt haben.

In der neueren Geschichtsdidaktik hat »Perspektivität« einen ganz hohen Stellenwert. Es ist unter dem Blickwinkel der Zukunftsgestaltung ziemlich sinnlos, Schülern nur eine Perspektive anzubieten, so wie das früher war. Beim Thema Kolonialismus können Lehrer einerseits die Kolonisierten zu Wort kommen lassen und andererseits die Kolonialherren oder zusätzlich noch verschiedene Akteure innerhalb der jeweiligen Gruppen. Man kann auch Texte heraussuchen, in denen die angebliche Auserwähltheit der eigenen Nation im Zusammenhang mit der Kolonisierung dargestellt wird. Solche Texte gibt es aus Deutschland, aus Frankreich, aus Großbritannien und aus Russland. Diese Mehrperspektivität führt dazu, dass Schüler entdecken können, dass es offenbar menschliche Bedürfnisse gibt, sich als etwas Besonderes herauszustellen und daher andere zu unterdrücken. Das ist nationenübergreifend. Jeder stellt sich selbst ins Zentrum: Für mich waren auf einer Weltkarte immer Europa und Afrika in der Mitte. Daher war ich überrascht, als ich das erste Mal in den USA eine Weltkarte sah: Da waren Nord- und Südamerika im Zentrum. Auf australischen Karten sind Australien, Japan und China in der Mitte. China nennt sich sogar das »Land der Mitte«.

Für viele Lehrer mögen solche Materialien fremd sein. Sind interkulturelle Arbeitskreise in den einzelnen Fächern nötig, die die Lehrer auf Texte aus der Türkei oder auf die französischen Feldpostbriefe hinweisen?
Solche Kooperationen wären wunderbar, aber ein Geschichtslehrer muss auch selbst an die Feldpostbriefe herankommen, dafür ist er Fachmann. Er muss darüber auf dem Laufenden sein, was es gibt. Wenn er sich allerdings nur auf seine Ausbildung vor 30 Jahren bezieht, wird er das nicht mitbekommen. Aber dafür gibt es ja Fortbildungen und Fachzeitschriften.

Stärker multiperspektivisch arbeiten bedeutet auch, für einzelne Themen mehr Zeit einzuplanen. Nun haben Fachlehrer oft nur zwei Stunden in der Woche mit einer Klasse. Da fallen doch andere, möglicherweise »klassische« Themen weg.
Was glauben Sie, was für das Zusammenleben in diesem Staat in der Zukunft für die Schüler wichtig ist? Dass sie möglichst viele Kenntnisse haben oder dass sie fähig sind, Empathie zu entwickeln, Dinge mit den Augen eines anderen zu sehen, sich selbst aus einer Fremdperspektive betrachten zu können, in ungewohnten Situationen mit anderen reden zu können und handlungsfähig zu sein? Ich denke, es ist wichtiger, eher weniger »Stoff« durchzunehmen und die ausgewählten Themen multiperspektivisch anzugehen. Wie das im Einzelnen mit der Französischen Revolution war, kann ich im Zweifelsfall nachsehen – in Lexika oder im Internet. Wir müssen unsere schulischen Curricula radikal entrümpeln. Im Fach Geschichte könnten kategoriale Themen

wie Macht und Herrschaft, Revolutionen, Umweltgeschichte oder Geschlechtergeschichte den chronologischen Durchlauf ersetzen. In Großbritannien gibt es Lehrpläne, nach denen die Schüler in der Jetztzeit anfangen. Da haben die Kinder die Möglichkeit, ihre Eltern und Großeltern zu befragen, die Lehrkräfte können mit der Lokalgeschichte anfangen und danach rückwärts gehen. Warum sollen die Sechstklässler sich mit der hochkomplizierten athenischen Demokratie befassen, warum wird der Nationalsozialismus aber erst in der neunten Klasse zum Thema?

Doch wer gewährleistet, dass solche Gesichtspunkte von den Lehrern auch umgesetzt werden?

Das ist nicht zuletzt eine Aufgabe für die Lehrerfortbildung. Zu hoffen ist allerdings, dass der Fortbildner für Englisch auch an das interkulturelle Lernen denkt. Da ist ein Bewusstseinswandel notwendig. Es werden übrigens Trainingsprogramme angeboten, in denen Lehrer lernen wahrzunehmen, was sie in ihren heterogenen Lerngruppen als »normal« darstellen und dass sie damit – sicher meist unbeabsichtigt – manche Kinder oder Jugendliche aus der Normalität ausschließen. Die Betroffenen können das durchaus als Ausgrenzung und Diskriminierung empfinden. Für eine Integration ist das natürlich nicht hilfreich.

Ist interkulturelle Didaktik also nur sekundär auf das Fach bezogen?

Nein, das kann man nicht sagen. Die Fachinhalte haben natürlich ihre Berechtigung. Aber es braucht den Willen, diese Fachinhalte interkulturell, multiperspektivisch zu gestalten. Über die Fortbildung haben wir schon gesprochen, noch nicht über eine veränderte Ausbildung. Die Hamburger Kommission Lehrerbildung hat im Jahr 2000 den »Umgang mit kultureller und sozialer Heterogenität« zum prioritären Thema der Lehrerbildung erklärt. Die jungen Kollegen sind eine Chance, den Unterricht zu verändern. Gute Schule ist, Vielfalt interessant zu machen und nicht negativ zu belegen. Dafür brauchen wir eigentlich weder das Wort multikulturell noch den Begriff interkulturell.

In einer Zeit, in der tradierte Gewissheiten verschwimmen – viele Schüler leben nicht mehr mit Vater und Mutter, andere Schüler sind fromme Muslime, wiederum andere sind Muslime, fasten aber dennoch nicht im Ramadan –,

verunsichert ein multiperspektivischer Unterricht die Schüler und Lehrer nicht noch mehr?
Ich würde gar nicht auf die Idee kommen, dass so etwas verwirrend sein könnte. Traurig ist vielmehr, dass viele Kollegen Heterogenität als belastend empfinden. Sie haben eine Vorstellung von »normalen« (im Sinne von homogenen) Klassen, die nicht mehr der Realität entspricht. Wir müssen davon wegkommen, Heterogenität als Problem anzusehen. Es ist normal, verschieden zu sein. In den Lebenswelten der Kinder und Jugendlichen ist dies längst Realität – zumindest in einer Großstadt wie Hamburg.

Stichwort »Relativierung«: Brauchen Heranwachsende nicht eher verlässliche Werte, an denen sie sich festhalten können, wie die Familie oder christliche Werte?
Obwohl die Mehrheit unserer Gesellschaft nicht mehr christlich ist, beeinflusst die Religion – wie überall – die Werte, und in Mitteleuropa sind das eben traditionell die christlichen. Wenn man genau hinguckt, unterscheiden die sich aber von den muslimischen oder den buddhistischen Werten nicht sonderlich.

Im interkulturellen Fachunterricht lernen die Schüler, dass es verschiedene Möglichkeiten gibt, Sachverhalte zu betrachten, sie erfahren, wie kulturbezogen ihre eigenen Vorstellungen oft sind. Lernen sie auch zu bewerten, dass bestimmte Dinge vielleicht nicht nur »anders«, sondern schlicht falsch sind, wie etwa die Unterdrückung der Frau?
Interkultureller Fachunterricht darf auf keinen Fall dazu führen, dass etwa Lehrkräfte meinen, akzeptieren zu müssen, dass – aufgrund religiöser Argumente – Frauen unterdrückt werden. Im Gegenteil: Durch die Kenntnis über die Entstehung von Sitten und Bräuchen können diese Dinge in der Klasse endlich thematisiert und nicht tabuisiert werden. Wir müssen endlich lernen, uns streiten zu können. Und wer in diesem Land lebt, muss sich darauf einlassen, dass bestimmte Dinge festgelegt sind. Unser Grundgesetz ist eine hervorragende Grundlage, auf der man sich treffen kann.

Das Interview führten Christian Meier und Moritz Behrendt.

Lernchance Lebensgeschichten

Ob in der Literatur oder im Film – Lebensgeschichten stehen auf dem Buchmarkt hoch im Kurs und lassen die Kinokassen klingeln. Kein Wunder: Hinter diesen Geschichten stehen »echte« Menschen. Mit ihnen können wir uns vergleichen, wir können Einblicke in ihren Alltag gewinnen, mit ihnen können wir Gefühle der Angst, Trauer oder Freude teilen. Und – Lebensgeschichten sind ein hervorragender Gegenstand für interkulturelles Lernen.

»Ich habe meine eigene Geschichte und damit sozusagen auch mich selbst, das heißt meine eigene Identität, erforscht. Die vielen Fragezeichen in meinem Kopf fanden eine Antwort, und ich muss sagen, dass ich auch für das deutsch-türkische Zusammenleben selbstbewusster geworden bin«, resümiert der 17-jährige Mehmet nach zahlreichen Gesprächen mit seinem Großvater und seinen Eltern. Mehmet kommt aus Völklingen, einer Stadt im Saarland. Sein Großvater Kemal A. wurde 1938 in Niğde geboren. Bis in die 1960er Jahre lebte er dort, in der Provinz Zentralanatoliens. Dann brach er auf nach Almanya, wie viele seiner Landsleute.

Ortswechsel. Von Völklingen nach Frankfurt: Die Schüler der Klasse 13, die Angelika Rieber an der Ernst-Reuter-Schule I unterrichtet, kommen aus Afghanistan, England, Eritrea, Pakistan, dem Iran, der Türkei ... – die Liste ließe sich fortsetzen. Sie sind Juden, Christen, Muslime oder Atheisten. Auf dem Oberstufengymnasium im Norden der Mainmetropole haben zwei von drei Jugendlichen einen Migrationshintergrund, etwa ein Drittel sind Muslime. Angelika Rieber stöhnt nicht über die heterogene Zusammensetzung im Klassenraum. Sie hat es vielmehr zum Grundprinzip ihrer Arbeit gemacht, die unterschiedlichen Perspektiven und Erfahrungen ihrer multikulturellen Schülerschaft im Unterricht zu nutzen: »Hartmut von Hentig meinte, der Lehrer sei das beste Curriculum. Aber auch unsere Schülerinnen und Schüler sind Curricula, sind wichtige Quellen des Unterrichts«, sagt sie.

Angelika Riebers Engagement ist eingebunden in eine schulweite Initiative. Eine Arbeitsgruppe »Interkulturelles Lernen«, die aus fünf Lehrern besteht, bündelt Projekte zur Gestaltung des gemeinsamen Lernens von Schülern unterschiedlicher Herkunft. Und sie bietet Fortbildungen für Lehrer an – so gab es bereits einen Projekttag zum Thema Islam. Eine wesentliche Aufgabe der

Gruppe ist die Auswertung von Unterrichtsprojekten, die sich mit interkulturellen Fragen beschäftigen.

Die Wurzeln werden zur Kenntnis genommen

Angelika Rieber führte eine längere Unterrichtseinheit über die Flucht- oder Emigrationserfahrungen ihrer Schüler beziehungsweise die der Eltern durch. »Teilweise beteiligen sich dabei Klassenkameraden deutscher Herkunft, die diese Spurensuche als Gelegenheit nutzen, mehr über die Herkunftsländer ihrer Freunde zu erfahren«, berichtet die Lehrerin. Sie betont, dass diese Art der Arbeit für alle Seiten Gewinn bringend ist: »Für Migranten bedeutet das Erzählen über das Herkunftsland, dass ihre Wurzeln zur Kenntnis genommen und respektiert werden, dass ihre Herkunft in unsere gemeinsame Gegenwart einbezogen wird.« Und schließlich stärkte dieses Projekt die Klassengemeinschaft, wie ein Schüler aus Angelika Riebers 13. Klasse zusammenfasst: »Natürlich gab es auch immer wieder Konflikte und Gruppenbildungen, anfangs wegen der unterschiedlichen Mentalitäten. Aber wenn wir aus diesen Erfahrungen etwas gelernt haben, dann war es, dass viele Konflikte hätten vermieden werden können, wenn wir mehr voneinander gewusst hätten. Konflikte entstehen dann, wenn Menschen einander nicht akzeptieren, und umgekehrt lassen sich Konflikte vermeiden oder reduzieren, wenn man mehr voneinander weiß und sich gegenseitig respektiert. Die Klasse hat im Laufe der gemeinsamen Arbeit den Respekt voreinander gelernt, weil sich die Bereitschaft entwickelt hat, etwas Eigenes einzubringen und sich auf andere einzulassen.«

Wenn bei Frau Rieber Kolonialismus oder Imperialismus auf dem Lehrplan steht, sieht sie dies als Chance, die Schüler über die Heimatländer ihrer Eltern oder Großeltern erzählen zu lassen. Das Thema Menschenrechte und Demokratie nimmt sie zum Anlass, mit den Jugendlichen gemeinsam nach der gegenwärtigen Situation ihres Herkunftslandes zu fragen. Dass es natürlich nicht darum gehen darf, die Schüler zum Repräsentanten einer Gruppe zu reduzieren und sie als Sonderfall herauszustellen, ist Angelika Rieber klar. Es geht aber darum, dass die Schüler wissen, dass jeder die Möglichkeit hat, etwas aus der eigenen Perspektive und Erfahrung beizusteuern: »Immer wieder wird eingewendet, die Schüler wüssten doch zu wenig oder nichts über ihr Herkunftsland.« Das trifft teilweise zu, fährt sie fort. Aber sie stellt eine große Bereitschaft der Jugendlichen fest, sich diesen Themen zuzuwenden. »Eltern und andere Familienangehörige werden befragt, es eröffnet sich oft ein Kommunikationsprozess in den Familien. Für viele ist es eine Spurensuche, die ihnen neue Erkenntnisse über das Land, ihre Familien und die Emigrationsgeschichte vermittelt.« Und nicht zuletzt über sich selbst.

Der eigenen Geschichte auf der Spur

Auf Spurensuche nach der eigenen Familien- und Lebensgeschichte begaben sich nicht nur die Frankfurter Schüler, sondern über 8600 Kinder und Jugendliche in ganz Deutschland. Angeregt wurden sie durch die Ausschreibung des Geschichtswettbewerbs des Bundespräsidenten 2002/2003 zum Thema »Weggehen – Ankommen. Migration in der Geschichte«. Lebensgeschichten standen schon immer im Mittelpunkt des Geschichtswettbewerbs, bei einem Thema wie »Alltag im Nationalsozialismus« genauso wie bei der Ausschreibung »Umwelt hat Geschichte«. Über 100 000 Teilnehmer haben im Rahmen von mittlerweile 19 Wettbewerbsausschreibungen erfahren, wie Nachbarn, die eigenen Eltern und Großeltern zu einem Teil der Geschichte werden – auch wenn sie nicht namentlich im Geschichtsbuch stehen.

»Oral History« – erzählte Geschichte – ist spannend, unmittelbar und demokratisch, wie Detlef Siegfried in seinem Artikel »Oral-History-Erfahrungen im Schülerwettbewerb Deutsche Geschichte« von 1995 hervorhebt. Denn Zeitzeugenbefragungen oder lebensgeschichtliche Interviews eröffnen nicht nur einer kleinen Schülerelite, sondern auch Grund- und Hauptschülern historische Forschungsmöglichkeiten, sie sind ein »heißer Draht zur Geschichte« und zur eigenen Lebenswelt.

Und der Bezug zur eigenen Geschichte und Lebenswelt war bei vielen Spurensuchern zum Thema Migration besonders groß – denn in zahlreichen Familien in der Bundesrepublik gibt es Migrationserfahrungen. Beispielsweise in der Familie von Mehmet aus Völklingen: In seinem Beitrag zeichnete er die Lebensgeschichte seines Großvaters nach, der 1969 als Gastarbeiter aus der Türkei emigrierte. Sein Großvater erzählte ihm, dass er sich noch immer zwischen Deutschland und der Türkei zerrissen fühlt. Mehmet gab seiner Arbeit den Titel »Brücke zwischen zwei Welten – Deutschlands Ausländer, Türkeis Deutschländer«. Zwischen zwei Welten fühlt sich auch Mehmet, obwohl er in dritter Generation in Deutschland lebt: Die Türkei kennt er nur aus Besuchen in den Sommerferien, er spricht weder perfekt Türkisch noch Deutsch.

»Eine Erlaubnis für das Land, in dem ich geboren bin?«

Aus der Lebensgeschichte seines Großvaters zieht Mehmet Rückschlüsse für sein eigenes Selbstverständnis. In den 1990er Jahren »kaufte sich zunächst mein Onkel, dann mein Vater ein eigenes Haus in Völklingen. Dieser erste Schritt durch meinen Onkel hat psychologisch gesehen viel Mut gefordert, da der Kauf eines Hauses ein Zeichen für die endgültige Niederlassung und Einrichtung in der Bundesrepublik ist. Ich kann mich noch erinnern, dass meine Großeltern dagegen waren. Mein Cousin Kemal hat bereits die deutsche Staatsbürgerschaft. ... Zurzeit habe ich die türkische Staatsbürgerschaft. Aufgaben wie zum Beispiel Passerneuerung, Aufenthaltserlaubnis für die Türkei und so weiter erledigen wir beim Türkischen Konsulat in Mainz. Dass ich aber außer der Aufenthaltserlaubnis für die Türkei auch eine für Deutschland benötige, erfuhr ich letzten Monat (Januar 2003). Es war überraschend für mich, dass ich eine Erlaubnis für das Land brauche, in dem ich geboren bin, lebe und in die Schule gehe. Dies macht mir klar, dass ich heute noch, auch wenn ich etwas weiter gegangen bin als mein Großvater, auf der Brücke zwischen zwei Welten stehe.«

Can, ein anderer Teilnehmer beim Geschichtswettbewerb, arbeitete nicht allein, sondern ging mit vier anderen Jugendlichen auf Spurensuche in seiner türkischen Familie. »Mein Opa war Gastarbeiter – und was wird aus mir?« lautet der Titel ihrer Arbeit. Die Jugendlichen führten ausführliche Gespräche mit Cans Großvater und mit einem Nachbarn türkischer Herkunft. Cans Freund Micha schrieb am Ende der Arbeit, dass er sehr oft an seine türkischen Freunde gedacht habe: »Ich glaube, die meisten wissen gar nicht, wie und warum ihre Eltern oder Großeltern in Bremen gelandet sind. Und ich habe mir immer vorgestellt, wie es mir gehen würde, wenn ich in ein fremdes Land gehen würde, ohne die Sprache zu sprechen.«

Die besondere Chance in der Arbeit mit Lebensgeschichten liegt, wie das Beispiel von Micha zeigt, darin, dass wir den Perspektivwechsel nahezu unwillkürlich vollziehen: Sobald wir dem anderen zuhören, tauchen wir in die subjektive Wirklichkeit und die Sicht des Gegenübers ein, wir lassen uns auf das »Fremde« ein – eine zentrale Kompetenz für interkulturelle Verständigung. Wir entfernen uns von stereotypen Vorstellungen und begegnen Menschen mit ihren Geschichten, persönlichen Erfahrungen und Einstellungen. Das macht lebensgeschichtliche Interviews nicht nur wertvoll für den Geschichtsunterricht, sondern auch für andere Fächer wie Deutsch und Politik.

Gemeinsamkeit Migrationsgeschichte

In den bisher angeführten Beispielen, in denen Jugendliche (ihre) Familiengeschichten erforschten, waren sie in der Rolle der Fragenden und der Zuhörer. Erzähler waren die Großeltern und Eltern. Zwar haben die Schüler ihre Familiengeschichten dokumentiert, also schriftlich für den Geschichtswettbewerb festgehalten. Sie hatten jedoch kein persönliches Gegenüber, keine Leserschaft oder Zuhörer vor Augen.

Anders bei dem Projekt von Wolfgang Pommer an der Willy-Brandt-Gesamtschule im Münchner Norden. Hier geht es um den aktiven Austausch von Lebensgeschichten. Der Lehrer ist überzeugt davon, »dass man sich nur gegenseitig akzeptieren kann, wenn man die jeweiligen Biografien kennt, und dass man erst voneinander lernen kann, wenn man sich akzeptiert hat«. Und so beschlossen Wolfgang Pommer und ein paar seiner Kolleginnen, die Familiengeschichten ihrer Schüler zu sammeln. An seinem Projekt »Familiengeschichten« beteiligten sich insgesamt 97 Schülerinnen und Schüler, von der sechsten bis zur elften Klasse. Wer die Herkunftsländer der Kinder und Jugendlichen im Atlas nachschlagen möchte, muss mächtig herumblättern: Der muss suchen in Afrika, Asien, Mittel- und Südosteuropa.

Die Kinder und Jugendlichen begannen mit der Spurensuche in ihren Familien, befragten ihre Eltern und Großeltern nach ihrem Leben in der Vergangenheit und der Gegenwart. So unterschiedlich die Geschichten auch sind, die die Kinder zutage gefördert haben – eines haben sie fast alle gemeinsam: Migrationserfahrung. Ob aus einem kleinen Dorf im Bayerischen Wald, einer

Kleinstadt in der Türkei oder der schlesischen Provinz – ihre ursprüngliche Heimat haben fast alle der befragten Verwandten einmal verlassen. Die Lebenswege der Familien wurden in einem 170 Seiten starken Buch zusammengestellt, das bei sämtlichen Schülern auf großes Interesse stieß. Im Unterricht wurden immer wieder einzelne Geschichten vorgelesen. Wie die von Aysun, einer Achtklässlerin.

Aufmerksamkeit garantiert

Ihr Vater erzählte ihr: »Im Jahre 1970, als ich noch ein kleiner Junge war, fuhr mein Vater nach Deutschland als Gastarbeiter. Meine Mutter, meine drei Geschwister und ich blieben in der Türkei. … Natürlich war es sehr schwer damals, ohne meinen Vater aufzuwachsen. Meine Mutter versuchte soweit wie möglich uns alleine zu erziehen. Andererseits waren wir natürlich auch viel freier, da mein Vater ja nicht bei uns war.« Einige Jahre später zog die Familie nach: »Nach Deutschland zu ziehen, hieß, dass ich alle meine Freunde und mein gewohntes Leben zurücklassen musste. Unser Hauptproblem war die Sprache, denn wir konnten kein einziges Wort Deutsch. … Jetzt lebe ich schon seit circa 24 Jahren hier in Deutschland und mir würde es schwer fallen, zurück in die Türkei zu ziehen, denn ein Teil meiner Familie wohnt mittlerweile hier, und in nächster Zeit werde ich sogar einen deutschen Pass bekommen.«

»Diskussionen über grundlegende Identitätsfragen waren bei solchen Familiengeschichten gar nicht zu vermeiden!«, schildert Herr Pommer begeistert. »Allen Beteiligten wurde klar, dass es nach dem Zweiten Weltkrieg fast ›normal‹ geworden ist, Heimat und Kulturkreis zu verlassen.« Aber vor allem fand Wolfgang Pommer eines besonders bemerkenswert: Kinder, die sich normalerweise gegenseitig kaum zuhören, zeigten plötzlich Interesse an den Geschichten der Mitschüler. Und das ist sicherlich nicht nur ein Lernerfolg für die sonst so unaufmerksamen Zuhörer, sondern auch für die Kinder, die sich selten Gehör verschaffen können!

Ganz still wird es, wenn Raziye aus der elften Klasse die Lebensgeschichte ihres Vaters vorliest, der mit 18 Jahren aus der Türkei nach Deutschland kam. Sie endet sehr nachdenklich: »Mein Vater hat im letzten Sommer eine Urkunde von seinem Arbeitgeber, der Stadt München, bekommen, weil er seit genau 25 Jahren hier ist und arbeitet, die ersten 20 Jahre als Straßenkehrer und seit fünf Jahren als Rathausbote. Was es ihm gebracht hat? Darauf kann er heute nur damit antworten, dass ich mich umschauen soll. Er meint damit den Lebensstandard, den wir haben. Heute kriegt man fast alles, was man will, heute fährt man ein Auto, man lebt in einer schönen Wohnung, man kann zu verschiedenen Ärzten, man hat das Recht auf eine schulische Ausbildung. Und dann auf einmal ist er still. Er ist still und fragt sich vielleicht das, was ich mich und tausend andere auch fragen: ›Ist es das wert?‹ Aber ich kann unseren Vätern nichts vorwerfen, denn wofür sie sich geopfert haben, das haben sie nicht aus Egoismus gemacht, sondern aus Liebe zu ihrer Familie. Ich nehme bewusst das Wort ›geopfert‹, weil man es nur so beschreiben kann. Mein Vater hat also seine Heimat verlassen und ist in Deutschland angekommen. Und wer weiß, wann und ob er Deutschland verlassen wird, um in seiner Heimat, seiner wirklichen Heimat anzukommen.«

Die Beispiele zeigen: Sowohl im Zuhören als auch im Erzählen biografischer Geschichten stecken besondere Lernchancen. Wer zuhört, nimmt den anderen ernst, wer erzählt, wird ernst genommen. Wer zuhört, übernimmt die Perspektive des anderen, wer erzählt, distanziert sich von den eigenen Erfahrungen und wirft einen Blick von außen auf sich selbst. Biografisches Erzählen ist ein dynamischer Prozess zwischen dem Selbst und dem Anderen, zwischen Vertrautem und Fremdem. Genau so, wie Integration ein wechselseitiger Prozess ist: Nicht die einseitige Anpassung ist gefragt, sondern der Respekt vor dem jeweiligen biografischen Hintergrund. Can beschreibt dies anschaulicher: »Ich fühle mich in Bremen wohl und habe viele deutsche Freunde. Aber deshalb lasse ich mich doch nicht gleich verdeutschen. In meiner Familie gibt es auch die türkische Kultur, die kann und will ich nicht verleugnen. Aber man muss doch nicht immer in eine Kategorie reinpassen, also deutsch oder türkisch sein!« Genau, Can.

Von Christine Reese

Jenseits der Feiertagspädagogik

Auch ganz regulärer Fachunterricht kann interkulturell gestaltet werden. Dafür ist weder eine ganz neue pädagogische Herangehensweise notwendig noch eine Revolution der Lehrpläne. Zwei Beispiele.

Mustafa Imamoğlu muss ein wahrhaft biblisches Alter erreicht haben. 1323 sei er geboren, steht auf seinem Grabstein in Hamburg-Wilhelmsburg, und im Jahr 1977 gestorben. War der Verstorbene also ein Methusalem von sagenhaften 654 Jahren? Ein Fall für den Religionsunterricht? Nur bedingt, meint Professor Joachim Schroeder, viel eher biete das Rätsel um Mustafa Imamoğlus Alter einen interessanten Stoff für eine Mathematikstunde. Mit Schülern der fünften und sechsten Klasse hat er sich des Grabsteins angenommen. »Geht nicht«, war meist die erste Reaktion der verblüfften Schüler. Schnell fanden sie dann doch heraus, dass sich das Geburtsjahr des in Wilhelmsburg Begrabenen auf die islamische Zeitrechnung bezieht. Über dem Geburts- und Sterbejahr stehen noch zwei Namen von Suren des Korans: »Ruhuna« und »Fatiha«. Muslimische Schüler könnten dann etwas über islamische Beerdigungsriten erzählen und über die Symbolik auf Grabsteinen.

Die islamische Zeitrechnung beginnt mit der Hidschra, der Auswanderung des Propheten Mohammed und seiner Getreuen von Mekka nach Medina. Doch wann war das eigentlich? Die meisten Schüler wissen das nicht, und auch in den Lehrerkollegien herrscht Ahnungslosigkeit. »Dabei sollte es zum Allgemeinwissen gehören, dass die islamische Zeitrechnung im Jahr 622 nach Christi Geburt beginnt«, meint Schroeder. Das mathematische Rätsel ist schnell gelöst, Mustafa Imamoğlu wurde wohl nur 32 Jahre alt. Doch geht es hierbei nicht eher um islamische Geschichte und um Religion als um Mathematik? Schroeder stimmt zu, dass eine fächerverbindende Herangehensweise sinnvoll wäre, es ist ihm jedoch wichtiger zu zeigen, dass es gelingen kann, Interkulturalität in eine ganz normale Unterrichtsstunde einzubauen.

Schroeder hat Mathematik an Hauptschulen unterrichtet, inzwischen ist er Professor für Sonderpädagogik an der Johann Wolfgang von Goethe-Universität in Frankfurt. Der Grabstein ist bei weitem nicht die einzige Möglichkeit, den Mathematikunterricht interkulturell zu gestalten, gerade der islamische

Kalender bietet eine Fülle von Möglichkeiten. Dabei geht es Schroeder nicht darum, die Mathematiklehrpläne zu revolutionieren, vielmehr geht er davon aus, »dass man anhand von interkulturellen Themen auch den typischen Unterrichtsstoff durcharbeiten kann«. Das gelte insbesondere für das Sachrechnen. Da sei schließlich Alltagsnähe gefragt, und der Alltag vieler Schüler sei doch interkulturell geprägt.

Der Mythos der Kulturfreiheit der Mathematik

Auch die deutsche Sprache beeinflusst die Mathematik hierzulande: Wir sprechen von »drei und zwanzig« und nicht etwa von »zwanzig und drei«. Für Schüler mit nichtdeutscher Erstsprache ist dies eine häufige Fehlerquelle im Mathematikunterricht. Und wenn sie bereits in einem anderen Land zur Schule gegangen sind, kann es sein, dass der Lehrplan dort andere Schwerpunkte hatte als in Deutschland. So ist es möglich, dass sie bei bestimmten Themen zurückhängen, bei anderen aber vielleicht gelangweilt sind, weil sie den Stoff schon längst durchgenommen haben.

Bei vielen Lehrern ist noch verankert, dass im Mathematikunterricht endgültige Wahrheiten gelehrt werden. Schroeder möchte jedoch dazu beitragen, dass Lehrer beginnen zu reflektieren, dass nicht nur das Lernen im Mathematikunterricht von sprachlichen und kulturellen Vorerfahrungen geprägt ist, sondern dass die gesamte Mathematik, wie wir sie im Westen kennen, ein multikulturelles Produkt ist. Ohne das indische Stellenwertsystem oder die arabisch-islamischen Beiträge zur Algebra und Geometrie sähe die Mathematik heute anders aus. »Die Mathematik liefert ein schönes Beispiel für die Migration von Ideen«, sagt Schroeder, »an ihr kann man sehen, wie sich durch den interkulturellen Austausch etwas entwickelt.« Dies sei ein spannendes Thema – auch für die höheren Klassen an den Gymnasien. Leider sei dort die Idee der Kulturfreiheit der Mathematik besonders ausgeprägt.

Neun von zehn Schülern der Katharina-Henoth-Gesamtschule in Köln-Kalk haben einen Migrationshintergrund, die meisten von ihnen stammen aus türkischen Familien. Der Deutschlehrer Rainer Devantié hat erlebt, dass viele dieser Schüler in kulturellen und sprachlichen Zwischenwelten leben. »Weder die eine noch die andere Sprache gehört ihnen ganz«, sagt er. Grund genug für ihn, diese Zwischenwelten in einer Unterrichtseinheit in der Oberstufe zu thematisieren. Er wählte die Erzählung »Mutterzunge« der Autorin Emine Sevgi Özdamar. »Was für ein Schwachsinn!« sei die erste Reaktion seiner Schüler gewesen, erzählt Devantié leicht amüsiert. Das kenne er aber, das sei immer so, wenn er mit Schülern anspruchsvolle Literatur bearbeite. Die Schüler waren alle irritiert, sowohl die mit als auch die ohne Migrationshintergrund. »Die Reaktion ist ähnlich wie bei einem Gedicht von Ingeborg Bachmann«, sagt der Deutschlehrer.

Die Sprache aus den Zwischenwelten

Özdamars Text ist schwer zugänglich und erschließt sich nicht sofort beim ersten Lesen. Die Autorin überträgt türkische Syntax und türkische Redewendungen oft eins zu eins ins Deutsche. Das wirkt ungewohnt. »Ich erinnere mich jetzt an Muttersätze, die sie in ihrer Mutterzunge gesagt hat, nur dann, wenn ich ihre Stimme mir vorstelle, die Sätze selbst kamen in meine Ohren wie eine von mir gut gelernte Fremdsprache.« Devantié kommentiert: »Hier muss jemand um die Worte für die Rekonstruktion seiner Geschichte ringen. Wenn das Ich so in deutscher Sprache radebrecht, bedeutet das, die eine Sprache nicht zu können und die andere, die Mutterzunge, allmählich zu vergessen.« Seinen Schülerinnen und Schülern seien diese Empfindungen vertraut – allmählich, wenn sie sich an die Sperrigkeit des Texts der Bachmann-Preisträgerin Özdamar gewöhnt hätten, erkennen sie die Zwischenwelten wieder, die die Autorin in ihrer Erzählung beschreibt. Gerade Mädchen aus türkischen Familien berichten, dass sie zwar mündlich sowohl im Türkischen als auch im Deutschen sicher seien, dass sie sich aber in der Schriftsprache »nie ganz genau so ausdrücken können, wie sie wollen«. Besonders ihre Gefühlswelt könnten sie nicht adäquat kommunizieren. Weder auf Türkisch noch auf Deutsch.

Die Arbeit mit der Erzählung »Mutterzunge« ermutige sie, sich selbst kreativ auszudrücken. Dieser Kreativität solle der Lehrer aber einen Rahmen geben, meint Devantié. Daher behandelt er die Erzählung »Mutterzunge« in seinem Deutschunterricht durchaus konventionell. Er lässt Rezensionen schreiben, bittet die Schüler, in die Rolle der Erzählerin zu schlüpfen und einen Brief an die Mutter zu verfassen. Und auch als Thema für die Abiturklausuren eignet sich die Erzählung – etwa in Form einer Textinterpretation. Devantié hat die Erfahrung gemacht, dass Schüler mit Migrationshintergrund bei diesen Klausuren weniger sprachliche Fehler machen als bei üblichen Deutschklausuren.

Inzwischen unterrichtet er an der Deutschen Schule in Helsinki. Schüler mit muslimischem Migrationshintergrund hat er dort kaum. Dennoch ist er auf die Reaktionen gespannt, wenn er dort die Erzählung von Emine Sevgi Özdamar durchnehmen wird.

Keine systematische Umsetzung der Richtlinien

Sowohl Joachim Schroeder als auch Rainer Devantié tun eigentlich nicht mehr, als von ihnen verlangt wird: Schon 1996 empfahl die Kultusministerkonferenz, den Fachunterricht interkulturell zu gestalten, und bezog dabei explizit den Mathematik- und den Deutschunterricht ein. Und in den Rahmenplänen der Bundesländer erhält »Interkulturelles«, wenn auch in verschiedener Form, seit Jahren verstärkt Einzug. Doch die Umsetzung dieser Richtlinien im Schulalltag ist bislang weder systematisiert noch selbstverständlich. So hatte Rainer Devantié keinerlei didaktische Vorlagen, wie er mit der Özdamar-Erzählung im Unterricht verfahren könne. Die Idee, sie zu behandeln, und die Bereitschaft, sich den schweren Text vorerst selbst zu erschließen, dafür war sein eigener Antrieb ausschlaggebend.

Gemeinsam haben Schroeder und Devantié auch, dass für sie interkultureller Fachunterricht kein Fall für die Feiertagspädagogik ist: Es geht ihnen nicht darum, ein nettes interkulturelles Rätsel, wie es zum Beispiel der Grabstein liefert, am Ende des Schuljahres, nachdem die Klassenarbeiten geschrieben und die Noten vergeben wurden, den Schülern als Belohnung zu servieren, sondern sie wollen interkulturelle Themen als integralen Bestandteil des regulären Unterrichts etablieren.

Von Moritz Behrendt

Islamunterricht

Einen regulären islamischen Religionsunterricht gibt es bislang in Deutschland nicht. Mit Modellversuchen wird dieses Vakuum derzeit in einigen Bundesländern gefüllt. Eine Übergangslösung. Im Nachbarland Österreich ist man einen Schritt weiter: Islamische Religion wird dort seit Jahren als ordentliches Schulfach gelehrt. Eine andere Alternative hat ein deutscher Lehrer in Kairo ermöglicht: einen religionsübergreifenden Unterricht.

Erste Gehversuche in Deutschland

Der Religionsunterricht, so heißt es im Grundgesetz, ist in öffentlichen Schulen ordentliches Lehrfach. Einen regulären islamischen Religionsunterricht gibt es allerdings bislang nicht. Solange das so bleibt, müssen Schulen sich mit Modellversuchen begnügen.

Der Prophet Muhammad kommt recht unorthodox daher: Er trägt Turnschuhe und Sweatshirt, auch einen Bart hat er nicht. Aber schließlich ist er ja erst elf Jahre alt und heißt auch gar nicht Muhammad, sondern Yama. Er kommt aus Afghanistan und geht in die 4a der Gemeinschaftsgrundschule Lohberg, bei Duisburg, Nordrhein-Westfalen. Den Propheten spielt er nur, in einer Schulstunde, die sich Islamkunde nennt. Ein Dutzend Schüler sitzen in dem Klassenzimmer, fünf Mädchen darunter, viele von ihnen sind in Deutschland geboren, die meisten ihrer Eltern kommen aus der Türkei. Die Mehrzahl davon arbeitet im Bergbau, wie so viele hier, Lohberg ist ein Dorf, in dem der Förderturm den Kirchturm um einiges überragt.

An diesem Morgen geht es im Islamkundeunterricht um eine Episode aus dem Leben des Propheten. Die »Einsame Frau« heißt die Geschichte, die die Lehrerin auf einem DIN-A4-Blatt verteilt. Sie handelt von einer verbitterten Witwe, die aus Wut über ihre Einsamkeit den Propheten wüst beschimpft. Doch weil der ihre Not erkennt, bleibt er ruhig und tröstet sie und gewinnt so ihr Vertrauen und eine neue Glaubensgenossin dazu. Die Lehrerin Lamya Kaddor lässt jeden Schüler einen Satz daraus laut vorlesen, danach dürfen sie in verschiedene Rollen schlüpfen und die Geschichte nachspielen. Die Viertklässler sind mit Begeisterung dabei. »Warum hat der Prophet so gehandelt?«, fragt die Lehrerin ihre Schüler. »Er muss lieb sein«, »er muss helfen« antworten sie. Auf einem Blatt sollen die Viertklässler Fragen zum Text beantworten. Dabei wird die Islamkunde ganz nebenbei zum Deutschkurs für Fortgeschrittene. »Was heißt Großzügigkeit«, fragt eine Schülerin, was »Geduld« eine andere.

Noch fehlen Schulbücher

Seit dem Schuljahr 1999/2000 bietet Nordrhein-Westfalen islamische Unterweisung auf Deutsch an, im Jahr 2005 wurde der Schulversuch in »Islamkunde« umbenannt. 5000 Schüler und 120 Schulen nehmen daran teil. Bald sollen es 250 Schulen sein. Rund 80 muslimische Lehrer unterrichten, die meisten kommen aus dem muttersprachlichen Ergänzungsunterricht, aber es sind auch einige Islamwissenschaftler dabei. Alle haben eine einjährige fachliche und didaktische Qualifizierung durchlaufen. Den Lehrplan dafür hat das Landesinstitut für Schule in Soest entwickelt, gemeinsam mit Experten aus Ankara und Kairo. Dieser Lehrplan geht nicht nur auf Grundfragen des Islams ein, sondern auch auf den Alltag in Deutschland. Schulbücher gibt es noch keine, und es bräuchte auch mehr Unterrichtsmaterialien, sagt Lamya Kaddor. Sie unterrichtet seit 2003, Grundschüler und Hauptschüler. Sie hat Arabistik, Komparatistik und Erziehungswissenschaften studiert und ist wissenschaftliche Mitarbeiterin am Centrum für Religiöse Studien der Universität Münster. Sie ist auch Mitglied der Islamischen AG, die ins Leben gerufen wurde, um das Modellprojekt zu erweitern.

Das Bundesland Nordrhein-Westfalen will mit diesem Schulversuch ein Vakuum im deutschen Schulsystem füllen: Eine Dreiviertelmillion muslimischer Schüler gibt es in Deutschland. Einen regulären islamischen Religionsunterricht in deutscher Sprache können sie bislang aber nicht besuchen. Obwohl der von den Muslimen schon lange gefordert wird und seine Notwendigkeit von der Kultusministerkonferenz prinzipiell bereits 1984 anerkannt wurde. Woran hakt es also? Es mangele am politischen Willen auf staatlicher Seite, klagen die muslimischen Verbände; es liege an der Uneinigkeit der Muslime untereinander, sagen die Behörden und fordern *die* eine islamische Gemeinschaft, die für alle spricht. Die gibt es aber nicht. In Artikel 7, Absatz 3 des Grundgesetzes heißt es: »Der Religionsunterricht ist in den öffentlichen Schulen … ordentliches Lehrfach. … Unbeschadet des staatlichen Aufsichtsrechts wird der Religionsunterricht in Übereinstimmung mit den Grundsätzen der Religionsgemeinschaften erteilt.« Die Hürde ergibt sich aus dem juristischen Konstrukt der Religionsgemeinschaft. Das orientiert sich am Modell der christlichen Kirchen. Das Problem dabei ist: *Den* einen Islam gibt es nicht, und kirchenähnliche Strukturen kennen die Muslime nicht.

Es gibt zahlreiche Vereine und Dachverbände in Deutschland, aber keiner spricht für die Mehrheit. Auch der Zentralrat der Muslime vertritt, anders, als der Name es nahe legt, nur eine kleine Minderheit. (Gemeinsam mit dem Islamrat zog der Zentralrat vor das Münsteraner Verwaltungsgericht und wollte als Religionsgemeinschaft anerkannt werden. Die Klage wurde abgewiesen, mit der Begründung, die Verbände würden nur eine Minderheit der Muslime vertreten und keine identitätsprägenden religiösen Funktionen übernehmen, seien mehr politische Organisationen. Das Bundesverwaltungsgericht in Leipzig hat das Urteil aber wieder aufgehoben, der Fall wird neu verhandelt.)

Die religiöse Unterweisung blieb den Moscheen überlassen

So blieb die religiöse Unterweisung den Moscheevereinen überlassen. Mit oft unerwünschten Nebenwirkungen. Nach Schätzungen gibt es 2300 Moscheen in Deutschland, drei Viertel davon bieten Korankurse an, heißt es beim Zentrum für Türkeistudien in Essen. Um die 70 000 muslimische Jugendliche besuchen sie regelmäßig. Gegen Korankurse an sich ist nichts einzuwenden, hier lernen die jungen Muslime neben den Suren Glaubenspraxis, wie die rituelle Waschung vor dem Gebet beispielsweise; sie lernen, welches Fleisch ein frommer Muslim essen darf, welche Getränke er meiden muss. Problematisch ist, dass in manchen Moscheen darüber hinaus erzkonservative, teilweise radikale Ideen verbreitet werden; westliche Lebensart wird verteufelt, die Schüler werden schon mal dazu angehalten, mit Christen keine Freundschaften zu schließen. Abschottung statt Integration. Hinzu kommt, dass die Hodschas nur für wenige Jahre nach Deutschland kommen, kaum Deutsch sprechen und die Welt der Kinder nicht kennen. So sind sie nicht in der Lage, Dialog zu fördern, selbst wenn sie es wollten.

Dass der Islamunterricht im Klassenzimmer die Korankurse ersetzt, bezweifeln die Experten. Aber er kann auf jeden Fall den fragwürdigen Lehren mancher Moscheen und dem falsch verstandenen Islam einiger Jugendlichen eine vernünftige Alternative entgegensetzen.

Die Suche nach dem Ansprechpartner

Von staatlicher Seite wird mittlerweile oft der größte islamische Dachverband, die Türkisch-Islamische Union der Anstalt für Religion (DİTİB), als Ansprechpartner gesucht. DİTİB gilt als Vertreter eines modernen und moderaten Islam. Das ist gut, allerdings hat die Sache einen Haken: DİTİB ist kein unabhängiger Verband, sondern vertritt den türkischen Staatsislam. Diese Anbindung an die Türkei hat Nachteile, so machte sich DİTİB etwa lange Zeit für einen Islamunterricht in türkischer Sprache stark.

Dabei ermöglicht den jungen Muslimen nur ein Unterricht in deutscher Sprache, den Deutschen ihre Religion zu erklären. »Das ist gerade in Zeiten wichtig, in denen es einen gewissen Generalverdacht gegenüber dem Islam gibt«, sagt Muhammad Sven Kalisch, Professor für islamische Theologie an der Universität Münster. Welche Ausmaße dieser Generalverdacht annehmen kann, zeigte eine Umfrage, die das Allensbacher Institut für Demoskopie im Herbst 2004 durchführte. Auf die Frage: »Wenn Sie das Wort ›Islam‹ hören, woran denken Sie?«, antworteten 93 Prozent mit »Unterdrückung der Frau«, 83 Prozent mit »Terror«, 82 Prozent mit »Fanatisch, Radikal«. Die Assoziation »Sympathisch« fiel 6 Prozent der Befragten ein.

»Einen erfolgreichen islamischen Religionsunterricht kann es nur dann geben, wenn die in Deutschland lebenden Muslime in die inhaltliche Gestaltung des Unterrichts mit einbezogen werden«, schreibt der Islamwissenschaftler Michael Kiefer. Deshalb benötigten die Muslime repräsentative demokratische Gremien auf Landesebene, die vom Staat anerkannt werden sollten. Um die Anerkennung zu ermöglichen, müsse das an den Kirchen orientierte rechtliche Konstrukt der Religionsgemeinschaft geändert werden. Bis es so weit ist, müssen Schulen sich mit Modellversuchen begnügen.

In Niedersachsen startete im Herbst 2003 ein bekenntnisorientierter Schulversuch, bislang an acht Grundschulen. Dem Kultusministerium ist es gelungen, eine Vielzahl muslimischer Gruppen an einem runden Tisch zu versammeln: den Zentralrat der Muslime, DİTİB, einen neu gegründeten Verband, die so genannte Schura Niedersachsen. Mit am Tisch war auch ein Vertreter von Milli Görüş. Die vom Verfassungsschutz beobachtete Organisation hatte aber laut Kultusministerium keinerlei Einfluss auf die Lehrinhalte. Als Grundlage für den Lehrplan diente eine Vorlage des Zentralrats. Lehrer und Wissenschaftler haben sie weiterentwickelt, die Schulbehörden haben sie überprüft. Bis 2007 soll der Schulversuch laufen. Sind Kultusministerium und Muslime damit zufrieden, will man über eine landesweite Einführung nachdenken. Einen ähnlichen Weg geht man in Bayern, allerdings erst an einer Grundschule.

Auch in Baden-Württemberg ist man nach jahrelanger Vorbereitung einen Schritt vorangekommen: Im Jahr 2006 startet an zwölf Grundschulen ein bekenntnisorientierter islamischer Religionsunterricht. Schon 2001 hatten sich die Fraktionen im Stuttgarter Landtag dafür stark gemacht. Kurz darauf gründete das Kultusministerium eine Steuerungsgruppe, die die Kriterien für den Unterricht ausarbeitete: Dazu gehören Unterricht in deutscher Sprache, die Lehrpläne sollen von der Bekenntnisgemeinschaft entwickelt und die Lehrer sollen pädagogisch und didaktisch qualifiziert sein. Allerdings gerieten die Vorbereitungen bald ins Stocken, aufgrund großer Meinungsverschiedenheiten der islamischen Gruppen, die daran beteiligt waren. Extrem Konservative würden versuchen, ihre Überzeugungen einer politischen Religion durchzusetzen, sagte einer der Beteiligten gegenüber der »Stuttgarter Zeitung«. In der Zwischenzeit scheinen diese Probleme aus dem Weg geräumt, es liegen Lehrpläne vor, einige pädagogische Hochschulen des Landes wollen eine Qualifikation für Lehrer anbieten. Eine fachdidaktische, keine theologische. Auch rein rechtlich gesehen ist in Baden-Württemberg die Voraussetzung für einen bekenntnisorientierten Unterricht auch nicht durch den Zusammenschluss einiger Verbände zur islamischen Glaubensgemeinschaft Baden-Württembergs erfüllt. Trotzdem will man mit dieser Übergangslösung erst einmal arbeiten.

Die Auswahl der Lehrer ist entscheidend

Bundesweite Aufregung ausgelöst hat das Berliner Modell. Aufgrund einer anderen Rechtslage als in den meisten übrigen Bundesländern ist in Berlin bekenntnisorientierter Religionsunterricht nicht Teil des staatlichen Unterrichts, sondern ein freiwilliges Angebot der jeweiligen Glaubens- und Weltanschauungsgemeinschaft. Nun führt in der Hauptstadt ausgerechnet die Islamische Föderation Berlin den Islamunterricht durch; dem Dachverband islamischer Vereine und Moscheegemeinden ist es nach mehreren Gängen vor Gericht gelungen, als Religionsgemeinschaft anerkannt zu werden. Der Föderation werden in Verfassungsschutzberichten personelle Verknüpfungen mit der islamistischen Organisation Milli Görüş nachgesagt. Die Föderation selbst streitet das ab. 2001 begann sie mit dem Unterricht, und seitdem wird dieser kritisiert: Lehrer und Rektoren beschweren sich, dass nun viele muslimische Eltern ihre Kinder von Klassenfahrten und vom gemeinsamen Sport- und Sexualkundeunterricht abmelden wollten. Außerdem würden die Lehrer nur schlecht Deutsch sprechen und die Mädchen auffordern, Kopftuch zu tragen. Manche Schulleiter befürchten eine schleichende Islamisierung. Die Föderation streitet die Vorwürfe ab. Was Gerücht ist, was zutrifft, lässt sich schwer sagen.

»Kontrollieren lässt sich Religionsunterricht nicht«, sagt die Marburger Islamwissenschaftlerin Ursula Spuler-Stegemann. Auch bei einem überprüften Lehrplan könnten Lehrer immer noch – wenn sie es denn wollten – ihre ganz eigene Sichtweise des Islams vermitteln. Deshalb sind Auswahl und Ausbildung der Lehrer entscheidend. Das führt zu einem weiteren Problem: Kommt es zum regulären Islamunterricht, woher sollen dann die Lehrer kommen? Denn ein Religionsunterricht als ordentliches Fach in deutscher Sprache setzt akademisch ausgebildete Lehrkräfte voraus.

Der Tübinger Staatskirchenrechtler Martin Heckel, der sich ausgiebig mit dem Thema befasst hat, schätzt, dass es bundesweit mindestens 4500 Lehrer bräuchte. Um die Ausbildung hat sich lange aber kaum jemand gekümmert. Nur langsam bewegt sich hier etwas. In Niedersachsen begann man erst im vergangenen Jahr mit einer Weiterbildung für Islamlehrer. Die Universität Osnabrück arbeitet dabei unter anderem mit Fakultäten in Wien, Ankara, Kairo und Teheran zusammen. Peter Graf, Professor für interkulturelle Pädagogik, leitet das Programm. Er macht sich für eine »religiös-ethische Erziehung von Muslimen im Westen« stark. Man dürfe nicht einfach bestehende Konzepte der religiösen Erziehung importieren, sagt Graf, sondern müsse sie der Umwelt Europas anpassen. So könne der Religionsunterricht Dialog fördern. Zu den Lehrinhalten zählen nicht nur Koran und Gebet oder die Prophetengeschichte, sondern auch Islam in Europa und das Leben in einer säkularen Umwelt sowie die anderen Weltreligionen. Auch die Universität Erlangen-Nürnberg hat mit einer Ausbildung für islamische Religionslehrer begonnen, und an der Universität Frankfurt gibt es seit kurzem eine Stiftungsprofessur, die unter anderem der akademischen Bildung von Islamlehrern dienen soll.

Die Universität Münster hat jüngst den ersten Lehrstuhl für die »Religion des Islam« und die Islamlehrerausbildung eingerichtet. Im Sommersemester 2005 startete der Studiengang am Centrum für Religiöse Studien. Grundvoraussetzung ist muslimische Glaubenszugehörigkeit. Professor Muhammad Sven Kalisch rechnet mit 30 Studenten pro Semester. Um die verschiedenen islamischen Strömungen zu berücksichtigen, hat die Universität Münster einen Beirat einberufen. Der schaut sich den Studienplan genauso an wie das Kultusministerium. »Wir wollen, dass die Studenten so viel Arabisch lernen, dass sie in der Lage sind, mit Hilfe eines Wörterbuches einen Text zu lesen. Denn islamische Theologie ist ohne arabische Sprache nicht machbar«, sagt Kalisch. Koran und Hadith, also die überlieferten Aussagen des Propheten, islamisches Recht und Philosophie gehören ebenfalls zum Lernstoff. Kalisch selbst ist mit 15 Jahren zum Islam konvertiert. Der Jurist und Islamwissenschaftler gehört den Zaiditen an, einer kleinen schiitischen Strömung, die davon ausgeht, dass die Offenbarung im Sinne der Vernunft interpretiert werden muss. »Der Lehrstuhl muss alle Muslime ansprechen und darf keine einzelnen Positionen bevorzugen«, sagt Kalisch. »Ich berücksichtige das ganze Spektrum, das kann man an meinen Vorlesungen sehen.«

Sollte es noch keinen Regelunterricht geben, wenn die ersten Absolventen nach sechs Semestern die Uni verlassen, können sie an einer der Schulen unterrichten, die an dem Schulversuch in Nordrhein-Westfalen teilnehmen.

Von Arnfrid Schenk

Kompromisse im Nachbarland

Während in Deutschland seit Jahren über den islamischen Religionsunterricht gestritten wird, ist dieser in Österreich bereits seit Jahren etabliert. Überhaupt wird jenseits der Alpen ein erstaunlich entspannter Umgang mit dem Islam gepflegt.

Kinder können schwierig sein, selbst in Österreich. Im Religionsunterricht, erzählt Iyman Alzayed, habe eine Lehrerin einmal mit übereinander geschlagenen Beinen dagesessen; da sei ein Drittklässler gekommen und habe zu ihr gesagt: »Das ist *haram* – verboten!« Der freche Knirps war Muslim, die Lehrerin seine islamische Religionslehrerin. *Haram* – ein neunjähriger Fundamentalist!?

Iyman Alzayed ist nicht entsetzt; sie muss sogar etwas lachen, wenn sie die Geschichte erzählt. Tja, wie geht man mit so etwas um? »Das braucht Fingerspitzengefühl«, meint sie, »so einer, der ständig seine Meinung über den Islam loswerden will, ist natürlich ein Problemfall. Das gibt's immer wieder.« Zum Glück besäßen viele der Religionslehrer ein intuitives Einfühlungsvermögen für solche Situationen – möglicherweise aus ihrem Migrantenhintergrund mitgebracht: große Familien, in denen es ständig Konflikte zu lösen gibt, und viele Geschwister. Außerdem sei der Umgang mit den Eltern »von Migranten zu Migranten« einfacher, glaubt Alzayed: »Die haben einfach einen besseren Zugang zu der Art und Weise der Leute und ihren Umgangsformen. Man will die Fronten ja nicht verhärten, sondern vermitteln.«

Iyman Alzayed unterrichtet an der »Islamischen Religionspädagogischen Akademie« (IRPA) in Wien, die für die Ausbildung islamischer Religionslehrer in Österreich zuständig ist. Sie leitet die schulpraktischen Studien, also den Probeunterricht, den die angehenden Religionslehrer im Verlauf ihrer Ausbildung absolvieren. Während bei den Deutschen seit Jahren um den Islamunterricht gestritten, geleitartikelt und prozessiert wird, denken Alzayed und ihre Kollegen darüber nach, wie sie die Qualität ihrer Ausbildung noch verbessern können.

Der Islam ist staatlich anerkannte Religionsgesellschaft

Was den bekenntnisorientierten Unterricht für Muslime betrifft, ist Österreich anderen europäischen Ländern um Jahre, wenn nicht Jahrzehnte voraus. Der Islam ist dort seit beinahe einem Jahrhundert staatlich anerkannte »Religionsgesellschaft«: Nach der Annexion Bosnien-Herzegowinas im Jahr 1908 besaß die k.u.k. Monarchie auf einmal 600000 Staatsbürger islamischen Glaubens. Aus politischen Erwägungen und um Spannungen zu vermeiden, unterzeichnete Kaiser Franz Joseph am 15. Juli 1912 das »Islamgesetz«, das die islamische Religion und ihre Ausübung – sofern sie nicht den Gesetzen widersprechen – unter den Schutz des Staates stellte. Sogar der Bau einer Moschee in Wien war geplant. Mit dem Ende der Doppelmonarchie nach dem Krieg ging Österreich auch seiner Muslime verlustig; sie kehrten erst ab den 1960er Jahren – vor allem als türkische Gastarbeiter – zurück.

Heute leben knapp 400000 Muslime in dem Acht-Millionen-Staat, ungefähr 100000 von ihnen besitzen die österreichische Staatsbürgerschaft. In Österreich gibt es vermutlich mehr Muslime als Protestanten. Als ihre gemeinsame Vertretung hat sich 1979 die »Islamische Glaubensgemeinschaft in Österreich« (IGGiÖ) gegründet. Sie ist eine Körperschaft öffentlichen Rechts, genießt also den Status, den der deutsche Staat den zahlreichen islamischen Verbänden bislang nicht zuerkennen will. Keiner von ihnen repräsentiere die Mehrzahl der Muslime in Deutschland, heißt es, und ergänzt wird häufig: Der Islam kenne nun mal keine kirchenähnlichen Strukturen.

In Österreich klappt es dafür ziemlich gut. Unter anderem verantwortet die IGGiÖ den islamischen Religionsunterricht, den es seit 1982 gibt – ohne dass dies eine öffentliche Debatte ausgelöst hätte. »Für die Leute war es damals selbstverständlich, dass auch die Muslime ihren Religionsunterricht bekommen«, sagt Anna Strobl, Lehrbeauftragte an der Universität Graz und Expertin für den österreichischen Islam. Bedenken bezüglich der Inhalte des Unterrichts hat sie nicht: »Es wurde ein Lehrplan ausgearbeitet, der einsichtig ist und immer weiterentwickelt wurde.« Außerdem seien die Muslime dem Staat in einigen Fragen entgegengekommen: »Man ist hier schon immer einen Weg des Kompromisses gegangen.« Vielleicht sind die Curricula deshalb recht allgemein gehalten und betonen vorwiegend die zentralen Glaubensinhalte, etwa die »fünf Säulen«. »Die Lehrer wünschen sich noch mehr Hilfestellungen und Materialien für den konkreten Unterrichtsstoff«, meint auch Iyman Alzayed.

Etwa 40 000 Schüler besuchen mittlerweile den islamischen Religionsunterricht, der von rund 350 Lehrern im Land erteilt wird. Deren fachliche Ausbildung obliegt seit 1998 der IRPA, die vom Wiener Stadtschulrat getragen und vom Staat finanziert wird. Sechs Semester lang werden die Studenten hier in Pädagogik und Fachdidaktik ausgebildet; inhaltlich liegt der Schwerpunkt auf islamischen Disziplinen wie Koranwissenschaften, Hadith und islamischem Recht. Gute Arabisch- und Deutschkenntnisse sind Voraussetzungen: »Ein Lehrer, der nicht im Unterricht den Koran auf Arabisch rezitieren kann und die Grundbegriffe kennt, wird von den Schülern und den Eltern nicht akzeptiert«, erklärt Alzayed. In einem einjährigen Vorbereitungskurs können Studenten sich die nötigen Sprachkenntnisse aneignen; ungefähr 60 Prozent der Studienanfänger hätten keine Arabischvorkenntnisse, schätzt die Pädagogin.

Religionslehrer bieten eine emotionale Heimat

Viele der Studenten stammen selbst aus Einwandererfamilien – islamischer Religionslehrer zu sein, bedeutet für sie auch einen sozialen Aufstieg. Jedoch nicht nur insofern besäßen sie Vorbildcharakter, betont Alzayed: »Für viele muslimische Kinder ist ein Religionslehrer so etwas wie eine emotionale Heimat.« Auch die IGGiÖ betont die integrativen Aspekte des Religionsunterrichts: Eine »solide und ausgewogene Vermittlung religiöser Inhalte« solle bei den Schülern die »Bewusstheit der eigenen gesellschaftlichen Verantwortung im Sinne des Gemeinwohls« wecken und »die Kompatibilität einer islamischen Lebensweise mit dem Gefühl der Zugehörigkeit zu Österreich und Europa« unterstreichen, heißt es in der Selbstdarstellung. »Alte, dem Islam widersprechende Rollenmuster« – etwa bezüglich der Stellung der Frau – sollten revidiert werden.

Es scheint, als gingen alle Beteiligten jenseits der Alpen mit dem Thema Islam erstaunlich entspannt um. Die Islamexpertin Strobl resümiert: »Es hat hier nie größere Probleme mit den Muslimen gegeben. Auch die Kopftuchdebatte wurde kaum aufgegriffen«, und der österreichische Bundeskanzler

Wolfgang Schüssel pries sein Land bereits als »Modell für andere Länder«. »Im Grunde ist die österreichische Situation tatsächlich das, wovon die Muslime in Deutschland träumen«, pflichtet Alzayed bei: eine demokratisch gewählte Vertretung, die auf gleicher Augenhöhe mit dem Staat Rechte, aber auch Pflichten wahrnehme. Der Islam in Österreich sei eine Erfolgsgeschichte, findet die Pädagogin: »Ich spüre hier wirklich die Identifikation des Einzelnen mit der Gesellschaft, viel mehr als in Deutschland.«

Iyman Salwa Alzayed ist selbst Deutsche. Am Wochenende reist sie häufig nach Hannover, wo sie eine ruhige Wohnung nahe am Fluss hat. Die 47-Jährige ist hierzulande keine Unbekannte: 1999 war der Lehrerin verboten worden, an einer niedersächsischen Schule mit einem Kopftuch zu unterrichten; Proteste von Lehrern und Schülern konnten daran nichts ändern. Wie Fereshta Ludin aus Baden-Württemberg klagte sich Alzayed daraufhin durch alle Instanzen, bis sie im Sommer 2004 beim Bundesgerichtshof überraschend aufgab. »Ich habe nicht mehr die Kraft, die genaue Interpretation durch sämtliche Gerichte prüfen zu lassen«, teilte sie mit und erklärte sich bereit, notfalls auch ohne Kopftuch zu unterrichten. Dann kam das Stellenangebot aus Wien: »Am Sonntagabend habe ich entschieden, dass ich in Österreich zu arbeiten beginne«, erinnert sie sich. »Montag hätte ich den Eid auf die deutsche Verfassung schwören sollen, ohne Kopftuch.« In Österreich wurde Iyman Alzayed dann, wenige Wochen nachdem sie angekommen war, gemeinsam mit anderen Muslimen zu einem feierlichen Fastenbrechen eingeladen. In die Wiener Hofburg – der Gastgeber war Bundespräsident Heinz Fischer.

Von Christian Meier

Experiment am Nil

Jeder lernt im Unterricht etwas über seine eigene Religion, jedoch wenig über andere. So war das auch an der Deutschen Evangelischen Oberschule in Kairo, bis Reinhard Meßling seine Idee von einem interreligiösen Unterricht durchsetzen konnte.

Als eines Tages ein neuer Kollege von der Azhar-Universität an die Deutsche Evangelische Oberschule in Kairo kam, um sich für das Fach Islamische Religion vorzustellen, war er bass erstaunt über die kritischen Fragen der Schüler in der Vorstellungsrunde. Wie das denn möglich sei, fragten sie, dass alles, was auf der Erde verteufelt würde, wie Alkohol und freie Sexualität, im Paradies richtig sei. Ergebe sich daraus nicht ein moralischer Widerspruch? Dem jungen Kollegen von der Universität klappte der Unterkiefer herunter. »Dürfen die hier so was fragen?«, fragte er irritiert seinen ebenfalls für Islamunterricht zuständigen Kollegen. »Wir sind hier ein bisschen liberal«, antwortete der, nicht ohne Stolz in der Stimme.

Der Wunsch: Ein Religionsunterricht, der verbindet

Reinhard Meßling hat hier von 1995 bis 2003 Religion, Englisch und Latein unterrichtet. Der Lehrer empfand es als ärgerlich, dass im Fach Religion vier Schülergruppen nebeneinanderher unterrichtet wurden und nicht gemeinsam in einer Klasse saßen. So gab es islamischen Religionsunterricht in arabischer Sprache; islamischen Religionsunterricht in deutscher Sprache; koptischen Religionsunterricht in arabischer Sprache und römisch-katholischen/evangelischen Religionsunterricht in deutscher Sprache für alle Kinder europäischer Nationalitäten, der ökumenisch durchgeführt wird. Auf diese Weise haben die Schüler wenig über die anderen Religionen gelernt. Kinder einiger europäischer Eltern, die keiner Religionsgemeinschaft angehören, Buddhisten oder Atheisten sind, mussten am christlichen Unterricht teilnehmen, da der ägyptische Staat Religionsunterricht zum Pflichtfach macht. Nicht nur angesichts der Situation an der Schule und in Ägypten, wo verschiedene Religions- und Kulturgruppen neben- und miteinander leben, kam Reinhard Meßling diese Struktur veraltet vor.

Schon in seinem ersten Jahr an der Schule initiierte er in einer Projektwoche »Die Begegnung der Religionen«, zu der er zwölf Schüler einlud, mit ihm den Roman »Die Kinder meines Viertels« von Nagib Machfus zu lesen und zu diskutieren. Der Roman, den Machfus ab 1957 in der ägyptischen Tageszeitung »al-Ahram« als Fortsetzungsgeschichte veröffentlicht hatte, ist eine Auseinandersetzung zwischen den drei Buchreligionen Judentum, Christentum und Islam sowie der Frage nach dem richtigen, dem wahren Glauben. Das Buch wurde 1959 in Ägypten verboten. Fast 30 Jahre später erst, nachdem Machfus den Literaturnobelpreis erhalten hatte, hob der ägyptische Präsident Hosni Mubarak das Druckverbot auf. Doch noch 1995, als Meßling den Roman in deutscher Fassung mit seinen Schülern las, gab es keine in Ägypten vollständig gedruckte Ausgabe des Werkes. Noch immer wachten die Sittenwächter der Theologischen Fakultät der Azhar-Universität mit Argusaugen über jede Veröffentlichung.

Reinhard Meßling, der den Roman mit seinen Schülern auf Deutsch las und dabei von einem arabischen Lehrer unterstützt wurde, der die richtige Übersetzung einzelner Passagen überprüfte und bei Koranzitaten half, machte mit seinen Schülern durchweg positive Erfahrungen. In Kleingruppen arbeiteten sie zunächst mit dem Roman und setzten sich mit den Protagonisten und den Bezügen zu den religiösen Figuren auseinander. Danach wurden einzelne Passagen aus dem Koran und der Bibel identifiziert, auf die Machfus anspielt. Die Schüler fragten neugierig nach, es entstanden »heiße Diskussionen«, die Meßlings Annahme folgten, dass »die Wahrheit nur in einem konstruktiven Streitgespräch gefunden werden kann. Niemand hat sie für sich allein gepachtet.« Machfus' Roman erscheint Meßling als perfekte Grundlage für eine solche Diskussion. »In keinem anderen Buch«, so Meßling, »wird der Absolutheitsanspruch der Religionen durch eine biografische Darstellung abgelöst und alle Religionen dem Gegensatz der modernen Wissenschaft so kritisch gegenübergestellt.«

Das Projekt war schließlich nur ein Anfang: In zweijähriger Überzeugungsarbeit, in dem offene Gespräche mit Lehrern, Schülern und Eltern stattfanden, Vertreter des ägyptischen Erziehungsministeriums ebenso eingeladen wurden wie Vertreter des zuständigen deutschen Kultusministeriums, gelang es Meßling und seinen Mitstreitern, für die Oberstufe seiner Schule einen gemeinsamen christlich-islamischen Religionsunterricht für alle Schüler zu etablieren. Es ist Meßling wichtig zu betonen, dass es nicht um »Dialog« und »Begegnungsunterricht« geht, sondern um »originären Religionsunterricht«.

Das Resultat: Prüfungsfach Religion interkulturell

Ein Lehrplan wurde erstellt und von der deutschen Kultusministerkonferenz abgesegnet, Lehrerfortbildungen gemacht; jeweils ein zuständiger Lehrer für den Islam und einer für das Christentum leiten seither den Unterricht gemeinsam. »Das Wichtigste«, sagt Meßling, »ist eine Atmosphäre des Vertrauens.« Keiner darf sich gegängelt oder bevormundet fühlen. Besonders die ägyptischen Kollegen dürften nicht das Gefühl bekommen, hier entstehe ein Missionierungsinstrument, in dem Muslime zum Christentum bekehrt werden sollten. In den ersten Jahren gab es in den Unterrichtsstunden häufig Besuch, der darüber wachte, was hier vor sich ging. Heute ist dieses Fach eine Besonderheit, die es nur an dieser Schule gibt. Abiturienten können es sogar als Prüfungsfach belegen.

Die Schule, die 1873 von der deutschsprachigen Evangelischen Gemeinde in Kairo gegründet wurde und dieser bis heute untersteht, genießt ein hohes Ansehen unter Schülern, Lehrern und dem ägyptischen Staat gleichermaßen. Die Schüler können mit einem Doppeldiplom, dem deutschen und dem ägyptischen Abitur, abschließen. Nach Beendigung der Schule können sie ohne weitere Prüfungen sowohl in Ägypten als auch in Deutschland ihr Studium aufnehmen. Und die Schule ist, da sie vom deutschen Auswärtigen Amt und der deutschen Schulaufsicht gefördert wird, im Vergleich zu anderen Privatschulen in Kairo recht günstig. Der Ansturm auf die begehrten 50 bis 60 Plätze ist jedes Jahr enorm.

Reinhard Meßling unterrichtet nun wieder in Deutschland, an einem Gymnasium in der Nähe von Köln. Unter den 1100 Schülern seiner Schule gibt es nur 20 Muslime. »Ich bedauere, dass ich nicht mehr machen kann.« Denn der Religionsunterricht an deutschen Schulen wird bis heute von den Konfessionen bestimmt. Meßling hält das für wenig sinnvoll. Er ist der Auffassung, dass angesichts der deutschen Religionenvielfalt ein gemeinsamer Religionsunterricht viel angemessener wäre; ein Unterricht, in dem auch über Werte diskutiert wird, in dem die gemeinsamen Wurzeln der Religionen und ihre Unterschiede von den Schülern erarbeitet und besprochen werden.

Von Elisabeth Knoblauch

Service

Informationen und Kontakte

Literaturempfehlungen

Informationen und Kontakte

Islamische Organisationen

In Deutschland leben etwa 3,2 Millionen Menschen mit muslimischem Hintergrund, rund zwei Millionen davon sind türkischer Abstammung. (Beide Zahlen definieren sich über die ethnische Zugehörigkeit und nicht über Religionszugehörigkeit, da es bei den Muslimen im Gegensatz zu den christlichen Kirchen keine Register gibt, die eine solche Erhebung ermöglichen.) Das macht den Islam neben den beiden christlichen Konfessionen zur drittgrößten Religionsgemeinschaft in der Bundesrepublik. Anders als im Christentum gibt es im Islam jedoch keine Amtskirche oder vergleichbare einheitliche Strukturen. Um ihren Bedürfnissen Gehör zu verschaffen, sind die Muslime in Deutschland daher in einer Vielzahl von Vereinen, Organisationen und Verbänden organisiert. Der Vertretungsanspruch der Organisationen und direkte Mitgliedschaft divergieren zum Teil erheblich: Es ist anzunehmen, dass 15 bis 30 Prozent der Menschen mit muslimischem Hintergrund in der Gesamtheit der Verbände und Vereine organisiert sind oder sich durch sie vertreten fühlen, während einzelne Dachverbände für sich in Anspruch nehmen, bis zu 70 Prozent der Muslime zu vertreten.

Islamrat

Der Islamrat der Muslime in Deutschland wurde 1986 in Berlin gegründet und ist einer der zwei Spitzenverbände, die sich als Ansprechpartner des Staates für die religiösen Belange der Muslime in Deutschland sehen. Er führt 32 Dachorganisationen und Vereine als Mitglieder auf, sein Vorsitzender ist seit 2002 Ali Kızılkaya. Wichtigstes und dominierendes Mitglied des Islamrats ist der IGMG-Verband. 1995 ist die »Islamische Gemeinschaft Milli Görüş e.V.« (IGMG) aus der 1975 gegründeten »Vereinigung der Milli Görüş in Europa« (AMGT) hervorgegangen. Milli Görüş (türkisch für »nationale Sicht«) ist eine

Bewegung, die ihre Wurzeln in den islamistischen Parteien in der Türkei hat und eine »gerechte Ordnung«, unter anderem die Einführung der Scharia, propagierte. Die IGMG hat bundesweit circa 27 000 eingeschriebene Mitglieder, der von der IGMG beeinflusste Personenkreis wird auf bis zu 100 000 geschätzt. Die IGMG wird im Verfassungsschutzbericht als extremistisch geführt, gleichzeitig bemüht sie sich, als Dialogpartner Akzeptanz auf Bundes- und Landesebene zu finden.

- www.islamrat.de
- www.igmg.de

Zentralrat der Muslime

Aus dem 1989 gegründeten »Islamischen Arbeitskreis in Deutschland« (IAK), der von einer Reihe von Organisationen ins Leben gerufen worden war, die sich nicht mit den Zielen des Islamrates identifizierten, ging 1994 der zweite Spitzenverband, der »Zentralrat der Muslime in Deutschland«, hervor. Dem IAK gehörten sowohl die großen türkisch-islamischen Verbände (VIKZ, AMGT, DİTİB) als auch die bedeutenden Zentren in Hamburg, Aachen und München an. 1993 trat die AMGT aus dem Arbeitskreis aus, und DİTİB weigerte sich, Mitglied des ZMD zu werden. Nach dem Ausstieg des VIKZ als zahlenmäßig stärkstem Verband im Jahr 2000 ist die Zahl der Mitgliederorganisationen auf 19 mit rund 10 000 Mitgliedern gesunken. Auch wenn er zahlenmäßig kleiner als der Islamrat ist, nimmt der Zentralrat in Pressemitteilungen und im Internet zu aktuellen politischen Themen Stellung. Der Zentralrat ist in der Zusammensetzung seiner Mitglieder multiethnisch (vertreten sind deutsche, türkische, arabische, albanische, bosnische und persische Muslime). Sein Vorsitzender ist Dr. Nadeem Elyas.

- www.islam.de

Verband der Islamischen Kulturzentren

Der bereits erwähnte Verband der Islamischen Kulturzentren e.V. (VIKZ) ist keinem der beiden Spitzenverbände zugehörig. Der VIKZ besteht seit 1973 und wird auch aufgrund seines Bezuges zu der Süleymanisten-Bewegung und den Nakşıbendi-Derwischen als der Verband der »Süleymanisten« gesehen. Ihm gehören rund 300 Vereine an. Der VIKZ hat sich lange Jahre als sehr »dialogoffen« präsentiert und hat sich in Integrationsfragen als Partner eingebracht. Seit 2000 hat er sich auf Entscheidung seiner Führung weitgehend aus der Öffentlichkeit zurückgezogen.

- www.vikz.de

DİTİB

Als größter Verband der türkischstämmigen Muslime ist der 1982 gegründete Moscheenverein »Diyanet İşleri Türk İslam Birliği« (DİTİB/Türkisch-Islamische Union des Amtes für Religionsangelegenheiten e.V.) zu nennen. DİTİB ist ein Dachverband mit circa 800 Vereinen und über 100 000 Mitgliedern und hat enge Verbindungen zum Türkischen Amt für Religiöse Angelegenheiten in Ankara. Er vertritt den türkischen Staatsislam und damit die türkische Auffassung von Säkularismus, den Laizismus. DİTİB ist für die aus der Türkei entsandten Imame, die in den Moscheen in Deutschland tätig sind, zuständig. Lange Jahre war DİTİB als offizieller säkularer Vertreter des Islams der wichtigste Ansprechpartner des deutschen Staats, hat aber auch klar die Interessen des türkischen Staats vertreten.

- www.diyanet.org

Neue Entwicklungen

Bei den meisten bestehenden Organisationen ist ein stärkerer Deutschlandbezug und eine Entfernung von der Interessenvertretung der Herkunftsländer zu beobachten. Zugleich wird nach neuen Strukturen für die Repräsentanz der Muslime in Staat und Gesellschaft in Deutschland gesucht. Bei DİTİB sind Beispiele hierfür die Einrichtung einer Stiftungsprofessur an der Goethe-Universität Frankfurt am Main, verstärkte Bemühungen auf dem Gebiet des interreligiösen Dialogs sowie die neue Offenheit für Islamunterricht in deutscher Sprache. Im Februar 2005 fand auf Einladung des Islamrats und des Zentralrats in Hamburg eine Tagung statt, an der sich alle wichtigen Dachvereine mit der Ausnahme von DİTİB beteiligten. Die teilnehmenden Verbände sind übereingekommen, innerhalb eines Jahres eine einheitliche demokratische und föderale Organisationsstruktur zur Vertretung der Muslime auf Landes- und Bundesebene zu schaffen.

Muslimische Akademie

Im Juni 2004 hat sich in Berlin der Verein »Muslimische Akademie in Deutschland« zum Zweck der Errichtung und Betreibung einer muslimischen Akademie gegründet. Die Muslimische Akademie hat nicht den Anspruch, Muslime zu repräsentieren. Ihr wichtigstes Ziel ist es, die Beteiligung von Muslimen auf verschiedenen gesellschaftlichen und politischen Ebenen zu fördern. Als Forum für den inner- und interreligiösen Dialog wirkt sie in Ergänzung zu den vielen bereits bestehenden Initiativen engagierter Muslime. Sie greift Themen auf, die Muslime bewegen, und bietet eine Plattform, diese in öffentliche Diskurse einzubringen sowie aktuelle Diskussionen durch die Perspektiven von Muslimen im Sinne des Pluralismus zu bereichern.

- www.muslimische-akademie.de

Islamischer Religionsunterricht

Einen regulären islamischen Religionsunterricht in deutscher Sprache gibt es in Deutschland noch nicht. Die Anträge islamischer Verbände und Vereine auf Zuerkennung und Trägerschaft eines islamischen Religionsunterrichts waren bisher nicht erfolgreich. Bei der Ablehnung dieser Anträge berufen sich die Behörden auf das Grundgesetz. In Artikel 7, Absatz 3 des Grundgesetzes heißt es: »Der Religionsunterricht ist in den öffentlichen Schulen ... ordentliches Lehrfach. ... Unbeschadet des staatlichen Aufsichtsrechts wird der Religionsunterricht in Übereinstimmung mit den Grundsätzen der Religionsgemeinschaften erteilt.« Der Grund der Ablehnung liegt im juristischen Konstrukt der Religionsgemeinschaft, das sich am Modell der christlichen Kirchen orientiert. Das Problem dabei ist: »Den« einen Islam gibt es nicht, und kirchenähnliche Strukturen kennen die Muslime nicht. Bislang gibt es in verschiedenen Bundesländern Modellversuche, die im Folgenden aufgelistet sind.

Baden-Württemberg: Die Landesregierung hat am 15. März 2005 entschieden, mit dem Schuljahr 2006/07 an bis zu zwölf Modellstandorten islamischen Religionsunterricht an Grundschulen einzuführen. Da es bislang immer noch keinen verfassungsrechtlich anerkannten Träger in Form einer Religionsgemeinschaft gibt, soll mit Hilfe lokaler Elternverbände/Moscheeverbände grundlegend die Bildung von Religionsgemeinschaften ermöglicht werden. Das politische Signal ist auf ein großes Echo gestoßen, die konkreten Umsetzungsvorbereitungen laufen derzeit.

Bayern: Seit Mitte der 1980er Jahre wird an bayerischen Grund- und Hauptschulen in Zusammenarbeit mit der Türkei »religiöse Unterweisung türkischer Schüler muslimischen Glaubens« angeboten. Seit dem Schuljahr 2001/02 gibt es darüber hinaus islamische Unterweisung in deutscher Sprache an inzwischen 21 Grundschulen. Der Unterricht steht allen muslimischen Schülern unterschiedlicher Herkunftsnationen offen.

Zusätzlich gibt es seit dem Schuljahr 2003/04 aufgrund der Nachfragen von Seiten der Eltern ein Angebot, das einem bekenntnisorientierten islamischen Religionsunterricht näher steht und das bislang in allen vier Jahrgangsstufen an einer Grundschule in Erlangen unterrichtet wird. Die Konzeption dazu ist vom Staatsministerium für Unterricht und Kultus gemeinsam mit der Islamischen Religionsgemeinschaft Erlangen (IRE) erarbeitet worden. Der Unterricht ist fachlich in ein Ausbildungspraktikum für islamische Religionslehre der Universität Erlangen-Nürnberg eingebettet. Er geht über die religiös neutrale islamische Unterweisung hinaus mit dem Aufweis religiöser Bezüge und der Erziehung zum Glauben.

Berlin: Aufgrund der andersartigen Rechtslage bietet die Islamische Föderation an 37 Schulen Religionsunterricht für circa viereinhalbtausend Schüler an. In Berlin ist es der Islamischen Förderation gelungen, sich als Religionsgemeinschaft einzuklagen.

Bremen: Im Rahmen eines Modellprojekts ist das Fach Islamkunde an ausgewählten Grundschulen eingerichtet worden. Der Unterricht erfolgt auf der Grundlage von Lehrplänen des Landesinstituts für Schule in deutscher Sprache und ist auch für nichtmuslimische Kinder offen.

Hamburg: Im Bundesland Hamburg wird der Islam im Rahmen des in Deutschland einmaligen Fachs »Religionsunterricht für alle« gelehrt. Das Fach wird in deutscher Sprache von deutschen Religionspädagogen an Stelle des evangelisch-lutherischen Religionsunterrichts angeboten. An diesem Religionsunterricht nehmen Schüler aller Religionen und Konfessionen teil.

Hessen: Das Land Hessen verfolgt keinerlei Schritte, um islamischen Religionsunterricht anzubieten. Dort soll schrittweise der Ethikunterricht mit dem Schwerpunkt islamische Ethik und Philosophie als ergänzendes Unterrichtsangebot eingeführt werden.

Niedersachsen: Seit dem Schuljahr 2003/04 wird im Rahmen eines Schulversuchs staatlich verantworteter Religionsunterricht für muslimische Schüler angeboten. Der Unterricht wird zweistündig in deutscher Sprache von muttersprachlichen Lehrkräften erteilt. Grundlage des Unterrichts sind die vom niedersächsischen Kultusministerium in Zusammenarbeit mit den maßgeblichen Organisationen der Muslime in Niedersachsen erarbeiteten Rahmenrichtlinien für den Schulversuch »Islamischer Religionsunterricht«.

Nordrhein-Westfalen: Seit dem Schuljahr 1999/2000 besuchen derzeit rund 5000 Schüler muslimischen Glaubens an 116 Schulen »Islamische Unterweisung in deutscher Sprache«.

Rheinland-Pfalz: An einer Grundschule in Ludwigshafen wird seit Beginn des Schuljahres 2004/05 »Islamischer Religionsunterricht« erprobt. Der Unterricht wird in deutscher Sprache von einem türkischen Islamwissenschaftler gehalten. In den inhaltlichen Festlegungen bezieht sich dieser Unterricht auf die Grundlagen des islamischen Glaubens (Koran und Sunna) und auf die Verfassung von Rheinland-Pfalz, das Grundgesetz und die Menschenrechtserklärung der Vereinten Nationen.

Schleswig-Holstein: Das Kultusministerium befindet sich in Gesprächen mit verschiedenen Religionsgemeinschaften mit dem Ziel, einen deutschsprachigen Islamunterricht einzuführen.

In den Ländern **Brandenburg**, **Mecklenburg-Vorpommern**, **Saarland**, **Sachsen**, **Sachsen-Anhalt** und **Thüringen** gibt es weder Angebote in Islamkunde noch zum islamischen Religionsunterricht.

Ausbildung islamischer Religionslehrer

Baden-Württemberg: Für den Modellversuch sollen zunächst Lehrkräfte aus dem »Bestand« gewonnen werden, die bereit und in der Lage sind, islamischen Religionsunterricht in deutscher Sprache zu unterrichten. Dazu sollen sie modular qualifiziert werden, ein entsprechendes Fortbildungskonzept befindet sich in Vorbereitung. Es gibt keine spezifische Hochschuleinrichtung zur Ausbildung islamischer Religionslehrer.

Bayern: Eigens islamische Religionslehrer werden bislang nicht ausgebildet. An der Universität Erlangen-Nürnberg ist seit dem Sommersemester 2002 eine Gastprofessur in Zusammenarbeit mit dem Ministerium für Religionsangelegenheiten in Ankara eingerichtet.

Hessen: An der Universität Frankfurt a.M. besteht seit dem Wintersemester 2003/2004 ein Stiftungslehrstuhl »Islamische Religion«. Grundlage ist ein Kooperationsvertrag mit dem Ministerium für Religionspädagogik in Ankara. Das Projekt ist auf fünf Jahre begrenzt und wird von der Türkei mit jährlich 200 000 Euro getragen. Der Lehrstuhl ist angesiedelt am Fachbereich Evangelische Theologie und eingebunden in eine Magisterausbildung in Vergleichender Religionswissenschaft.

Niedersachsen: An der Universität Osnabrück wird seit 2004 eine Weiterbildung für Studierende in den Lehrämtern der Grund-, Haupt- und Realschule oder für Lehrkräfte muslimischen Glaubens angeboten. Dieses Projekt wird von der Bund-Länder-Kommission gefördert. Die Weiterbildung erstreckt sich über sechs Semester, in denen jeweils zwei Module unterrichtet werden. Über die Lehrbereiche Pädagogik und Schulpädagogik hinaus werden die zentralen Lehrmodule in den Bereichen »Studium des Islam« und Fachdidaktik Religionspädagogik in Kooperation mit den islamischen Instituten und Fakultäten des islamischen Kulturkreises angeboten.

Nordrhein-Westfalen: An der Universität Münster wurde zum Wintersemester 2004/2005 innerhalb des »Centrums für Religiöse Studien« ein Erweiterungsstudiengang »Religion des Islam« zur Ausbildung von Religionslehrern eingerichtet.

Internationaler Schüleraustausch

COMENIUS – ein Förderprogramm der EU zu internationalen Schulkontakten

Pädagogischer Austauschdienst, Postfach 2240, 53012 Bonn
Tel.: 0228 · 501 - 0, Fax: 0228 · 501 - 259 / - 333
E-Mail: pad@kmk.org
www.kmk.org/pad/sokrates2/

»COMENIUS« ist ein Unterprogramm des EU-Aktionsprogramms »SOKRATES«, das die transnationale Zusammenarbeit im Bildungsbereich fördert. Daran sind 31 europäische Staaten beteiligt, unter ihnen die Türkei. COMENIUS fördert multilaterale Schulpartnerschaften im Rahmen europäischer Bildungsprojekte sowie bilaterale Projekte zur Förderung des Fremdsprachenerwerbs – vorrangig für berufsbildende Schulen und europäische Bildungsprojekte zum Bereich Schulentwicklung.

Euro-arabische Nachbarschaft: Schüler bauen Brücken
Ansprechpartnerin bei der deutschen UNESCO-Kommission e. V.:
Frau Dr. Barbara Malina
Colmantstraße 15, 53115 Bonn
Tel.: 0228 · 60497-0, Fax: 0228 · 60497-30
E-Mail: malina@unesco.de
www.students-build-bridges.net

Mit dem von der Deutschen Unesco-Kommission ins Leben gerufenen Projekt »Schüler bauen Brücken« soll der euro-arabische Dialog unter Jugendlichen gefördert werden, in dem die Schüler gemeinsam an Schülerzeitungen arbeiten. Über das Medium Schülerzeitung soll ein Netzwerk aus Partnerschaften zwischen europäischen und arabischen Staaten entstehen. In einer Datenbank auf der Internetseite können sich Schulen eintragen lassen, die Interesse an einer Partnerschaft haben.

IJAB e. V. (Internationaler Jugendaustausch- und Besucherdienst der Bundesrepublik Deutschland)
Heussallee 30, 53113 Bonn
Tel.: 0228 · 9506-0, Fax: 0228 · 9506-199
E-Mail: info@ijab.de
www.ijab.de

Der Internationale Jugendaustausch- und Besucherdienst der Bundesrepublik Deutschland (IJAB) e. V. wurde 1967 gegründet und ist als bundeszentrale Fachstelle für internationale Jugendpolitik, Jugendarbeit und Jugendinformation im Auftrag des Bundesministeriums für Familie, Senioren, Frauen und Jugend, seiner Mitgliedsverbände und anderer zentraler Träger der Jugendarbeit tätig. Seine Aufgabe ist die Förderung der internationalen Jugendarbeit und der jugendpolitischen Zusammenarbeit. IJAB führt insbesondere Austauschprogramme für Fachkräfte durch und betätigt sich im Bereich der trägerübergreifenden Fort- und Weiterbildung und Qualifizierung von Fachkräften. Zudem stellt IJAB auf seiner Website Informationen zu allen Aspekten der internationalen Jugendarbeit zur Verfügung: von Auskünften über Länder, über Ansprechpartner und einführende Lektüre bis hin zu Möglichkeiten der Finanzierung.

NIG e.V. (Norddeutsche Jugend im internationalen Gemeinschaftsdienst)
Am Gerberbruch 13a, 18055 Rostock
Tel.: 0381 · 49 22 91 4, Fax: 0381 · 49 00 93 0
E-Mail: nig@campline.de
www.workcamp.de

Der Verein »Norddeutsche Jugend im internationalen Gemeinschaftsdienst e.V.« organisiert seit 1990 internationale und bilaterale Jugendbegegnungen im In- und Ausland. Auch in der Türkei können sozial interessierte Jugendliche an Workcamps teilnehmen, die ehrenamtliche Projekte im Bereich Umwelt und Naturschutz, Arbeit mit Kindern und Erhaltung historischer Denkmäler vor Ort unterstützen. Für die Teilnahme am Programm erhebt der Verein eine geringe Unkostenpauschale; Unterkunft und Verpflegung vor Ort sind in der Regel kostenfrei; die Reisekosten müssen selbst getragen werden.

JUGEND für Europa, Deutsche Agentur JUGEND
Heussallee 30, 53113 Bonn
Tel.: 0228 · 95 06 22-0, Fax: 0228 · 95 06 22-2
E-Mail: jfe@jfemail.de
www.jugendfuereuropa.de

Die Deutsche Agentur JUGEND ist Teil eines europäischen Netzwerkes, das die EU-Kommission bei der Umsetzung des Aktionsprogramms JUGEND unterstützt. Sie vergibt Zuschüsse für internationale Jugendbegegnungen, europäische Freiwilligendienste, Initiativen Jugendlicher und für unterstützende Maßnahmen. Sie berät auch bei Planung, Durchführung und Organisation solcher Projekte und qualifiziert Organisatoren und Betreuer.

Naturschutzjugend Landesverband Brandenburg
Lindenstraße 34, 14467 Potsdam
Tel.: 0331 · 20 15 5 - 75, Fax: 0331 · 20 15 5 - 78
E-Mail: lgs@najubrabu.de
www.najubrabu.de

Der deutsch-türkische Jugendaustausch der Naturschutzjugend (NAJU) besteht seit 1989; der Landesverband Brandenburg ist seit 1997 für das Projekt verantwortlich. Mit ihrer türkischen Partnerorganisation Doğa Derneği führt sie jeden Sommer – immer abwechselnd in einem der beiden Länder – eine Jugendbegegnung mit dem Schwerpunkt Umweltbildung und Naturschutz durch.

European-Mediterranean Youth Bridge (emyb)
Vereinsstraße 40b, 20357 Hamburg
Tel.: 040 · 86 68 41 83, Fax: 040 · 410 72 24
E-Mail: emyb@gmx.net
www.emyb.org

emyb (european-mediterranean-youth-bridge) versteht sich als Plattform für junge Menschen aus Europa und den Ländern südlich des Mittelmeers. emyb arbeitet unter anderem gemeinsam mit Partnern aus der arabischen Welt und der Türkei für gesellschaftliche und politische Entwicklung in den Ländern des Nordens und des Südens. Besonderes Augenmerk gilt dabei dem besseren Verständnis zwischen der islamischen Welt, Israel, den Balkanländern und ihren Nachbarstaaten in Europa. emyb bietet Seminare, Workshops und Konferenzen an.

Deutsch-Türkischer Dialog
Körber-Stiftung
Kehrwieder 12, 20457 Hamburg
Tel.: 040 · 80 81 92 - 156, Fax: 040 · 80 81 92 - 303
E-Mail: tuerkei@koerber-stiftung.de
www.deutsch-tuerkischer-dialog.de

Auf seiner Website bietet der Deutsch-Türkische Dialog der Körber-Stiftung eine umfangreiche Adressenliste von Organisationen und Institutionen, die insbesondere für die finanzielle und inhaltliche Vorbereitung deutsch-türkischer Begegnungs- und Austauschprojekte hilfreich sind. Die Adressen sind geordnet nach den Bereichen Deutschland, Bundesländer und Türkei.

Jugendhof Vlotho: Bildungsstätte des Landschaftsverbandes Westfalen-Lippe in Zusammenarbeit mit dem AKE-Bildungswerk (Arbeitskreis Entwicklungspolitik)
Jugendhof Vlotho, Oeynhausener Straße 1, 32602 Vlotho
Tel.: 05733 · 95 73 7, Fax: 05733 · 18 154
E-Mail: info@ake-bildungswerk.de
www.ake-bildungswerk.de

Einmal jährlich veranstaltet der Jugendhof Vlotho eine Tagung für Lehrer und Teamer an, die im deutsch-arabischen Jugendaustausch tätig oder daran interessiert sind. Das Seminar bietet Hilfestellung und Anregungen für die Durchführung von deutsch-arabischen Austauschprogrammen.

www.europa.eu.int

Das mehrsprachige **Europäische Jugendportal** ist eine Initiative der Europäischen Kommission. Es ist ein guter Ausgangspunkt für Recherchen im Bereich des internationalen Jugendaustauschs und der Freiwilligenarbeit, listet Fördermöglichkeiten auf und bietet weiterführende Links zu Austauschorganisationen.

www.international.jugendnetz.de

Wegen der Kulturhoheit der Länder liegt die finanzielle Unterstützung von Schulklassen und Hochschulinstitutionen im Kompetenzbereich der Bundesländer. Das **Jugendnetz international** ist ein Projekt der Landesregierung Baden-Württemberg mit einem eigenen deutsch-türkischen Bereich. Informationen zu allgemeinen Themen sind dort genauso abrufbar wie Tipps für die Beantragung von Fördergeldern für deutsch-türkische Jugendaustauschfahrten.

Literaturempfehlungen

Übersichtswerke

Spuler-Stegemann, Ursula: Muslime in Deutschland. Informationen und Klärungen
Aktualisierte Neuauflage: Freiburg im Breisgau 2005 (Herder), 384 Seiten,
ISBN: 3-451-05607-0, 14,90 Euro

Die Autorin führt ein in die Geschichte des Islams in Deutschland, porträtiert verschiedene Bewegungen und islamische Organisationen, Bildungsstätten und Moscheen, behandelt Themen wie Frauenfragen, Medien, Wirtschaft und Konversion. Mit Fragen wie »Was ist Islamismus?« und »Kommt der Staat im Staat?« setzt sie sich kritisch, aber sachlich auseinander. Aus ihrer Skepsis gegenüber einigen islamischen Organisationen in Deutschland macht sie kein Geheimnis, zugleich ist für sie jedoch klar, dass der Islam selbstverständlicher Bestandteil der deutschen Kultur werden wird und als solcher anerkannt werden muss.

Schreiner, Peter, Ursula Sieg und Volker Elsenbast (Hrsg.): Handbuch Interreligiöses Lernen
Gütersloh 2005 (Gütersloher Verlagshaus), 740 Seiten,
ISBN: 3-579-05574-7, 39,95 Euro

Das Handbuch fasst den bisherigen Stand theoretischer und praktischer Bemühungen im Bereich interreligiösen Lernens aus Sicht einer evangelischen Arbeitsstätte für Erziehungswissenschaft zusammen und regt zu Weiterentwicklungen an. Zahlreiche katholische Autorinnen und Autoren sowie Angehörige des Judentums, Islams, Alevitentums, Buddhismus und Hinduismus liefern wertvolle Beiträge und Anregungen.

Auernheimer, Georg: Einführung in die Interkulturelle Pädagogik
3. neu bearbeitete und erweiterte Auflage: Darmstadt 2003 (Wissenschaftliche Buchgesellschaft), 179 Seiten, ISBN: 3-534-16924-7, 16,50 Euro

Ein kompetenter Überblick über die Entwicklung der »Interkulturellen Erziehung« von einer Spezialrichtung der Erziehungswissenschaft für die Zielgruppe der Zuwandererkinder in den 1970er Jahren (»Ausländerpädagogik«) zum grundlegenden Element der allgemeinen Pädagogik für alle in der Gegenwart (Stichwort »Umgang mit kultureller und sozialer Heterogenität«).

Georgi, Viola und Marc Schürmeyer: Zuwanderung und Integration. Ein Praxishandbuch für die politische Bildung
München 2003 (Centrum für angewandte Politikforschung), 146 Seiten, ISBN: 3-933456-30-4

Der Praxisband macht vielfältige inhaltliche und methodische Angebote, sich auf konstruktive und kritische Weise mit den unterschiedlichen Facetten von Zuwanderung und Integration wie religiöser und kultureller Orientierung auseinander zu setzen. Dabei geht es um den »Kulturprozess auf Gegenseitigkeit«, in dem das Phänomen Zuwanderung aus unterschiedlichen Perspektiven betrachtet wird, oder auch um den Umgang mit Differenz.

Lemmen, Thomas: Islamische Organisationen in Deutschland
Bonn 2000 (Friedrich-Ebert-Stiftung), 86 Seiten,
ISBN: 3-86077-880-3, kostenfreies Download auf www.fes.de

Die Expertise von Dr. Thomas Lemmen gibt einen Überblick über Entstehungsgeschichte, Organisationsform und religiöse und politische Orientierungen verschiedener islamischer Vereine und Organisationen. In seiner Auswertung am Ende der Expertise nennt er Handlungsmöglichkeiten für Politik und Verwaltung. Er vertritt die Ansicht, dass die Verbände keinen Alleinvertretungsanspruch für sich reklamieren können, dass diejenigen Muslime, die sich ihnen angeschlossen haben, sich aber sehr wohl von ihnen vertreten fühlen.

Reich, Hans, Alfred Holzbrecher und Hans Joachim Roth (Hrsg.): Fachdidaktik Interkulturell. Ein Handbuch
Opladen 2000 (Leske und Budrich), 468 Seiten, ISBN: 3-8100-2133-4, 24,90 Euro

Interdisziplinärer Sammelband mit Beiträgen zur Sekundarstufen-Pädagogik. Neben einem Überblick über fachspezifische Ansätze interkultureller Pädagogik gibt Doris Schuhmacher-Chilla in ihrem Aufsatz »Kunst/Ästhetische Erziehung. Pluralität, Differenz, Fremdheit« Anstöße für die interkulturelle Theaterarbeit.

Bundeszentrale für politische Bildung: Interkulturelles Lernen
Bonn 1999 (Bundeszentrale für politische Bildung), 388 Seiten,
ISBN: 3-89331-361-3, Bereitstellungsgebühr: 2,00 Euro zzgl. Versandkosten

Neben einem ausführlichen Grundsatzteil bietet das Buch insgesamt 20 Beiträge, die sich mit Fragen des interkulturellen Lernens im Unterricht, des interkulturellen Lernens in schulischen Projekten, der Problemfelder interkulturellen Lernens und der Fortbildungskonzepte für Lehrkräfte beschäftigen. Ein hilfreiches, umfassendes Glossar mit Materialhinweisen komplettiert das Buch, das sich an alle richtet, die mit den Problemen des interkulturellen Lernens befasst sind.

Harun Behr, Harry: Islamische Bildungslehre
Garching 1998 (Dâr-us-Salâm), 251 Seiten, ISBN: 3-932129-30-X, 18,00 Euro

Das Buch beginnt mit den Erlebnissen des zwölfjährigen Murat, der zum ersten Mal im Monat Ramadan fastet und mit seinen Eltern beim Elternsprechtag in der Schule sitzt. Ausgehend von diesem Gespräch und den Erklärungsversuchen der Eltern zur Bedeutung des Fastens baut Behr seine Idee der Islamischen Bildungslehre aus, die jeder, der mit muslimischen Jugendlichen zusammenarbeitet, kennen sollte. Unter anderem wird auf die Glaubensfindung eines Jugendlichen eingegangen.

Religion – ein deutsch-türkisches Tabu / Türk-Alman ilişkilerinde din tabu mu?, Deutsch-Türkisches Symposium 1996
Hamburg 1997 (edition Körber-Stiftung), 384 Seiten,
ISBN: 3-89684-051-7, vergriffen

Christentum und Islam – welchen Einfluss haben beide Religionen in Deutschland und der Türkei? Säkularismus und Laizismus – worin unterscheidet sich die Trennung zwischen Religion und Staat in beiden Ländern? Religion und Politik – wie wirken sich unterschiedliche Prägungen beider Länder auf die bilateralen Beziehungen aus? Das zweite deutsch-türkische Symposium der Körber-Stiftung im Mai 1996 hat diese – vielfach tabuisierten – Aspekte deutsch-türkischer Beziehungen zur Diskussion gestellt. Der Band dokumentiert das Symposium, er bietet zudem Hintergrundinformationen und Kontaktadressen von Institutionen in beiden Ländern und eine umfangreiche Bibliografie.

Sekretariat der Ständigen Konferenz der Kultusminister der Länder in der Bundesrepublik Deutschland, Empfehlungen Interkulturelle Bildung und Erziehung in der Schule, Beschluss der Kultusministerkonferenz vom 25.10.1996
Download unter: www.kmk.org/doc/publ/pub.htm

Diese Empfehlungen geben einen schnellen Einblick in Ziele und Anforderungen von interkultureller Erziehung als zu den Fächern quer liegendes Aufgabengebiet in der Schule. Sie sind Auslöser und Grundlage für die Entwicklung von eigenen Rahmenplänen in einigen Bundesländern.

Böhle, Reinhard C. (Hrsg.): Möglichkeiten der interkulturellen ästhetischen Erziehung in Theorie und Praxis: Beiträge vom 1. Symposium zur Interkulturellen Ästhetischen Erziehung an der Hochschule der Künste Berlin
Frankfurt am Main 1993 (IKO Verlag für Interkulturelle Kommunikation),
300 Seiten, ISBN: 3-88939-176-1, 29,80 Euro

Eine umfassende Bestandsaufnahme der Möglichkeiten und Ansätze der interkulturellen Pädagogik in den Lernbereichen der ästhetischen Erziehung

Bewegung, Kunst, Musik, Sprache, Tanz und Theater. Das Buch gliedert sich in drei Teile: »Generelle Aspekte einer Interkulturellen Ästhetischen Erziehung«, »Didaktische Konzeptionen der Lern- und Lehrbereiche« sowie »Begegnungsskizzen und Projektberichte«.

Open Space

Owen, Harrison: Open Space Technology. Ein Leitfaden für die Praxis
Stuttgart 2001 (Klett-Cotta), 193 Seiten, ISBN: 3-608-94011-1, 26,00 Euro

»Seien Sie auf Überraschungen gefasst.« Ein Schild mit diesem Warnhinweis stellt Harrison Owen, der Begründer von Open Space, bei seinen Veranstaltungen gut sichtbar für alle Teilnehmer auf. Open Space ist ein Konferenzmodell, das verblüffend einfach ist und erstaunliche Ergebnisse hervorbringt – es besteht jedoch auch die Möglichkeit unangenehmer Überraschungen, insbesondere, wenn es unter falschen Voraussetzungen angewendet wird. Dieses praktische Anwenderhandbuch erklärt Schritt für Schritt, wie man das Open-Space-Verfahren richtig anwendet und begleitet – wie man die Veranstaltung vorbereitet, durchführt und hinterher dafür sorgt, dass die erarbeiteten Ergebnisse zu nachhaltigen Veränderungen führen.

Owen, Harrison: Erweiterung des Möglichen. Die Entdeckung von Open Space
Stuttgart 2001 (Klett-Cotta), 166 Seiten, ISBN: 3-608-94012-X, 22,50 Euro

»Das Beste waren die Kaffeepausen.« Wer hat das nicht schon einmal gedacht, nachdem er an einer Konferenz teilgenommen hat, die sich in erster Linie durch langatmige Vorträge und starre Tagesordnungspunkte auszeichnete. Als Harrison Owen genau diesen Kommentar von den Teilnehmern einer internationalen Konferenz hörte, an deren Vorbereitung er ein ganzes Jahr lang gearbeitet hatte, entschied er, dass es eine bessere Methode geben musste. In diesem Buch schildert Harrison Owen, wie alles begann – mit einer erfolgreichen »Gruppenveranstaltung« in einem kleinen westafrikanischen Dorf –, und beschreibt die Stationen, über die sich Open Space zu einem zuverlässigen Verfahren für erfolgreiche Meetings entwickelte, und warum es bei den unterschiedlichsten Menschen und in den unterschiedlichsten Situationen funktioniert.

Maleh, Carole: Open Space: Effektiv arbeiten mit großen Gruppen
Weinheim / Basel 2000 (Beltz Weiterbildung), 156 Seiten,
ISBN: 3-407-36363-X, 24,90 Euro

Die Open-Space-Methode ermöglicht es, mit vielen Beteiligten schnell und effektiv zu arbeiten. Die Autorin zeigt auf, wie das Wissen von Beteiligten unabhängig von Hierarchien erschlossen wird und in kürzester Zeit Ideen, Lösungsvorschläge und Maßnahmen entwickelt werden. So lässt sich ein komplexer und nachhaltiger Wandel auf einer breiten Basis durchführen. Der Leser erhält einen umfangreichen Einblick in die Funktionsweise und Anwendung der Methode sowie wichtige Hinweise zur Durchführung.

Elternarbeit

Bärsch, Jürgen (Hrsg.): Materialiensammlung und Handbuch zur Interkulturellen Elternarbeit (CD-ROM). KNi PAPERS 01/05
Köln 2005 (KNi Verlag), ISSN: 1619-1633, 15,00 Euro + 1,00 Euro Versand

Ziel des Projekts »Interkulturelle Elternarbeit« ist es, die Eltern von Migrantenjugendlichen besser in die Berufsorientierung ihrer Kinder einzubeziehen. Gleichzeitig soll die Zusammenarbeit zwischen Elternhaus, Schule und anderen Akteuren wie Arbeitsagentur und Verbänden der Wirtschaft erneuert werden. Teile der Materialien sind für den direkten Einsatz bei der Elternarbeit in Beratungen und Veranstaltungen konzipiert. Die meisten bestehen aus inhaltlichen und didaktischen Erläuterungen sowie grafischen Darstellungen. Viele der Materialien sind auf Deutsch und Türkisch verfasst.

Behörde für Bildung und Sport, Amt für Bildung (Hrsg.): Wir reden mit. Elternratgeber. Informationen über Mitbestimmungs- und Mitwirkungsmöglichkeiten für ausländische Eltern
6. Auflage: Hamburg 2004
Bezug: barbara.beutner@bbs.hamburg.de
Pdf-Datei zum download unter: www.fhh.hamburg.de/stadt/Aktuell/behoerden/bildung-sport/service/veroeffentlichungen/broschueren/elternratgeber, property=source.pdf

Die Broschüre ist in Form eines Arbeitsheftes konzipiert mit umfassenden und übersichtlichen Informationen über Mitbestimmungs- und Mitwirkungsmöglichkeiten für Eltern in schulischen Gremien. Der Informationsteil ist ergänzt durch ausländerrechtliche Themen und Hinweise zu Beratungsstellen. Dieser »Elternratgeber special« liegt in neun Sprachen vor.

Träbert, Detlef (Hrsg.): Erfolgreiche Elternarbeit in der Schule
Augsburg 2002ff. (Kognos), Loseblattsammlung in 2 Bänden, ca. 1200 Seiten, ISBN: 3-9801921-7-2, 69,90 Euro
Bezug: www.kognos.de

Mit diesem Handbuch wollen die Verfasser die Elternvertretungen in der Bundesrepublik in ihrer Arbeit unterstützen (z. B. bei Presse- und Öffentlichkeitsarbeit, Beschaffung finanzieller Mittel, Konfliktbewältigung, Veranstaltungen). In unregelmäßigen Abständen erscheinen Nachlieferungen.

Gudula Mebus: Ausländische Eltern – eine vernachlässigte Minderheit in der Schule
In: PÄDAGOGIK (Beltz), H. 5, Band 47 / 1995, ISSN: 0933-422X, S. 48 – 50, 9,00 Euro

Gudula Mebus stellt die Situation ausländischer Eltern an deutschen Schulen dar: wie sie wahrgenommen werden (als »Problem« für die reibungslose pädagogische Arbeit) und wie sie die deutsche Schule sehen, deren pädagogische Fachleute immer Deutsche sind und deren Auswahl von Unterrichtsinhalten für sie nicht immer nachvollziehbar ist. Mebus plädiert dafür, dass auch ausländischen Eltern die Wahrnehmung ihrer gesetzlich festgeschriebenen Mitwirkungsrechte ermöglicht wird. Anhand von Beispielen wird aufgezeigt, welche Bedürfnisse ausländische Eltern haben und wie sie besser in das Schulleben integriert werden können.

Zubke, Friedhelm: Eltern und politische Arbeit. Zur politischen Funktion elterlicher Beteiligung in der Institution Schule
Stuttgart 1980 (J. B. Metzler), 180 Seiten, ISBN: 3-476-30178-8, vergriffen

Das Buch gibt einen guten Überblick über die Entwicklung der Elternbeteiligung an Schule seit 1848. Obwohl der Verfasser auf Migranten nicht speziell eingeht, wird dem Leser deutlich, dass Eltern unabhängig von Staatsangehörigkeit, ethnischer Herkunft, religiöser Tradition etc. als Eltern dieselben Rechte im Hinblick auf ihre Kinder in der Institution Schule haben wie Eltern mit deutscher Staatsangehörigkeit. Die rechtlichen Regelungen für die elf (alten) Bundesländer sind allerdings veraltet.

Schulentwicklung und Netzwerkarbeit

Haenisch, Hans: Wirkungen schulischer Netzwerke. Erfahrungen mit GÖS-Netzwerken im Schuljahr 2001 / 2002, Landesinstitut für Schule (Hrsg.)
Soest 2003, 61 Seiten
Bezug als pdf-Datei unter: www.schulinfos.de

Ergebnisse einer schriftlichen Befragung von Schülerinnen und Schülern zu ihren Erfahrungen in Projekten der Gestaltung des Schullebens und der Öffnung von Schule. Im Zentrum dieser Dokumentation stehen die Wirkungsweisen schulischer Netzwerke und deren Nachhaltigkeit für Schulentwicklungsprozesse.

Döbert, Hans und Christian Ernst (Hrsg.): Finanzierung und Öffnung von Schule, Reihe Basiswissen Pädagogik – Aktuelle Schulkonzepte, Band 2
Hohengehren 2001 (Schneider Verlag Hohengehren GmbH),
ISBN: 3-89676-463-2, 50,00 Euro

Ein Handbuch mit deutschen und internationalen Beispielen zu der Finanzierung von innovativen Schulkonzepten, das auch die Chancen und Grenzen dieses Handlungskonzeptes erkennen lässt.

Niedersächsisches Kultusministerium: Sichtwechsel. Wege zur interkulturellen Schule. Ein Handbuch
Hannover 2000
Bezug: pressestelle@mk.niedersachsen.de
Als pdf-Datei herunterzuladen unter:
www.nibis.ni.schule.de/nibis.phtml?menid=556

Ein anregendes Handbuch für die unmittelbare Nutzung in der Schule. Neben einer Erläuterung zu den verschiedenen Aspekten von interkultureller Bildung findet man Anregungen zur Entwicklung einer interkulturellen Schulkultur sowie konkrete Unterrichtsideen für einzelne Fächer und Hinweise für Projektunterricht und Trainingsprogramme.

NaSch (Nachbarschaft und Schule), Zeitschrift für Community Education: Kommunale Partner und Schulöffnung
Dortmund 2000, 10,00 Euro
Bezug: Gesamtschule Essen-Holsterhausen (m.rasfeld@t-online.de) oder über:
www.community-education.de/nasch/nasch.htm

Praxisbeispiele aus unterschiedlich großen Kommunen und deren Bedeutung für die Entwicklung eines Gemeinwesens, in dem die Beteiligten mehr Eigenverantwortung übernehmen.

Landesinstitut für Schule und Weiterbildung NRW: Wenn Schulen sich öffnen. Gemeinsame Fachtagung von Städtetag, Landkreistag, Städte- und Gemeindebund, Ministerium und Landesinstitut für Schule und Weiterbildung NRW, Januar 1998 in Köln

Bezug: bestellungen@mail.lfs.nrw.de

Die Dokumentation spiegelt die vielfältige Entwicklung von zehn Jahren Schulentwicklung wider, speziell auch im Hinblick auf ein neues Verständnis der Schulträgerschaft in den Kommunen zur Erzielung neuer Handlungsstrukturen im Dialog mit den Landesinstitutionen.

Buhren, C. (Hrsg.): Wenn Schulen sich öffnen. Reflexionen – Beispiele aus der Praxis – Perspektiven, Dokumentation der Fachtagung in Wiesbaden 1994, COMED e. V.

Dortmund 1996, 105 Seiten, ISBN: 3-88327-364-3, 5,00 Euro

Diese Dokumentation verschafft einen Einblick in die diversen Herangehensweisen zur Öffnung von Schulen und lässt auch die Möglichkeiten und Verantwortlichkeiten erkennen.

Der erste Band der Fachtagung »Wenn Schulen sich öffnen« (1994) dokumentiert die Beiträge der Plenarveranstaltung, die den Zusammenhang von gesellschaftlichem Wandel und verändertem schulischem Bildungsauftrag thematisieren. Zugleich machen die Referate klar, dass sich in zahlreichen Schulen bereits eine vielfältige Öffnungspraxis entfaltet hat und es kein für alle Vorhaben verbindliches allgemeingültiges Modell geben kann. Der Verein COMED zur Community Education spielt eine aktive Rolle bei der Netzwerkarbeit der Schulentwicklungsforschung und der Stadtentwicklung.

Burkard, Christoph, Heinz Günter Holtappels, Anne Mauthe und Ernst Rösner: Stadtentwicklung und Öffnung von Schule, Institut für Schulentwicklungsforschung, Werkheft 37
Dortmund 1992, Deutsches PISA-Konsortium: PISA 2000, 180 Seiten
Bezug: verlag@ifs.uni-dortmund.de

Ein Reader zur konzeptionellen Verknüpfung von Stadtentwicklungen und Schulentwicklung (Öffnung von Schule als Beitrag zur Stadtentwicklung und Stadterneuerung) mit Fallbegleitungen in vier Städten und einer Schülerbefragungs-Studie zum Thema »Stadtteilschule«.

Götte, Zita: Wenn sich viele zusammentun. Das Projekt »Nachbarschaftsschule« in Solingen.
In: Landesinstitut für Schule und Weiterbildung (Hrsg.): Von Biotopen, Berufsbasaren, Begegnungen mit der Nachbarschaft u. a. Anregungen und Beiträge zur Gestaltung des Schullebens und Öffnung von Schule, S. 103 – 125
1. Auflage: Soest 1992, 175 Seiten, ISBN: 3-8165-2175-4, 10,00 Euro
Bezug: bestellungen@mail.lfs.nrw.de

Der Artikel zeigt die Prozessentwicklung eines Netzwerkes in Solingen auf, das umfassend die Zusammenarbeit zwischen Schulen und einer Vielzahl außerschulischer Einrichtungen gefördert hat.

Weil, Gerhard: »Das interkulturelle Schulhaus – Vorschläge und Anregungen«. Reihe: Unterrichtsmaterialien und Handreichungen zur »Interkulturellen Erziehung«
Berlin (RAABE Fachverlag für Bildungsmanagement)
Bezug: Landesinstitut für Schule und Medien,
info@lisum.verwalt-berlin.de

»Noch ist das interkulturelle Schulhaus eher Wunsch denn Realität, obwohl es vielerorts verheißungsvolle Ansätze gibt.« Dass aus dem Wunsch bald ein Stück größere Realität wird in der Schule, die durch mehr oder weniger deutlich erkennbare interkulturelle Voraussetzungen geprägt ist, ist Ziel dieses Beitrages über die pädagogischen Herausforderungen, aber auch die Chancen, die mit der Anwesenheit vieler Migranten aus unterschiedlichen Herkunftsländern einer Schule erwachsen.

Materialien für die (Schüler-)Lehrerfortbildung

Ulrich, Susanne u. a.: Achtung (+) Toleranz. Wege demokratischer Konfliktregelung. Praxishandbuch für die politische Bildung
3. überarbeitete Auflage: Gütersloh 2005 (Verlag Bertelsmann Stiftung), 220 Seiten (Textteil), im Ordner inklusive 224 Seiten Praxisanleitung auf CD-ROM, ISBN: 3-89204-823-1, 25,00 Euro

Das Training »Achtung (+) Toleranz« beinhaltet zwei Schwerpunkte: zum einen eine intensive Auseinandersetzung mit dem Begriff Toleranz – darauf spielt die Doppeldeutigkeit des Titels an. Das Training versucht vor allem Antworten auf Fragen zu finden wie: Was hindert und was fördert das friedliche Miteinander? Wie regelt man Konflikte ohne Gewalt? Zum anderen fördert das Training kommunikative Kompetenz. Das Seminarkonzept wird ergänzt mit einem ideenreichen Materialschatz, einer CD-ROM mit Arbeitshilfen und Hintergrundinformationen.

Jantz, Olaf und Ignazio Pecorino: Methoden der Prävention: Interkulturelles Training – Jungenarbeit – Mädchenarbeit
Wiesbaden 2005 (Verlag für Sozialwissenschafen), in Vorbereitung

In diesem Band werden Methoden der Jugend(bildungs)arbeit vorgestellt, die sich als produktiv in der Prävention erwiesen haben. Die Methoden werden in ihrem Wirkungsgrad beschrieben und daraufhin überprüft, inwiefern sie Jungen und Mädchen in besonderer Art und Weise erreichen und inwiefern sie für ein interkulturelles Training nützlich sind. Dabei werden die Methoden der Jungen- und Mädchenarbeit denjenigen der interkulturellen Pädagogik konzeptionell gegenübergestellt.

Bertelsmann Stiftung. Forschungsgruppe Jugend und Europa (Hrsg.): Eine Welt der Vielfalt. Ein Trainingsprogramm des World of Difference-Instituts der Anti-Defamation League New York in der Adaptation für den Schulunterricht
3. überarbeitete Auflage: Gütersloh 2004 (Verlag Bertelsmann Stiftung), 174 Seiten, ISBN: 3-89204-832-0, 24,00 Euro

Trainingskonzept für den konstruktiven Umgang mit Vielfalt. Auf der Basis konkreter Aktivitäten können eigene Einstellungen und Erfahrungen bezogen auf Stereotype und Vorurteile reflektiert werden. Viele Übungen ermöglichen die Auseinandersetzung mit Strategien für den Umgang mit Konfliktsituationen, die durch Erfahrungen mit Verschiedenheit und Fremdheit ausgelöst werden (können). In den Trainings werden Handlungsstrategien gegen Diskriminierung und Rassismus erprobt. Ein wichtiger Bestandteil des Programms ist das Peertraining (Jugendliche trainieren Jugendliche). Für *Eine Welt der Vielfalt* liegen unterschiedliche Ausbildungs- und Materialpakete vor.

Ulrich, Susanne, Thomas R. Henschel und Eva Oswald: Miteinander – Erfahrungen mit Betzavta. Ein Praxishandbuch für die politische Bildung auf der Grundlage des Werks »Miteinander«. Adaption des Werkes von Uki Maroshek-Klarmann, Adam Institut, Jerusalem
4. überarbeitete Auflage: Gütersloh 2005 (Verlag Bertelsmann Stiftung), 204 Seiten, ISBN: 3-89204-817-7, 25,00 Euro

Das Konzept dieses Seminarprogramms basiert auf dem Grundsatz der Absicherung des gleichen Rechtes aller Menschen auf Freiheit und will bei den Teilnehmerinnen und Teilnehmern ein anderes »qualitatives Demokratieverständnis« wecken. Mit Hilfe erfahrungsorientierter Methoden werden Erkenntnisse über das Funktionieren demokratischer Prozesse zusammen mit dem Erleben demokratischer Verhaltensweisen vermittelt. Darüber hinaus werden Vorschläge für kreative Lösungen in Konfliktfällen gemacht. Das Programm bietet ausführliche Kommentare und Empfehlungen für den Einsatz in der deutschen schulischen und außerschulischen Bildungsarbeit.

Ulrich, Susanne und Tamir Sinai: Demokratie – just do it!? Motivation zu demokratischem Handeln im Alltag – Ein Seminarkonzept
München 2003 (Eigenverlag), 58 Seiten, ISBN: 3-933456
Bezug: CAP – Forschungsgruppe Jugend und Europa
E-Mail: sekretariat@fgje.de

»Demokratie – just do it!?« ist ein zweitägiges Seminarkonzept für Jugendliche und Erwachsene. Die Grundlage dieses Konzepts bildet ein erweiterter Demokratiebegriff: von einer weitläufigen, politischen Perzeption hin zu der Vermittlung eines demokratischen Verständnisses durch die Erfahrung des demokratischen Handelns in Alltagssituationen.

Wenzel, Florian M. und Michael Seberich: The Power of Language – An Activity Guide for Facilitators, International Network Education for Democracy, Human Rights and Tolerance
Gütersloh 2001 (Verlag Bertelsmann Stiftung), 86 Seiten,
ISBN: 3-89204-577-1, 25,90 Euro

Dieses Programm bietet die Möglichkeit, Erfahrungen mit der eigenen und anderen Sprachen zu reflektieren und in Austausch darüber mit den anderen Teilnehmern zu treten. Unterschiedliche Perspektiven und auch Konflikte im Umgang mit Sprache sollen thematisiert werden. Im Training werden Vorschläge erarbeitet, wie mit der Pluralität unserer Sprachen und damit Kulturen und Identitäten umgegangen werden könnte. Das Programm kann Kollegien helfen, in der Auseinandersetzung um den Umgang mit Mehrsprachigkeit in der eigenen Schule und im Unterricht die eigenen Standpunkte zu reflektieren und neue Wege zu finden.

F.IN.K Förderung interkultureller Kompetenz (als Beitrag zur Identitätsentwicklung in Europa)
Kontakt: Otto Stoik sto@mail.padl.ac.at; o.stoik@eduhi.at

Trainingsmodule auf der Grundlage der europäischen COMENIUS-Projekte »Das bin ich« und »Das sind wir II« zur Förderung der interkulturellen Kompetenz von Lehrerinnen und Lehrern. Ziel des Trainings ist es, die Sensibilität für Verletzungen durch Nichtakzeptanz und Intoleranz im ritualisierten Schulalltag sowie die Kompetenz im Umgang mit Vielfalt zu erhöhen. Das Training bietet Möglichkeiten zur Selbstreflexion und führt unter unterschiedlichen Gesichtspunkten in die Materialpakete ein.

Das F.IN.K-Training kann in einzelnen Modulen von den beteiligten Landesinstituten für Lehrerbildung abgerufen werden.

Hands across the Campus
www.lisum.de

Ein in der Tradition der Civic Education stehendes Programm, das als Kooperationsprojekt vom American Jewish Committee, dem Land Berlin, dem Bundesministerium für Familie, Senioren, Frauen und Jugend sowie der Bundeszentrale für politische Bildung in Berlin durchgeführt wird. Das Programm soll Schüler ermutigen, aktiv an der Zivilgesellschaft teilzunehmen. Mit der Vermittlung von Demokratie, Pluralismus und humanistischen Werten setzen Pädagogen durch die Einbeziehung der Lernbausteine in ihren Unterricht außerdem ein Zeichen gegen Fremdenhass und Rechtsextremismus.

Interkulturelles Theater

Kinder- und Jugendtheaterzentrum in der Bundesrepublik Deutschland (Hrsg.), Gabi dan Droste (Red.): Kindertheater aktuell 2005. Interkulturelle Theaterpädagogik
Braunschweig, geplante Veröffentlichung: November 2005 (Westermann Schulbuchverlag), 16 Seiten
Bezug: www.die-grundschule.de und www.praxisgrundschule.de

Ein noch unveröffentlichtes Internet-Spezial der Reihe »Praxis Grundschule« mit einem theoretischen Teil und Beispielen aus der Praxis, die konkrete Möglichkeiten der interkulturellen Theaterpädagogik aufzeigen.

Sting, Wolfgang: Differenz zeigen. Chancen interkultureller Theaterarbeit
In: Korrespondenzen. Zeitschrift für Theaterpädagogik, Heft 46, 2005, S. 41 – 47, ISSN: 0941-2107, Jahresabonnement: 13,00 Euro (zzgl. Porto)

Klare Darstellung der Lern- und Bildungsmöglichkeiten, die die interkulturelle Theaterpädagogik bietet. Vorangestellt sind wertvolle Überlegungen über die Richtungen, die interkulturelles Theater in der Praxis einschlagen kann (Stichworte Exotismus, Internationalität, Transkulturalität und Hybridkulturalität), und den Umgang mit Pluralität, Differenz und Fremdheit.

Wagner, Monika, Susanne Schwinghammer und Michael Hüttler (Hrsg.): Theater. Begegnung. Integration? (Schriften der Gesellschaft für TheaterEthnologie, Bd. 2)
Frankfurt am Main 2003 (IKO-Verlag für Interkulturelle Kommunikation), 344 Seiten, ISBN: 3-88939-546-5, 26,80 Euro

Umfangreiche Dokumentation der Erfahrungen mit interkulturellen Theaterprojekten in Österreich. Die Aufsätze zeigen aktuelle und historische Perspektiven auf (zum Beispiel von Michael Hüttler: »TheatermacherInnen türkischer Herkunft in Wien«) oder beschäftigen sich mit konkreten Projekten und praktischer Erfahrung. Mit hilfreichen Literaturverzeichnissen für die einzelnen Beiträge.

Harms, Friedhelm, Bert Schwarz und Reinhard Tegtmeier-Blanck:
3 Religionen – 3 Sprachen – 1 Stück. Dokumentation eines grenzenüberschreitenden bildungspolitischen Modellprojektes
Hannover 2001 (IGS Mühlenberg), 151 Seiten (Mühlenberger Werkstatt Berichte, Band 2)
Bezug: Johannes-der-Täufer-Kirchengemeinde Wettbergen:
G.Wettbergen@evlka.de

Dokumentation eines dreisprachigen Theaterprojektes, das im Herbst 2000 israelische, palästinensische und deutsche Jugendliche in Hannover zusammengebracht hat. Ziel der Jugendarbeit der Johannes-der-Täufer-Kirchengemeinde ist die Vernetzung schulischer Bildungsarbeit und außerschulischer Jugendbildungsarbeit.

Pfeiffer, Gabriele: Der Mohr im Mor. Interkulturelles Theater in Theorie und Praxis (Europäische Hochschulschriften. Reihe 30, Theater-, Film- und Fernsehwissenschaften. Bd. 76)
Frankfurt am Main u. a. 1999 (Peter Lang), 115 Seiten, ISBN: 3-631-34368-X, 26,00 Euro

Eine theoretische Analyse der Verbindungen zwischen fremden und eigenen Theaterformen und -traditionen. Abschließend betrachtet die Autorin die Praxis: Sie analysiert die interkulturellen Elemente wie Einsatz unterschiedlicher Nationalitäten in einem Stück, Zusammenwirken unterschiedlicher Theaterformen und Verwendung mehrerer Sprachen an einem Beispiel, dem von Senegalesen und Italienern gespielten Stück »I ventidue infortuni di Mor Arlecchino«.

Arbeitshilfen für den Unterricht

Bundeszentrale für politische Bildung: Islam. Politische Bildung und interreligiöses Lernen. Arbeitshilfen für die politische Bildung

Erste Teillieferung: **Projektübergreifende Materialien; Politik und Religion im Islam**
Bonn 2002 (Bundeszentrale für politische Bildung), 238 Seiten,
ISBN: 3-89331-471-7, Bereitstellungsgebühr: 2,00 Euro, zzgl. Versandkosten

Zweite Teillieferung: **Interreligiöses Lernen**
Bonn 2003 (Bundeszentrale für politische Bildung), 198 Seiten,
ISBN: 3-89331-471-7, Bereitstellungsgebühr: 2,00 Euro, zzgl. Versandkosten

Dritte Teillieferung: **Islam in Europa; Länderbeispiel Iran**
Bonn 2004 (Bundeszentrale für politische Bildung), 264 Seiten,
ISBN: 3-89331-565-9, Bereitstellungsgebühr: 4,00 Euro, zzgl. Versandkosten

Die Bundeszentrale für politische Bildung bietet mit ihren Arbeitshilfen zum Thema »Islam – Politische Bildung und interreligiöses Lernen« Material für einen fächerübergreifenden, projektorientierten Unterricht. Die Struktur der vorgestellten Einheiten orientiert sich an einer Projektwoche; die Materialien können aber genauso als Grundlage des Unterrichts in den beteiligten Fächern genutzt werden.

Bislang sind folgende Teillieferungen der als Loseblattsammlung gestalteten Arbeitshilfen erschienen: die erste mit projektübergreifenden Materialien und Unterrichtseinheiten mit Quellen zu Geschichte, Religion und Politik, die zweite mit Schwerpunkt »Islam und interreligiöses Lernen« sowie die dritte, die neuere Entwicklungen in Europa und dem Iran aufgreift. Arbeitshilfen mit dem Modul »Islam und Türkei« sollen noch im Jahr 2005 erscheinen.

Grundmann, Kerstin, Regine Hartung, Dr. Ineke Mok, Jos Noesen, Regina Piontek, Andreas Schultheiß und Dr. Otto Stoik (Projektgruppe F.IN.K.) (Hrsg.): Keiner will ausgegrenzt werden, aber dauernd und überall geschieht es – Handbuch Toleranz und Anerkennung in der Schule
2003. Download: www.padl.ac.at/fink

Dieses Handbuch wurde vom internationalen COMENIUS-Lehrerfortbildungsprojekt F.IN.K (Förderung interkultureller Kompetenz) entwickelt und 2003 veröffentlicht. Die Projektgruppe hat ihre Vorschläge auf der Basis von »Das sind wir II« erarbeitet.

AJ Landesstelle Jugendschutz Niedersachsen (Hrsg.): Keiner ist wie alle, Sexualpädagogik interkulturell
Hannover 2003
Bezug: info@jugendschutz-niedersachsen.de

Im Mittelpunkt dieser Broschüre steht die Frage, was interkulturelle Kompetenz für Lehrkräfte in der sexualpädagogischen Arbeit mit Kindern und Jugendlichen und auch im Kontakt mit Eltern mit Migrationshintergrund bedeutet. Die aufgezeigten Beispiele beziehen sich häufig auf den durch die Schule gegebenen Rahmen, stellen Spannungsfelder zwischen Bildungs- und Erziehungsauftrag des Staates und Grundrechten der Eltern dar und verweisen auf Gerichtsentscheidungen bei Konflikten. Im zweiten Teil werden praktische Einheiten für interkulturelle Sexualpädagogik beschrieben.

Weil, Gerhard: Männliche, muslimische Jugendliche in der Schule – Konflikte und Projekte zu ihrer Lösung. Reihe: Unterrichtsmaterialien und Handreichungen zur »Interkulturellen Erziehung«
Berlin 2003
Bezug: Landesinstitut für Schule und Medien, info@lisum.verwalt-berlin.de

Der Autor versucht, den Lesern diejenige Gruppe von Migranten in der Schule nahe zu bringen, die am Ende der Grundschulzeit und in der Sekundarstufe den Lehrkräften die häufigsten Lern- und Kommunikationsstörungen bereiten: männliche, muslimische Jugendliche. Zunächst erfolgt eine theoretische Problemanalyse der schwierigen Sozialisationsbedingungen dieses Schülerkreises. Im praxisorientierten und längeren zweiten Teil werden zumeist fächerübergreifende Projekte für Grund- und Oberschulen exemplarisch vorgestellt.

Geschichtswettbewerb des Bundespräsidenten (Hrsg.): Weggehen – Ankommen. Migration in der Geschichte, Unterrichtsideen
2. Auflage: Hamburg 2002 (edition Körber-Stiftung), 115 Seiten,
ISBN: 3-89684-326-5, 10,00 Euro
Bezug: edition@koerber-stiftung.de

Das Heft enthält 50 Stundenvorschläge zum Rahmenthema Migration und eine breit gefächerte Literaturübersicht. Der Band liefert zahlreiche Anregungen für einen interkulturellen Zugang zum Thema, enthält historische Quellen und Arbeitsaufträge für Schüler, die erforderlichen Hintergrundinformationen für Lehrer sowie Anregungen für weiterführende multiperspektivische Aufgaben oder Projekte.

Anne Frank Haus (Amsterdam) (Hrsg.): Interkulturelle Unterrichtsmaterialien

DAS BIN ICH – Internationaler Materialkoffer für die Arbeit mit Kindern von 4 bis 8 Jahren
Frankfurt am Main / Berlin 2001, 105,00 Euro
Bezug: zentrum@annefrank.de

»DAS BIN ICH – International« ist das erste transnational entstandene Lehr- und Lernmaterial zur interkulturellen Bildung und Erziehung im Kindergarten und der 1. und 2. Klasse in der Grundschule. Im Mittelpunkt der entwickelten Materialien stehen die Biografien von zwölf Kindern aus verschiedenen Ländern. Es werden Geschichten aus dem Alltag der Kinder vorgestellt, die zur Suche nach Gemeinsamkeiten und Unterschieden einladen. Der Materialkoffer enthält unter anderem zwölf Foto-Text-Bücher, zwei CDs und ein Ideenbuch für Lehrkräfte.

DAS SIND WIR I und II.
Interkulturelles Lernpaket für die Arbeit mit Kindern von 9 bis 12 Jahren
Berlin 1995, 85,00 Euro
Interkulturelles Lernpaket für die Arbeit mit Jugendlichen von 13 bis 18 Jahren
Utrecht, Linz, Hamburg, Bremen 1999, 75,00 Euro
Bezug: zentrum@annefrank.de

Die Reihe »DAS SIND WIR« bietet für die beiden Altersgruppen separate Lernpakete an. Jugendliche erzählen von wichtigen Erlebnissen aus ihrem Alltag in Deutschland. Die Geschichten geben ein Bild der bestehenden Vielfalt unserer Gesellschaft wieder im Gegensatz zu vielen anderen Lehrmaterialien, die in der Regel von weißen Mittelschichtskindern ausgehen. Zu den Arbeitsmaterialien gehören unter anderem Lesebücher, Lehrerhandbücher, Videos und Arbeitsblätter.

Religionsunterricht

Kaddor, Lamya: Zur Notwendigkeit Islamischen Religionsunterrichts. Erfahrungen aus dem Schulversuch »Islamische Unterweisung als eigenständiges Fach in deutscher Sprache« in Dinslaken-Lohberg (NRW)
In: Thomas Bauer, Thorsten Gerald Schneiders: »Kinder Abrahams«: Religiöser Austausch im lebendigen Kontext. Festschrift zur Eröffnung des Centrums für Religiöse Studien. Bd. 2
Münster 2005 (Lit Verlag), 288 Seiten, ISBN: 3-8258-8023-0, 24,90 Euro

Der Beitrag zu einem interreligiösen Sammelband beschreibt den Arbeitsplatz einer Lehrerin im Rahmen des nordrhein-westfälischen Schulversuchs »Islamkunde als eigenständiges Fach in deutscher Sprache« an der Hauptschule Glückauf in Dinslaken-Lohberg. Berichtet wird anhand konkreter Beispiele über die Akzeptanz des Faches seitens der Schülerschaft und der Eltern, Probleme und die am Islamischen Religionsunterricht teilnehmende Schülerschaft.

SCHÜLER 2005: Glaube(n)
Seelze 2005 (Erhard Friedrich Verlag) 14,50 Euro
Bezug: info@friedrich-verlag.de

Die Reihe SCHÜLER ist eine fächerübergreifende Jahrespublikation, die sich an Pädagogen, Eltern und alle wendet, die sich mit Kindern und Jugendlichen befassen. Die diesjährige Ausgabe setzt sich mit dem Themenkomplex Jugend – Religion – Sinnsuche auseinander. Welche Rolle spielt der Glaube bei Jungen und Mädchen heute? Wie äußert sich Religiosität in einer Zeit, in der Kirchen an Bindungskraft und Deutungshoheit verloren haben? Welchen Sinn haben Werte und Gewissen für Heranwachsende? Und wo kommen Glaube, Religionen und Überzeugungen in der Schule zum Tragen?

LISUM Berlin (Hrsg.): Neue Unterrichtsmaterialien zu den Weltreligionen Judentum, Christentum und Islam
Berlin 2005
Bezug: info@lisum.verwalt-berlin.de

Das Unterrichtsmaterial (Informations- und Arbeitskarten) gibt mit Bild- und Textdokumenten Impulse für eine Auseinandersetzung mit verschiedenen Aspekten der drei Weltreligionen Judentum, Christentum und Islam. Das Material eignet sich schwerpunktmäßig für den Einsatz in der 6./7. Klasse, kann aber punktuell zur Beantwortung von Fragen, die sich auf die Erfahrungen von Kindern mit religiösen Phänomenen beziehen (Beschneidung, Chanukkafest, Opferfest, Besuch eines Gottesdienstes, Taufe), bereits in der 5. Klasse eingesetzt werden.

Bauer, Thomas, Lamya Kaddor und Katja Strobel (Hrsg.): Islamischer Religionsunterricht: Hintergründe, Probleme, Perspektiven. Reihe: Veröffentlichungen des Centrums für Religiöse Studien
Münster 2004 (Lit Verlag), 112 Seiten, ISBN: 3-8258-7097-9, 14,90 Euro

Das Buch dokumentiert ein Kolloquium, das vom Centrum für Religiöse Studien veranstaltet wurde, und lässt Akteure und Betroffene aller Seiten zu Wort kommen. Es wird auf die Notwendigkeit eines Islamischen Religionsunterrichts, den Anspruch darauf und die juristische Problematik in diesem Zusammenhang eingegangen sowie ein Antwortversuch auf Fragen wie »Was ist eine Religionsgemeinschaft« und »Wie und wo soll man zukünftige ›Islamlehrer‹ ausbilden?« unternommen. Unterschiede zwischen den Modellen verschiedener Bundesländer und zu Österreich, wo es seit Jahrzehnten einen Islamischen Religionsunterricht in öffentlichen Schulen gibt, werden erörtert.

Wendel Niehl, Franz und Arthur Thömmes: 212 Methoden für den Religionsunterricht
6. Auflage: München 2003 (Kösel-Verlag), 262 Seiten, ISBN: 3466365074, 17,95 Euro

Ein Praxisbuch für kreativen Unterricht, der nicht nur Religionsunterricht spannend werden lässt. Zu allen wesentlichen Bereichen des täglichen Unterrichtens (u.a. Bilder und Musik, Sprechen und Schreiben, Texte, gestalterisches und offenes Arbeiten, Spiele, Stille-Übungen …) finden Anfänger und Routiniers übersichtlich geordnet bewährte und neue methodische Tipps. Die Chancen und altersbedingten Einsatzmöglichkeiten der Methoden sind mit konkreten Beispielen benannt.

Schmid, Hans: Die Kunst des Unterrichtens. Ein praktischer Leitfaden für den Religionsunterricht.
3. Aufl.: München 2003 (Kösel-Verlag), 283 Seiten, ISBN: 3466364833, 17,95 Euro

Das Buch will reflektiertes und verantwortliches Unterrichten ermöglichen, das Schülerinnen und Schülern sowie dem Unterrichtsstoff gerecht wird. Das Buch ist für Anfänger und für Erfahrene im Schuldienst gleichermaßen geeignet und enthält ein ausführliches Sachregister zu diversen Themen. Schmid empfiehlt dieses Buch besonders Religionslehrerinnen und Religionslehrern, »die schon länger unterrichten und das Bedürfnis haben, ihr eigenes religionsunterrichtliches Handeln zu reflektieren«.

Linktipps

www.ingrid-gogolin.de

Homepage der Erziehungswissenschaftlerin Prof. Dr. Ingrid Gogolin, mit Dokumentation zu Seminaren und Workshops zu Themen wie »Förderung von MigrantInnen in der beruflichen Bildung durch sprachbezogene Angebote«; »Sprachenvielfalt durch Zuwanderung – ein verschenkter Reichtum in der (Arbeits-)Welt?«; »Stellungnahme zum Unterricht in Migrantensprachen in deutschen Schulen. Sprachlich-kulturelle Differenz und Chancengleichheit – (un)versöhnlich in staatlichen Bildungssystemen?«.

www.lehrer.schule.at/islam

Mehmet Dönmez, ein Lehrer für islamischen Religionsunterricht in Österreich, ist für diese Seite und deren Inhalte verantwortlich. Mit den behandelten Themen (Glaube, Ilmihal, Koran, Muhammad, Hadith, Morallehre, u. v. m.) möchte Dönmez mit dieser Seite einen Beitrag zum gegenseitigen Austausch der islamischen Religionslehrer – nicht nur in Österreich – leisten. Besonders nützlich ist die Rubrik »Tests und Übungsaufgaben«, in der zu den grundlegendsten Bereichen der islamischen Theologie Übungsaufgaben und Tests zur Verfügung gestellt werden.

http://de.groups.yahoo.com/group/islamunterricht/

Diese Seite wurde von islamischen Religionslehrern länderübergreifend erstellt, die das Bedürfnis haben, sich fachlich mit dem Thema auseinander zu setzen. Verwaltet wird dieses elektronische Forum von Erkan Erdemir und richtet sich an Lehrerinnen und Lehrer für den Islamischen Religionsunterricht in deutscher Sprache, die dort ihre Erfahrungen austauschen und sich bei der Vorbereitung ihrer Unterrichtseinheiten mit anderen »Experten« beraten können. Um ein Mitglied in dieser Gruppe zu werden, muss man sich zuvor von den übrigen Mitgliedern den »Eintritt« genehmigen lassen.

www.bildungsserver.de

Der Deutsche Bildungsserver ist ein vom Bund und den 16 Ländern in der Bundesrepublik Deutschland getragenes Informationsportal zum deutschen föderalen Bildungswesen. Das Deutsche Institut für internationale pädagogische Forschung in Frankfurt am Main betreut den Server federführend. Informationen und Veröffentlichungen der einzelnen Landesbildungsserver lassen sich hier ebenso finden wie Details zu rechtlichen Grundlagen im Bildungswesen und eine große Liste von Institutionen, die im Bildungsbereich tätig sind. Interessierte können den Newsletter des Bildungsservers bestellen, der über Neuheiten informiert.

www.educa.ch

Auf dem Schweizer Bildungsserver findet sich unter anderem ein Dossier zum Thema interkulturelle Pädagogik, in dem Schweizer und ausländische Initiativen auf diesem Feld vorgestellt werden.

www.integrationsbeauftragte.de

Auf der Website der Beauftragten der Bundesregierung für Migration und Flüchtlinge ist nicht nur der alle zwei Jahre veröffentlichte Integrationsbericht herunterzuladen, die Seite bietet ebenso Strukturdaten der ausländischen Bevölkerung in Deutschland, einen Überblick über die Migrationsgeschichte der Bundesrepublik sowie ein hilfreiches Lexikon, das die wichtigsten Begriffe und rechtlichen Grundlagen aus dem Bereich Migration und Integration knapp erklärt.

www.schuleohnerassismus.org

Das Projekt »Schule Ohne Rassismus – Schule Mit Courage« zielt darauf ab, Schüler für alle Formen von Diskriminierung und Rassismus zu sensibilisieren und das Engagement und die demokratischen Denk- und Handlungsmuster der Schüler zu fördern. Das Projekt ist in den Zusammenschluss AKTION-COURAGE eingebunden. Die Besonderheit von »Schule Ohne Rassismus – Schule Mit Courage« ist, dass es ein Projekt von unten ist, das aus den Reihen der Schüler kommt. Die Entwicklung der Aktionsideen und deren Umsetzung unterliegen ihrer eigenen Regie. Auf der Website können Schüler erfahren, wie ihre Schule den Titel »Schule Ohne Rassismus – Schule Mit Courage« erlangen kann.

www.tuerkische-elternfoederation.de

In der Föderation Türkischer Elternvereine in Deutschland haben sich 37 lokale Elternvereine zusammengeschlossen. Auf der Internetseite lassen sich die Ziele und die Forderungen der Föderation nachlesen. Ebenso publiziert sie dort aktuelle Pressemitteilungen zu bildungspolitischen Fragen.

www.community-education.de

Der Verein zur Förderung von Community Education (COMED e.V.) unterstützt Bestrebungen, Schule und Gemeinwesen zusammenzubringen und Lernen mit Blick auf lokale und regionale Entwicklungen zu gestalten. Auf der Website werden einige Projekte mit Vorbildcharakter vorgestellt. Zudem können die von dem Verein herausgegebene Zeitschrift NaSch (Nachbarschaft und Schule) und weiterführende Materialien bestellt werden.

www.sabisa.de

Der Verein »sabisa – performing change« mit Sitz in Berlin initiiert internationale Theaterprojekte, bietet Fortbildungen und eine wissenschaftliche Begleitung interkultureller Theaterarbeit an. Ziel des Vereins ist es unter anderem, Theater und Performance als Kommunikationsmedium in Schule, Bildungs- und Stadtteilarbeit zu fördern. Dabei werden Ansätze emanzipatorischer Praxis in Bildung und Theater besonders hervorgehoben, die aus Ländern kommen, in die üblicherweise Entwicklungshelfer aus Europa geschickt werden.

www.qantara.de

Mit dem gemeinsamen Internetportal qantara.de wollen die Bundeszentrale für politische Bildung, die Deutsche Welle, das Goethe-Institut und das Institut für Auslandsbeziehungen zum Dialog mit der islamischen Welt beitragen. Das Projekt wird vom Auswärtigen Amt der Bundesrepublik Deutschland gefördert. Auf der Website stehen neben eigenen Artikeln Fundstücke aus anderen Medien, und sie bietet so ein umfassendes Bild der Ereignisse und Einstellungen in der arabischen Welt sowie des Dialogs mit dem Islam hierzulande. Neben der deutschen gibt es eine englische und eine arabische Version.

www.zenithonline.de

Website der Zeitschrift zenith. zenith – Zeitschrift für den Orient berichtet über Themen, die sonst oft übersehen werden. Kultur steht gleichberechtigt neben Politik. Neuheiten aus der arabischen Literatur und Musik werden regelmäßig vorgestellt. Schwerpunkte des »nachhaltigen Orientjournalismus« (NZZ) von zenith sind Alltags-, Gesellschafts- und Jugendthemen. Auf der Internetseite sind exklusive Artikel und Interviews ebenso wie ausgewählte Beiträge aus der Zeitschrift zu lesen. Ein Terminkalender informiert über aktuelle Veranstaltungen im deutschsprachigen Raum.

www.lehrerfortbildung.de

Auf der Website des deutschen Vereins zur Förderung der Lehrerfortbildung e. V. (DVLfB) stellen sich verschiedene Arbeitsgruppen vor. Unter anderem auch der INKA (Interkultureller Arbeitskreis der Bundesländer), der dort Ansprechpartner für interkulturelle Lehrerbildung sowie nützliche Links und Materialien zu verschiedenen Schwerpunkten im Bereich interkulturelle Bildung aufführt.

www.praxisforum-schule-und-islam.de

Auf dieser Seite stellt die Körber-Stiftung die Initiative »Praxisforum Schule und Islam« vor. Im Rahmen dieser Initiative rief die Körber-Stiftung in Zusammenarbeit mit der Kultusministerkonferenz Pädagogen dazu auf, ihre Erfahrungen im Schulalltag zu schildern und bewährte Konzepte für die interkulturelle Verständigung vorzustellen. Neben Informationen zum Hintergrund und den Zielen der Initiative lassen sich dort Abstracts der prämierten Beiträge und Projekte nachlesen. Eine kommentierte Linkliste informiert über Institutionen, Projekte und Literatur.

Autorinnen und Autoren

Oya Susanne Abalı, geboren 1974, studierte Politikwissenschaften, Völkerrecht und Orientalistik in München und Bologna. Von 1999 bis 2001 war sie am Deutschen Institut für Internationale Politik und Sicherheit der Stiftung Wissenschaft und Politik in Berlin tätig. Von 2001 bis 2003 war sie wissenschaftliche Mitarbeiterin des Deutsch-Türkischen Dialogs der Körber-Stiftung, seit Januar 2003 leitet sie das Projekt.

Dr. Ludwig Ammann, geboren 1961, Studium der Literaturwissenschaft, Islamkunde und Völkerkunde in Freiburg und London, lebt als freier Publizist in Freiburg und betreibt den Filmverleih koolfilm. Er schreibt für die *Neue Zürcher Zeitung* und *Literaturen.* Zuletzt erschienen von ihm die Bücher »Die Geburt des Islam«, »Cola und Koran« und »Islam in Sicht«.

Moritz Behrendt, geboren 1977, Studium in Hamburg, Dakar und Beirut, ist Historiker und freier Journalist. Er schreibt unter anderem für die *Neue Zürcher Zeitung* und die *Süddeutsche Zeitung* und ist Mitherausgeber der Orientzeitschrift *zenith.*

Dr. Lothar Dittmer, geboren 1958, Studium der Geschichte, Germanistik und Pädagogik sowie Promotion in Neuerer Geschichte an der Universität Hamburg. Seit 1985 in der Erwachsenenbildung tätig, von 1989 bis 1994 stellvertretender Leiter der Akademie Biggesee/NRW, seit 1994 Mitarbeiter der Körber-Stiftung, derzeit als Leiter des Bereichs Schule und Hochschule.

Yasemin Ergin, geboren 1977, Studium der Politikwissenschaft, Amerikanistik und Psychologie an der Universität Hamburg und am Smith College in Massachusetts, ist journalistisch für die *Hürriyet* und *die tageszeitung* tätig sowie für *zenith – Zeitschrift für den Orient.*

Esther Karay, geboren 1960, Diplomvolkswirtin, studierte Betriebswirtschafts- und Volkswirtschaftslehre, Informatik und Entwicklungsökonomie in Köln, Bonn und Heidelberg. Von 1988 bis 1998 war sie beim Auswärtigen Amt beschäftigt und vorwiegend an der Deutschen Botschaft Ankara tätig. Seit 1998 arbeitet sie als Projektassistentin im Deutsch-Türkischen Dialog der Körber-Stiftung.

Sanem Kleff, geboren 1955 in Ankara. Studium der deutschen Sprache und Literatur an der Universität Ankara. Ab 1980 arbeitete sie als Lehrerin an deutschen Hauptschulen. Bis 2004 war sie Dozentin in der Lehrerfortbildung in Berlin, u. a. im Bereich »Interkulturelle Pädagogik«. Sanem Kleff ist Mitglied des Hauptvorstandes der GEW und Vorstandsmitglied von AKTION COURAGE e.V. Dort leitet sie das Projekt »Schule OHNE Rassismus – Schule MIT Courage«.

Elisabeth Knoblauch, geboren 1974, Diplompolitologin, hat in Mainz, Damaskus und Hamburg Politik- und Islamwissenschaften studiert. Seit 1999 ist sie verantwortliche Redakteurin der Zeitschrift *zenith.*

Christian Meier, geboren 1976, Studium der Islamwissenschaft und Geschichte in Hamburg. Zahlreiche Studienaufenthalte im Nahen Osten. Neben dem Studium arbeitet er als freier Journalist und ist Mitbegründer und Mitherausgeber der Orientzeitschrift *zenith.*

Christine Reese, geboren 1969, studierte Deutsch und Geschichte für das Lehramt an Grund-, Haupt- und Realschulen in Bremen. Nach dem ersten Staatsexamen absolvierte sie das Referendariat in Hamburg. Seit 2003 arbeitet sie als wissenschaftliche Mitarbeiterin bei der Körber-Stiftung im Bereich Schule und Hochschule und koordiniert u. a. das Projekt »Praxisforum Schule und Islam«.

Anna Reimann, geboren 1979, Studium der Geschichts- und Politikwissenschaften in Hamburg, Venedig und Berlin, ist Mitarbeiterin am Lehrstuhl für Geschichte Westeuropas an der Humboldt-Universität zu Berlin. Journalistisch war und ist sie tätig für *Spiegel-Online*, den *Stern*, *Die Woche* und *zenith.*

Arnfrid Schenk, geboren 1968 in Tübingen, studierte in Freiburg Politikwissenschaft und Islamwissenschaft. Er besuchte in Hamburg die Henri-Nannen-Journalistenschule und arbeitete als freier Journalist. Seit 2001 ist er Redakteur bei der *ZEIT*, im Ressort Chancen.

Eberhard Seidel, geboren 1955, ist Diplomsoziologe und Publizist. Von 1997 bis 2002 war er Redakteur bei der *taz (die tageszeitung)* und leitete dort das Inlandressort. Seit August 2002 ist er Geschäftsführer des Projekts »Schule OHNE Rassismus – Schule MIT Courage«. Er veröffentlichte zahlreiche Aufsätze und Bücher zu den Schwerpunkten Rechtsextremismus, Islamismus, Migration und jugendliche Subkulturen, unter anderem »Skinheads« und »Politik im Namen Allahs. Der Islamismus – eine Herausforderung für Europa«.

Stefan Sippell, geboren 1973, studierte Geschichte und Philosophie in München. Er hat als Journalist und Redakteur unter anderem für die *tz*, die *Deutsche Welle* und die *Süddeutsche Zeitung* gearbeitet. Von 2000 bis 2004 war er Projektleiter bei der Eberhard von Kuenheim Stiftung der BMW AG. Derzeit promoviert er im Fach Geschichte an der Ludwig-Maximilians-Universität München.

Integration ist machbar!

Das Zusammenleben unterschiedlicher Kulturen zu gestalten ist keine leichte Aufgabe. Aber viele Initiativen haben bewiesen: Integration ist machbar.

Das Buch stellt erfolgreiche und nachahmenswerte Projekte vor und lässt Initiatoren und Beteiligte zu Wort kommen. Entstanden ist eine Fundgrube motivierender und bewegender Beispiele, die zeigen, wie Menschen selbst aktiv werden und bei der Gestaltung eines verständnisvollen und toleranten Miteinanders mitwirken können. Es ist ein Ideengeber, der Mut macht – für Menschen, die über Integration nicht nur reden, sondern dazu beitragen wollen, dass Integration gelingt.

»Die Beiträge dieses Bandes machen vor allem Mut und zeigen: Integration ist möglich. Mögen sie viele motivieren und bewegen!«
Rita Süssmuth

Rita Süssmuth (Hrsg.)
Streetsoccer & Co.
Wie Integration gelingen kann

208 Seiten mit 4 s / w-Abbildungen
Softcover | 17 x 24 cm
ISBN 3-89684-047-9
Euro 12,- (D)

Körber-STIFTUNG
Forum für Impulse

Demokratie lebt von gesellschaftlichem Dialog und gemeinsamer Suche nach Lösungen. Die Körber-Stiftung als Forum für Impulse will mit ihren Projekten Bürgerinnen und Bürger aktiv an gesellschaftlichen Diskursen beteiligen.

Die private und gemeinnützige Stiftung bietet ein Forum zur Mitwirkung in Politik, Bildung, Wissenschaft und internationaler Verständigung. Wer sich als Bürger in Wettbewerben und Gesprächskreisen der Stiftung engagiert, gewinnt auf vielfältige Weise: Er kann Wissen weitergeben, Probleme identifizieren und Aktivitäten anregen.

Die Körber-Stiftung leistet mit diesen Impulsen einen Beitrag zur Alltagskultur der Demokratie.

edition Körber-STIFTUNG

BegegnungsCentrum HAUS im Park

Boy Gobert Preis

KÖRBER FotoAward

theater haus im park

Deutscher Studienpreis
Der Wettbewerb für junge Forschung

KÖRBER-PREIS FÜR DIE EUROPÄISCHE WISSENSCHAFT

Geschichtswettbewerb des Bundespräsidenten
Jugendliche forschen vor Ort

Eustory
History Network for Young Europeans

Deutsch-Türkischer Dialog

USABLE®
TRANSATLANTISCHER IDEENWETTBEWERB

BERGEDORFER GESPRÄCHSKREIS